基于解放旨趣的
职前教师教育课程重构

Research on the Reconstruction of
Pre-service Teacher Education Curriculum
Based upon Emancipatory Interest

付光槐 著

科学出版社
北京

内　容　简　介

本书围绕"如何将师范生从确定性知识和普适性技能的束缚中解放出来"这一论题展开，来寻求职前教师教育课程的概念重构与文化重塑。本书提出将"解放旨趣"作为职前教师教育课程的根本价值选择，从目标、内容、实施与评价等方面尝试进行理论构建，以期为我国职前教师教育课程改革提供可以借鉴的理论视角和实践路径。

本书可供从事教师教育教学、研究和管理的工作者，关注教师发展的教研员和一线教师，以及有志于从事教师职业的学生及其他社会人士参考。

图书在版编目（CIP）数据

基于解放旨趣的职前教师教育课程重构/付光槐著. —北京：科学出版社，2022.10
　ISBN 978-7-03-073173-9

Ⅰ. ①基⋯ Ⅱ. ①付⋯ Ⅲ. ①师资培养-研究 Ⅳ. ①G451.2

中国版本图书馆 CIP 数据核字（2022）第 168623 号

责任编辑：卢　淼　黄雪雯 / 责任校对：彭珍珍
责任印制：李　彤 / 封面设计：润一文化

科 学 出 版 社 出版
北京东黄城根北街 16 号
邮政编码：100717
http://www.sciencep.com

北京建宏印刷有限公司 印刷
科学出版社发行　各地新华书店经销
*

2022 年 10 月第 一 版　开本：720×1000　1/16
2023 年 6 月第二次印刷　印张：12 1/2
字数：250 000

定价：99.00 元
（如有印装质量问题，我社负责调换）

国家社科基金后期资助项目
出版说明

后期资助项目是国家社科基金设立的一类重要项目，旨在鼓励广大社科研究者潜心治学，支持基础研究多出优秀成果。它是经过严格评审，从接近完成的科研成果中遴选立项的。为扩大后期资助项目的影响，更好地推动学术发展，促进成果转化，全国哲学社会科学工作办公室按照"统一设计、统一标识、统一版式、形成系列"的总体要求，组织出版国家社科基金后期资助项目成果。

全国哲学社会科学工作办公室

目 录

绪论 …………………………………………………………… 1

第一章 职前教师教育课程的现实审视 …………………… 20
第一节 职前教师教育课程的问题透视 ………………… 21
第二节 师范生与职前教师教育课程相遇引发的困境 … 34

第二章 职前教师教育课程价值取向的理性审思 ………… 40
第一节 知识本位取向职前教师教育课程及其反思 …… 40
第二节 技能本位取向职前教师教育课程及其反思 …… 52
第三节 实践本位取向职前教师教育课程及其反思 …… 62
第四节 职前教师教育课程发展的理性诉求：解放旨趣 … 70

第三章 "解放旨趣"：职前教师教育课程重构的价值选择 … 73
第一节 基于解放旨趣职前教师教育课程的内涵澄明 … 73
第二节 基于解放旨趣职前教师教育课程的理论支撑 … 85
第三节 基于解放旨趣职前教师教育课程的合理性确认 … 103

第四章 解放旨趣下职前教师教育课程目标的建构 ……… 114
第一节 职前教师教育课程目标的愿景勾勒 …………… 114
第二节 职前教师教育课程目标的生成维度 …………… 124

第五章 解放旨趣下职前教师教育课程内容的重构 ……… 136
第一节 职前教师教育课程内容建构的思维转换 ……… 136
第二节 职前教师教育课程内容的选择与组织 ………… 143
第三节 职前教师教育课程体系建构的核心内容 ……… 150

第六章 解放旨趣下职前教师教育课程实施与评价的路向 … 168
第一节 职前教师教育课程实施的理念重返 …………… 168
第二节 职前教师教育课程实施的有效路径 …………… 175
第三节 职前教师教育课程评价的实现向度 …………… 184

结语 …………………………………………………………… 190

绪　　论

　　学校课程的质量极大地依赖于教师的质量，教师的质量又极大地依赖于他们的职前教育经验的质量。

　　　　　　　　　　　　　　　——〔美〕科南特（Conant, J. B.）

　　在一个知识成为社会变化与发展的核心要素的时代，教育得到了前所未有的重视，教师的培养及其质量成为国家在制定教育政策时需要重点考虑的内容。联合国教育、科学及文化组织（简称联合国教科文组织）指出，提高教师的质量和积极性应是所有国家优先考虑的问题。[①]20世纪末以来，在不断变化和日益激烈的国际环境下，各国都开始致力于教师教育理念的变革与转型。由此，如何提高教师教育的质量成为当前世界各国教育改革所关注的核心问题之一。我国历来重视教师教育在教育事业中"工作母机"的重要地位，教育部先后出台了《教师教育课程标准（试行）》和分别针对幼儿园、小学、中学的《教师专业标准（试行）》，对教师专业素养做出了明确的规定。2018年印发的《中共中央 国务院关于全面深化新时代教师队伍建设改革的意见》《教师教育振兴行动计划（2018—2022年）》强调振兴教师教育，建设高素质专业化中小学教师队伍。2022年，教育部等八部门印发了《新时代基础教育强师计划》，从总体要求、具体措施、实施保障等多方面对新时代基础教育教师队伍建设提出了明确方向和具体实施规划。这些文件的核心精神都强调兴国必兴教，兴教必重师，逐步形成一支师德高尚、业务精湛、结构合理、充满活力的高素质专业化教师队伍。习近平总书记明确指出，教师是教育发展的第一资源，是国家富强、民族振兴、人民幸福的重要基石。[②]在新的时代背景下，不论是思想观念的更新还是培养模式的调整，都必须依托职前教师教育课程来实现。职前教师教育课程作为师范生培养的标志性课程，是教师教育改革的突破口，

---

① 联合国教科文组织. 教育——财富蕴藏其中. 联合国教科文组织总部中文科，译. 北京：教育科学出版社，1996：139.
② 《习近平总书记教育重要论述讲义》编写组. 习近平总书记教育重要论述讲义. 北京：高等教育出版社，2020：201.

直接关系到培养什么样的未来教师的问题。20 世纪 90 年代以来，研究者一直非常关注我国职前教师教育课程，并尝试找到解决当前存在的问题的突破口。然而，受多重因素的影响，当前的职前教师教育课程无论是在理论层面上还是在实践层面上，仍存在较多不尽合理的方面。

一、问题的提出

（一）职前教师教育课程改革的"深度"不够

尽管早在 20 世纪 60 年代，联合国教科文组织就提出教师是一门专业职业，但教师的专业属性却一直受到广泛质疑。纵观我国教师教育的发展历程，截至 20 世纪末，职前教师教育课程在整个课程体系中一直处于边缘化的地位。例如，曾风行一时的民办教师，虽然他们没有经过专门的师范教育训练，但只要掌握了一定的科学文化知识，就能当教师。甚至在如今，教师职业的专业属性仍然没有得到人们的真正重视，一些地区对教师还是缺乏专门要求，如没有经过系统教师教育训练的非师范生，只要通过教师资格证书考试和教师招聘考试，就可以当教师。[1]作为培养教师的一种不可或缺的手段，职前教师教育课程的存在价值受到了极大挑战。

目前，我国教师教育正处于改革与转型的关键时期，然而，无论是其理论研究，还是具体的职前教师教育课程改革，都存在着"深度"不够的情况。具体表现为，改革局限于课程比例的加减或课程外在形式的调整，忽视了对职前教师教育课程的内在价值及其特殊性的审思。例如，职前教师教育课程改革方案往往缺乏对课程改革价值指向的明确，而仅仅关注个别科目的删减等。因此，职前教师教育课程改革往往聚焦于表层结构，重视科目的增设、知识的叠加，而疏于对深层价值的把握，结果就是课程改革治标不治本，甚至导致师范生课程负担过重。正如研究者所言，"尽管说师范教育改革已很久，但是观念的改革恐怕远没有重视和认清。这种滞后就带来了在师范生培养方案设计中，价值取向、思维方式和系统结构存在的问题"[2]。因此，亟须"概念重建""文化重塑"等深层次的"冲击波"来带动职前教师教育课程理念的深化和创新。

（二）职前教师教育课程改革的"效果"不明显

由于长期受制于工具理性和技术主义，人们对职前教师教育课程的本

---

[1] 上海师范大学教育科学学院教师教育改革研究组. 教师教育培养模式与课程改革的总体设想. 上海师范大学学报（哲学社会科学·教育版），2003（4）：97-103.
[2] 叶澜，王厥轩，韩艳梅. 叶澜：教师的魅力在于创造. 上海教育，2013（16）：32-36.

质、内涵、意义缺乏深入的理解与判断。以职前教师教育课程中的教育学和心理学为例，它们逐渐被异化为获取教师资格证书和学位资格证书的工具性课程，具体表现为其处于"双冷""双排斥"的状态，即师范生"没劲学"，教师教育者"没劲教"。在某种程度上，职前教师教育课程停留于技术层面的复制与移植上，由此带来师范生自觉意识淡薄、创新能力不足、教育信念欠缺、实践智慧缺乏等一系列发展中的问题。具体而言，职前教师教育课程的技术化倾向主要表现在四个方面：其一，凸显工具理性的培养目标，如片面强调师范生传递知识的能力，将师范生视为技术操作工来训练，忽视了将师范生作为"完整人"的关照。[①]正如有学者指出的："将教学仅仅视为达到既定教育目的的手段，从而人们更加关注教学的科学性或有效性，至于教学本身的目的或价值的合理性常常被忽视甚至被遗忘。"[②]其二，在课程内容上，缺乏对师范生的认同及对师范生个性、风格等内隐性因素的关照，而更多地侧重于具体化的教育教学技能与程序等外显技巧或抽象概念的讲解上。其三，在课程实施上，缺乏对师范生内心深处或自主自觉的一些主观体验和深层次认知的重视和引导，而更多的是外部灌输或"强制式"地使师范生掌握相关知识和技能。其四，在课程评价上，仅限于考查师范生掌握理论知识的熟练程度，考试前，教师教育者划定考试范围，师范生临时突击记忆，考试通关后，课程学习即结束。[③]长此以往，容易造成师范生的被动性、工具性、消极性且容易使其对教师职业产生迷惘、困惑，甚至丧失理应具有的创造激情和内驱力。

（三）职前教师教育课程发展的时代诉求

联合国教科文组织的研究报告《反思教育：向"全球共同利益"的理念转变？》（Rethinking Education：Towards A Global Common Good?）强调，在不断变化的全球教育格局中，教师和其他教育工作者的作用在于培养学生的批判性思维和独立判断的能力。将教育作为一种培养具有批判精神和独立意识、有社会责任心、能动自主的人的活动，已成为时代发展的趋势。特别是在这样一个环境复杂、文化多元的时代背景下，面对教育改革的紧迫性、学习效果的复杂性、社会变迁的加速性、成功指标的新界定等，我们到底应该培养什么样的教师，是值得我们重新思考和必须回答的

[①] 伍红林. 略论师范生"人"的观念之养成. 交通高教研究，2004（6）：19-21.
[②] 徐继存. 教师生活重塑与基础教育课程改革. 教育研究，2002（9）：73-74.
[③] 于胜刚. 高校教师教育专业教师资格课程实施"问题教学"模式探析. 东北师大学报（哲学社会科学版），2014（2）：242-244.

一个问题。另外，为了顺应时代发展的趋势，中共中央印发了《关于深化人才发展体制机制改革的意见》，提出要解放和增强人才活力。实质上就是要强调人才发展的主体性，激发人才创造与创新的本能。当今教师扮演的角色也已经发生了诸多转变，不再只是知识的传递者。例如，从教师的职业使命来看，教师已经从知识的传递者转向价值的守护者[①]、学习的促进者；从教师与课程的关系来看，教师已经从课程的执行者转向课程的开发者、创生者、领导者；从课堂实际过程来看，教师已经从独白者转变为对话者；从教育变革的实践来看，教师已经从实施者转变为变革者；从教师专业发展角度来看，教师已经从技术熟练者转向反思性实践者；等等。如果教师还仅扮演知识的传递者，是无法胜任未来教育变革与现实对教师职业提出的要求的。指向培养未来教师的职前教师教育课程理念与体系不能满足基础教育课程改革的需求已成为不争的事实。

2018年，《教育部关于实施卓越教师培养计划2.0的意见》颁布，提出通过实施卓越教师培养，在师范院校办学特色上发挥排头兵作用，在师范专业培养能力提升上发挥领头雁作用，在师范人才培养上发挥风向标作用，培养造就一批教育情怀深厚、专业基础扎实、勇于创新教学、善于综合育人和具有终身学习发展能力的高素质专业化创新型中小学教师。那么何谓卓越教师？卓越教师绝不仅仅是传递固定教育内容的教书匠或用教学技能武装的技术熟练者。作为21世纪的未来教师，不仅要有广博的知识、熟练的教师专业技能，更要有对自身教育教学观念、价值、行为善于洞察、反思、批判与创新的意识。在教育改革对教师的角色定位、素养要求、成长方式都提出新要求和挑战的背景下，教师教育必须予以积极回应。

基于上述问题，本书认为，职前教师教育课程改革存在问题的主要原因在于，改革仅限于课程类别及其数量或比例的调整，仅限于课程形式上的改革，是在知识本位取向或技能本位取向的前提下进行的，并未深入职前教师教育课程的本质和内涵。如此一来，很容易导致职前教师教育课程改革中出现"头痛医头，脚痛医脚"的现象，且仅限于技术层面的调整，不但无法从根源上解决职前教师教育面临的问题，反而会给课程参与者造成压力和负担，使其对课程改革产生抵触情绪，形成恶性循环。本书试图从宏观上对职前教师教育课程进行整体把握，探讨其深层次、价值性等方面的问题，以探寻职前教师教育课程的根本价值关怀与旨趣，并明晰职前

---

① 莎伦·F. 拉里斯等. 动态教师——教育变革的领导者. 侯晶晶，译. 北京：北京师范大学出版社，2006：24.

教师教育课程的重构路径。正如迈克尔·富兰（Fullan，M.）指出的："只有提高我们对教育变革的整体意识和洞察力，我们才能有所作为。"[1]当前，职前教师教育课程改革往往局限于诸如课程科目的调整及学时的加加减减，之所以出现这种情况，在某种程度上源于人们对职前教师教育课程的本质、意义还缺乏深入的理解和判断。因此，要深化职前教师教育课程改革，就需要一种新的思维、一种新的视域。教师教育理论研究的任务本就在于深入认识教育现象并揭示教育现象背后的规律，以为增强教师教育改革的合理性、合法性提供解释与批判的理论依据。本书着眼于理想的职前教师教育课程重构图景，对职前教师教育课程的工具理性进行了深刻的批判与反思，并基于解放旨趣对职前教师教育课程进行了重构，以期消除工具理性带来的危机。这为职前教师教育课程改革研究提供了新的视角及理论基础，并在一定程度上有助于丰富职前教师教育课程改革的理论研究。

解放旨趣旨在将人从依附于对象化的力量中解放出来，这种"解放"并非随意放纵和没有拘束的无秩序混沌状态，而是一种和谐力量，是自主与责任、选择与负责的融合，从而使人获得一种生命性、意义性和价值性。知识、技能与实践只有立足于解放旨趣，才能具有根本性意义，职前教师教育课程尤其如此。基于解放旨趣的职前教师教育课程，旨在将师范生从确定性知识和普适性技能的束缚中解放出来，恢复其未来教师自主、自觉的主体身份，突破以往固有的、程序化、技术化的规约。课程计划不再仅是抽象化、结构化、符号化的科学概念的集合，而是具有生成、创造和鲜活的秉性。

具体而言，基于解放旨趣的职前教师教育课程目标不仅仅在于促进师范生业务的熟识与技能的精进，更在于关注师范生内在精神的唤醒和解放，从而将未来教师指向"诗意的栖居者""返乡的陌生人""转化性知识分子"等理想愿景。也就是说，未来教师是作为教育价值与意义的觉醒者、教育知识与方法的研究者、教育行动与实践的引领者而存在的。基于此，本书从师范生教育情怀养成的伦理维度、主体意识唤醒的理性维度、个性风格彰显的审美维度、实践智慧生成的实践维度等来阐述解放旨趣下职前教师教育课程目标的生成维度。职前教师教育课程内容要从"科学世界"的藩篱中解放出来，回归与师范生的意义、理解、主体间性相关的生活世界，即课程内容的选择与组织要突出动态性、生成性和境遇性，从而唤起

---

[1] 迈克尔·富兰. 变革的力量——透视教育改革. 中央教育科学研究所，加拿大多伦多国际学院，译. 北京：教育科学出版社，2000：3.

师范生的主体自觉意识。课程的核心内容涵盖了指向于课程目标生成维度的专业信念课程、理论自觉课程、核心素养课程、实践体验课程，是在原有内容体系基础上的一种新的价值澄清与建构。职前教师教育课程的实施要摒弃"灌输"与"压迫"的理念，通过赋权与赋责激活师范生的主体性自觉，通过对话与交往达到师范生主体间的视域融合，进而实现师范生个体知识的转化与创生。在实施路径的选择上，从教师"教"的角度，应与生活世界建立联系，而不仅是抽象与概括性的、束之高阁的理论框架，更倾向于一种基于教师生活的案例式教学；从学生"学"的角度，更倾向于一种激发主体性的意义性学习，即基于教师个体知识生成的探究式学习；从学生"自身"的角度，解放旨趣往往以自我反思为核心特征，更倾向于一种基于教师自我反思的自传体叙事。职前教师教育课程评价应被视为一种生成的、开放的，是在特定的情境框架内教师教育者与教师进行对话的意义建构系统，将其作为一种"鉴赏"、"解释"和"存在"，要超越其固有的考核、甄选、筛检功能，即通过多元化的评价标准、质性化的评价方法以及主体性的自我评价，从而使其成为对师范生理性与非理性统一的意义诠释过程。

  概言之，解放旨趣下的职前教师教育课程着眼于价值论、知识论和方法论等三维层面的理解与建构，旨在消除工具理性所引发的诸多危机。在价值论层面，要突破对象性的物化思维，从控制、压迫走向解放、唤醒师范生；在知识论层面，要改变固有的知识逻辑，从静态化、情境隔离式走向动态性、生成性的知识建构；在方法论层面，要打破惯有的技术主义操作方法，从传递式、模仿式走向交往式、创生式的路径。

  "重构"是近年来哲学、社会学以及法学中经常使用的一词。从哲学意义上讲，哈贝马斯认为，"所谓'重构'是指对作为能力（诸如从有限的语汇出发派生出无限多的表达）的前理论的知识（know how），通过回答它是如何可能的问题而将之整合到确定的理论知识（know that）中的过程"[①]。重构往往具有反思的作用，同时具有奠基的意义，是对先在的东西进行事后的构造，是对事物"解体"之后的更新式（renovate）建设。根据重构的上述含义，课程重构是指课程领域中更为广泛、更为系统、更为深刻的变革和创新。因此，职前教师教育课程的重构并非具体实践层面的或某一门具体课程的设计行为，而是更为深层次、涉及价值取向的探索。

---

① 转引自：傅永军. 批判的社会知识何以可能？——伽达默尔-哈贝马斯诠释学论争与批判理论基础的重建. 文史哲，2006（1）：136-144.

另外，职前教师教育课程重构也并非"一切推倒重来"，而是在已有基础上进行一种深刻的价值反思和实践探索。从研究角度而言，重构研究与建构研究在思路上尚有差异：建构研究，一般可以从所要建构本体的内涵、原则、特征等入手；而重构研究更为复杂，首先要找准"靶子"（找准问题的症结），然后针对"靶子"进行建构。因此，重构研究在某种程度上也决定了本书的研究框架。

二、职前教师教育课程的文献回顾

（一）职前教师教育课程的相关研究[①]

自20世纪90年代，在国际教师教育发展的引领下，我国由传统的师范教育逐渐走向教师教育。此次转型不仅仅是简单的概念替换，更是在观念、内容、形式以及体制机制等方面的全方位转向。由此，职前教师教育课程也逐渐成为研究的重要领域。笔者通过对相关文献的梳理发现，职前教师教育课程的研究主要集中在以下领域。

1. 关于职前教师教育课程价值取向的研究

任何课程设置都是一定价值观指导下的产物。职前教师教育课程价值取向是课程活动的起点，制约着全部教育教学实践活动。其中关于职前教师教育课程设置的价值取向，存在着两种观点：一种观点认为，就整个发展历程而言，职前教师教育课程设置的价值取向历经了从知识本位取向到能力本位取向再到标准本位取向的过程。其中，知识本位取向是从教师应掌握哪些方面知识的角度来规定合格教师应具备的素质的，关注专业知识在教师专业能力结构中的重要性；而能力本位取向是从教师应具备哪些能力的角度来规定合格教师应具备的素质的；伴随着教师专业发展的兴起和市场经济的不断发展，标准本位取向逐渐兴起，它是从相关研究机构或部门研制的教师专业标准或教师教育课程标准的角度来构建职前教师教育课程体系的。[②]另外一种观点认为，我国传统的职前教师教育经历了从知识本位价值取向到能力本位价值取向再到个人本位价值取向的过程。同时认为，在新时期我国职前教师教育课程设置还应该具有新的价值取向，如教师教育专业化发展的价值取向、人本化取向、实用化取向、现代化取

[①] 本书中的职前教师教育课程是指狭义的教师教育课程，即教师教育类课程。有些研究者是从广义的职前教师教育课程展开研究的，为了全面掌握资料，本书的文献回顾分为两大块：职前教师教育课程（广义）、职前教师教育类课程（狭义）。

[②] 李海英. 教师教育课程设置的价值取向. 全球教育展望，2005（1）：40-44.

向等。[1]戴伟芬认为，学术取向、专业取向、社会（公正）取向共同构成了 20 世纪 80 年代以来美国职前教师教育课程的三大价值取向。[2]除此之外，国外许多研究者也对职前教师教育课程的价值取向进行了探讨，如纳姆赛（Nemser, F. S.）[3]、艾曼斯（Emans, R.）[4]、柯克（Kirk, D.）[5]等。如表 0-1 所示，这些研究从宏观上探讨了职前教师教育课程的价值取向，为本书奠定了重要基础。

表 0-1　国外关于职前教师教育课程价值取向的研究视点[6]

研究者	研究结果
纳姆赛（Nemser, F. S.）	学术取向、实践取向、技术取向、个人取向、批判/社会取向
艾曼斯（Emans, R.）	准备取向、模仿取向、临床取向、反思取向
柯克（Kirk, D.）	传统主义取向、理性主体取向、激进主义取向、批判取向
乔伊斯（Joyce, B.）	学术取向、个人取向、能力取向
邓宗仪（Deng, Z.）	技术取向、实践取向、改造取向
哈奈特（Hartnetl, A.）	意识形态取向、技术取向、工艺取向、批判取向
肯尼迪（Kennedy, M.）	技术取向、理论取向、批判性分析取向、审议取向
舒伯特（Schubert, W. H.）	实证/分析取向、解释取向、批判取向
波普凯维（Popkewitz, T.）	经验/分析取向、批判取向

另外，在《教师教育课程标准（试行）》实施后，实践取向成为职前教师教育课程研究中的热点词汇。例如，彭寿清等认为，为了满足社会对高素质师资的需求，职前教师教育课程必须从传统的学术理性取向转为实践取向，在真实的实践情境中培养优质师资。[7]王少非认为，实践取向是职前教师教育课程应有的核心理念，是教师专业实践性的本质要求，是教师知识研究新进展的要求。因此，实践取向的职前教师教育必须关注教师

---

[1] 许海深, 刘颖. 试谈教师教育课程设置的价值取向. 教育探索, 2010（3）: 48-49.
[2] 戴伟芬. 当代美国教师教育课程思想的三种价值取向分析. 教育研究, 2012（5）: 147-153.
[3] Nemser F S. Teacher preparation: Structural and conceptual alternatives//Houston W R, Haberman M, Sikula J(Eds.). Handbook of Research on Teacher Education. New York: Macmilla, 1990: 212-233.
[4] Emans R. Analysis of four different approaches to teacher education. College Student Journal, 1981, 5(3): 209-216.
[5] Kirk D. Beyond the limits of theoretical discourse in teacher education: Towards a critical pedagogy. Teaching and Teacher Education, 1986, 2(2): 155-167.
[6] 谢赛. 儿童学习结果取向的美国教师教育课程研究. 华东师范大学博士学位论文, 2012: 15.
[7] 彭寿清等. 实践取向的职前教师教育课程建构. 课程·教材·教法, 2012（7）: 107-111.

的专业实践和教育现实问题,必须支持实践问题的解决和实践能力的发展,必须支持对实践的反思和教育知识的建构。[①]于桂霞、胥雅民认为,实践取向的职前教师教育课程,在课程目标上,要指向师范生的教育实践能力;在课程结构上,要兼顾理论性与实践性;在课程实施上,要强调学生的体验与参与;在课程评价上,要方式多样、项目多元,既关注结果,又重视过程。[②]常丽丽等认为,实践性是教师教育的重要特征,应将实践取向作为职前教师教育课程变革的动因,学校在培养未来教师的过程中,要面向实践,以实践为导向,通过实施实践性较强的课程,培养学生的实践能力,增长学生的实践智慧,为其成为合格的教师奠定基础。[③]除此之外,汤颖认为,实践取向的职前教师教育课程体系需要具备几个基本的保障条件:目标条件满足应用型价值取向;实施条件满足活动型的实施理念;内容条件满足生成型的课程资源开发范式;评估条件满足发展与过程性的评价方式;师资条件满足行动型的教学团队建设;制度与文化条件满足全员性的制度关怀和精神参与。[④]国外也非常强调职前教师教育课程的实践取向,其中英国和美国最为突出。例如,辛西娅(Cynthia, G. M.)等通过对田纳西大学(The University of Tennessee)的调查认为,教师专业发展学校(Professional Development School, PDS)的成功可以归结于四个方面:"一是大学与中小学之间的密切合作;二是教师证书制度的层层认证;三是相关教师的热情投入;四是专业发展学校基地的合理化选择。"[⑤]萨德勒(Sadler, T. D.)认为,教育实践课程是沟通学术课程和教学实践的桥梁,是职前教师教育的顶峰环节。[⑥]这类研究主要突出教师职业的实践性特征,以实践为取向进行职前教师教育课程体系建构,最终得出的结论就是要强化职前教师教育的实践课程部分,让师范生能够进入具体、真实的教育教学情境,以培养师范生解决实践问题的能力。

2. 关于职前教师教育课程结构的研究

这方面研究是职前教师教育课程领域聚焦的关注点。我国职前教师教

[①] 王少非. 教师教育课程的实践取向:何为与为何. 教师教育研究, 2013(5): 72-75.
[②] 于桂霞, 胥雅民. 教师教育课程改革实践取向探析. 通化师范学院学报(人文社会科学), 2013(1): 117-119.
[③] 常丽丽等. 基于实践取向的教师教育课程改革. 教学与管理(理论版), 2014(8): 35-37.
[④] 汤颖. 实践取向教师教育课程体系的保障条件分析. 当代教育科学, 2012(21): 30-31.
[⑤] Cynthia G M, Barbara R M, Valerie R C. Professional Development School Experience Evaluation. The Annual Meeting of the Mid-South Educational Research Association, 1999: 11.
[⑥] Sadler T D. "I won't last three weeks": Pre-service science teachers reflect on their student-teaching experiences. Journal of Science Teacher Education, 2006, 17(3): 217-241.

育课程设置可以概括为三个方面：一是公共英语、政治（思想品德与法律修养等）、计算机、大学体育等综合性较强的通识课程，旨在拓宽和丰富未来教师的知识面；二是诸如中文、物理、化学等专业性较强的学科专业课，旨在为师范生的未来教学奠定学科专业知识基础；三是包括教育学、心理学以及学科教学法、教师口语、教师信息技术等在内的师范性较强的教育类课程，旨在丰富师范生的教育思想、观念和提高技能等。[①]另外，也有研究者在该基础上将教育类课程细化为教育理论课程、教育技能课程、教育实践课程。[②]国外的研究者主要从教师专业知识构成的角度来探讨职前教师教育课程的结构。例如，舒瓦茨（Schwartz，H.）认为，20世纪八九十年代的教师，除了需要掌握教育学科知识、学科专业知识和教学策略外，还需要掌握关于儿童成长的社会的、生理的、情感的和认知的知识。[③]另外，巴农（Barone，T.）等也认为，未来的教师教育主要需要从构建一种解释性课程的教育理念、掌握教学方法、理解一般的教育学基础、对多元文化学生群体的敏感、理解信息技术等五个方面着手。[④]美国学者葛斯曼（Grossman，P. L.）在《教学和教师教育百科全书》（Encyclopedia of Teaching and Teacher Education）中认为，职前教师教育课程应包括普通教育学知识、课程理论知识、教学情境知识、学科专业知识以及关于学习的知识、关于自身的知识等六个方面。舒尔曼（Shulman，L. S.）提出了内容知识，学科教育学知识，学习者的知识，一般教学法知识，课程知识，教育脉络知识，关于教育目标及价值、哲学的知识等七个方面。其中，一般教学法知识，即我国当前职前教师教育课程中常提到的学科教学知识（pedagogical content knowledge，PCK）。

另外，研究者对当前我国职前教师教育课程结构中存在的问题展开了研究。研究者认为，首先，我国职前教师教育课程存在开设随意、混乱等问题，缺乏相应的规范体系。例如，不同院校之间在课时、学分规定以及实习安排等方面的差异过大。其次，一些院校的职前教师教育课程设置得过于单一，与其他课程相比，缺乏应有的灵活性和选择性，另外，在统整性方面也有所欠缺。有研究指出，在职前教师教育课程中，公共必修课与专业必修课分别占到了30.4%和49%，而选修课仅仅占20.6%。这样缺乏灵

---

① 李其龙，陈永明. 教师教育课程的国际比较. 北京：教育科学出版社，2002：181-185.
② 张西方. 基于"新课程"的教师教育课程体系的构建. 洛阳师范学院学报，2005（6）：151-152.
③ Schwartz H. The changing nature of teacher education// Sikula J(Ed.). Handbook of Research on Teacher Education (second edition). New York: Simon & Schustor Macmillan, 1996: 2.
④ 转引自：黄崴. 教师教育专业化与教师教育课程改革. 课程·教材·教法，2002（1）：64-67.

活性的课程体系往往容易导致师范专业口径狭窄，培养的师范生缺乏个性，且综合素质和创造性素养等都不突出。[1]还有研究者指出，传统的"老三门"（即教育学、心理学、学科教学法）课程内容知识陈旧，呈现方式过于单一，与基础教育现实往往是两张皮，缺乏密切的关联性。[2]最后，教师教育实践课程时间短、内容单一、管理零散等问题，导致师范生实习与见习的效果不佳。[3]有研究者提出构建"全程全景"式的职前教师教育实践课程模式，也就是将教育教学实践课程贯穿于整个教师教育过程中，让师范生进入教育教学的各种真实情境之中。具体而言，在真实的情境中，通过与中小学名师接触、集体备课、小组合作、行动研究等方式，促使师范生提高各种实践素养。[4]另外，国内研究者普遍认为，我国传统的职前教师教育课程一直是重学科课程，轻师范类课程的。例如，有研究者统计了部分师范院校开设的教师教育课程的比例，发现其存在严重失衡的现象，甚至一些学校的教师教育课程的占比达不到10%。[5]《教师教育课程标准（试行）》明确规定，三年制专科必修学分最低 20 学分，四年制本科最低必修学分24 学分，五年制专科最低必修学分 26 学分，另外还包括不低于 18 周的教育实践学分。因此，职前教师教育课程最低总学分（含必修课和选修课）为：三年制专科，28 学分+18 周；四年制本科，32 学分+18 周；五年制专科，35 学分+18 周（每个学分 18 个课时）。国内许多学校开设的课程尚未达到该要求。理论与实践的脱节也是国外职前教师教育课程研究批判的矛头之一。例如，英国学者达林-哈蒙德（Darling-Hammond，L.）和美国学者约翰·布兰斯福德（Bransford，J.）认为，由于缺乏理论与实践的有效结合，有必要对教师教育理论课程与临床实践工作进行整合。[6]

3. 关于教师教育课程职前职后一体化发展的研究

法国著名成人教育专家保罗·朗格朗（Lengrand，P.）在 20 世纪 60 年代提出了终身教育思想，否定了传统的一次性教育。在此基础上，波特

---

[1] 郭燕燕. 教师专业化与教师教育课程改革. 太原教育学院学报，2005（2）：11-15.
[2] 赵麟斌. 世纪之交我国高等师范教育的发展走向. 福建师范大学学报（哲学社会科学版），2000（1）：140-144.
[3] 邬跃，陈恒. 提高师范生教育实习实效性的思考. 教育学术月刊，2009（11）：48-50.
[4] 吴锋民. 国家课标视野下的师范院校教师教育课程改革. 浙江师范大学学报（社会科学版），2012（2）：1-5.
[5] 张泽洪. 教师教育课程标准背景下师范院校教育类课程体系的构建. 新课程研究，2012（6）：28-30.
[6] Darling-Hammond L, Bransford J. Preparing Teachers for A Changing World: What Teachers Should Learn and Be Able to Do. San Francisco: Jossey-Bass, 2005: 390, 441.

(Porter, J.)提出的"师资培训三段法"理论迅速被国际教师教育界认可。研究者普遍认为，教师教育应该包括职前培养、入职培训和在职继续教育三个不可缺少的环节。由此一来，教师教育一体化成为国际教师教育发展的重要趋势之一，教师教育课程一体化改革也逐渐成为研究者关注的焦点。例如，美国霍姆斯小组首次提出了建立专业发展学校，强调职前培养与职后培训的联系，提倡由实践经验丰富的中小学教师和大学的监督导师组成合作小组共同来培养师范生，由此将教师职前培养、教师入职教育、教师职后发展连接起来。另外，爱尔兰也颁布了《教师教育一体化政策》(Policy on the Continuum of Teacher Education)，该政策秉持"3I"原则，即"创新"（innovation）、"整合"（integration）和"改良"（improvement），通过建立贯穿于教师教育各阶段的档案制度及职前与职后的伙伴合作关系等策略，破解教师教育一体化发展中的难题。[1]20世纪90年代以来，职前教师教育一体化发展也开始影响我国的教师教育研究领域。例如，郑友训提出要充分整合职前培养课程与职后培训课程的优势，遵循开放性、前瞻性、客观性、发展性的原则，建构与中小学教育实践紧密结合的教师职前培养课程与职后培训课程。[2]王树洲认为，目前，我国的教师教育在课程设置上普遍存在着职前与职后课程体系相互独立、互不关照，各个阶段的课程设置缺乏系统性与连贯性等问题。[3]吴锋民对教师教育课程的一体化发展展开了具体的研究，认为在课程目标上，应突出三个导向，即知识、技能、实训；在课程体系上，应前后贯通，设置课程模块、统筹课程内容；在课程实施上，应强化平台建设，推行实践项目制，创建实践共同体；在课程评价上，应明确评价标准，健全评价机制。[4]王标、黄晓娜认为，在一体化理念的指引下，职前教师教育必须呼应职后的工作实践，了解教育教学的先进理念和方法，关注未来工作对象的发展特点，顺应注重实践、创新能力培养的时代要求，满足基础教育新课程改革的现实需求；同时还应深刻认识教师教育转型的内涵，通过建立教育科研与实践的合作共同体，在教师教育机构与中小学之间搭建桥梁，展开广泛、密切的合作。[5]刘义兵、付光槐认为，教师教育课程职前和职后缺乏内在的衔接和融合，造成职前与职后

---

[1] Teaching Council. Policy on the Continuum of Teacher Education. http://www.teachingcouncil.ie/teacher-education/the-continuum-of-teacher-education.190.html, 2015-08-01.
[2] 郑友训. 教师教育一体化课程建构的理论与实践. 课程·教材·教法, 2006（6）: 71-76.
[3] 王树洲. 试论教师教育课程设置的职前职后一体化. 江南大学学报（人文社会科学版）, 2008（5）: 132-134.
[4] 吴锋民. 教师教育课程一体化建设的实践与思考. 课程·教材·教法, 2013（1）: 101-105.
[5] 王标,黄晓娜. 一体化视野下小学职前教师教育课程设置. 教育理论与实践, 2013(23): 35-37.

两个阶段在课程目标、内容、方法与评价方面互相分离。因此，应该构建高校、地方政府、教研机构、中小学"四位一体"的协同发展共同体，实现课程资源开发与实施的统整设计。①这类研究主要探讨了职前与职后教师教育课程的衔接问题，涉及教师终身发展、持续性发展等问题。在实践中，西南大学与重庆市渝中区政府共同创建了教师教育创新实验区，专门进行了教师教育一体化发展的探索。教师教育课程一体化的相关研究得出的结论是，要加强教师教育机构与中小学的合作关系，教师教育课程的设计与规划既要体现阶段性，又要体现延续性。

4. 关于职前教师教育课程影响因素的研究

任何课程的发展都不是纯粹的技术性和操作性的问题，而是不可避免地要和社会背景联系在一起。正如迈克尔·富兰所言："影响变革的力量本来就已很多，再考虑到不可避免的一些意外因素，以及所有因素的同样不可避免的变数，那么，课程发展的复杂性再怎么强调也不过分。"②职前教师教育并不是教育领域的终端产业，其发展的影响因素也非常复杂，如社会经济、政治与文化的变迁，个体发展，中小学教育改革等多方面因素。2001年，教育部颁布了《基础教育课程改革纲要（试行）》，由此，研究者的研究视角发生了转变，开始关注基于新课改的背景来探讨职前教师教育课程改革。例如，周艳华认为，高师院校的改革严重滞后于基础教育课程的改革，特别是在课程体系及教学内容上不能与时俱进。③郭晓明认为，高师院校改革与基础教育改革在某种程度上出现断裂现象，且相互之间缺乏沟通与交流。另外，高师院校培养出来的师范生缺乏个性，在知识结构、能力结构等方面表现出一致性，已经满足不了多样化的需求。④靳玉乐、肖磊认为，随着基础教育课程改革的推进，我国原有的职前教师教育课程体系培养的教师已不能适应新课程改革以及学生多样化发展的需求，职前教师教育课程改革迫在眉睫。⑤

此外，还有一些研究者探讨了社会转型、教育转型等对职前教师教育课程的影响。例如，刘颂华认为，外在环境的快速发展与变化对高等师范教育提出了挑战，高师院校必须通过课程体系的调整以及课堂教学模式的

---

① 刘义兵,付光槐. 教师教育一体化发展的体制机制创新. 教育研究, 2014 (1): 111-116.
② 迈克尔·富兰. 变革的力量——透视教育改革. 中央教育科学研究所,加拿大多伦多国际学院,译. 北京: 教育科学出版社, 2000: 29.
③ 周艳华. 关于高师院校教师职前教育中存在的几个问题的探讨. 教育理论与实践（学科版）, 2005 (8): 54-56.
④ 郭晓明. 从基础教育课程改革看我国高师教育改革. 高等师范教育研究, 2001 (4): 13-17.
⑤ 靳玉乐,肖磊. 教师教育课程改革的价值诉求. 教育研究, 2014 (5): 121-127.

更新来适应这些变化。[①]纪丽莲认为，当前教师教育课程所依存的三大主体（高师院校、教师、基础教育）均发生了转型性变革，传统的教师教育课程呈现出课程结构不合理、课程内容轻视教育实践能力培养等诸多弊端。[②]仲小敏将师范教育转向教师教育作为职前教师教育课程重构的背景，并以具体的地理学科为例，探讨了如何构建"地理"与"教育"高度融合的教师教育课程体系，以走出"师范性"与"学术性"之争。[③]彭松林将知识转型作为背景探讨了教师教育课程改革路径，他认为，客观、中立、普遍的现代科学知识观向多维、互补、生成的当代知识观的转型对教师教育改革起着重要的推动作用，促进了人们对教师角色和作用的重新思考，传统的强调以学科知识传授为主的教师教育课程已经无法适应基础教育改革的需求。[④]还有研究者认为，要建立相关的动态机制，以使职前教师教育课程能够根据与之相关联的现实处境，动态地、有预见性地及时自我更新，从而以"活"的姿态存在于整个生态系统之中。[⑤]

关于与国外职前教师教育课程的比较研究主要聚焦于美国、英国、日本、德国等国家。例如，钱小龙、汪霞分析了美国、英国、澳大利亚等国家的职前教师教育课程改革趋向，认为相比于我国，这些国家的职前教师教育课程的发展趋势更具融合性和完整性。[⑥]曲铁华、李娟则对中日职前教师教育课程进行了横纵剖析，肯定了日本在"培养在变化的时代生活的能力"思想的指导下，科学合理的课程改革思路。[⑦]李其龙、陈永明主编了《教师教育课程的国际比较》一书，相对完整地比较了美国、英国、法国等六个国家的职前教师教育课程，认为发达国家的职前教师教育课程更加侧重于教师的专业化发展，课程设置比较灵活和个性化。在此基础上，他们提出，我国职前教师教育课程在专业化程度、结构比例等层面有待加强和优化。另外，也有研究者从互惠的视角对中国和加拿大的职前教师教育课程进行了比较研究，认为中国的职前教师教育课程在师德、指导方式以及保障条件等层面具有明显优势；而加拿大则在多元文化理解、理论与

---

① 刘颂华. 试论师范教育转型与教师教育课程体系的构建. 信阳师范学院学报, 2006（5）：62-65.
② 纪丽莲. 困境与出路：转型背景下的教师教育课程改革. 中国大学教学, 2010（12）：39-43.
③ 仲小敏. 转型时期高师职前教师教育课程的重构——以地理课程为例. 课程·教材·教法, 2011（8）：81-88.
④ 彭松林. 知识转型背景下的教师教育课程改革探索. 高教论坛, 2012（12）：54-56，66.
⑤ 许文学. 试论教师教育课程动态机制的构建. 思茅师范高等专科学校学报, 2006（5）：67-71.
⑥ 钱小龙，汪霞. 美、英、澳三国教师教育课程改革动向分析. 外国教育研究, 2012（1）：81-89.
⑦ 曲铁华，李娟. 中日教师教育课程比较研究. 教育探索, 2003（10）：96-98.

实践融合、过程性反思等层面具有显著优势。[1]

以上这些研究，从宏观上对整个师范生培养的课程体系进行了研究，特别是对当前职前教师教育课程体系存在的问题进行了不同侧面的研究，为本书问题的聚焦奠定了基础。

（二）职前教师教育类课程的相关研究

职前教师教育课程是指向双专业的，这是被研究者普遍认同的，而职前教师教育类课程是彰显教师专业化及其独特性的标志课程，对于优秀教师、未来教育家的培养发挥着关键性的作用。职前教师教育类课程一般包括教育理论类课程、教育技能类课程、教育实践类课程等。梳理职前教师教育类课程的相关文献发现，研究者主要从以下方面展开了研究。

1. 关于职前教师教育类课程现存问题的研究

研究者普遍认为职前教师教育类课程存在着诸多亟待解决的问题，具体而言包括三方面：首先，职前教师教育类课程的定位问题。纪国和、田佳欣认为，在职前教师教育类课程的所有问题中，定位问题是首要的。[2]职前教师教育类课程应该是指向双专业的，但是在课程设置中，学科专业课总是居于中心地位，教师教育的专业属性往往从属于学科知识的属性。对于师范生而言，无论是在知识结构上，还是在思维结构、学习态度上，都倾向于学科专业课，而不是教育专业课，这在我国是较普遍的现象。[3]其次，职前教师教育类课程内容陈旧，固守已有的结构性，无法与时俱进，不仅忽视了师范生个人发展的需求，更与基础教育改革的现实相脱离。[4]孙永明、史丽媛的研究发现，我国职前教师教育类课程长期局限于"老三门"，这与发达国家之间存在较大的差异。例如，美国一些教育学院开设的职前教师教育类课程就包括职业道德、学校体制与管理、教学过程、特殊类型学生的特点、传播媒介与技术、课程设计与评估、计算机辅助教学、教学方法与手段、儿童发展、课堂管理等多门课程；日本也是如此，开设的课程包括儿童心理学、教学方法、学校管理、社会教育、学校卫生、教育哲

---

[1] 付光槐，刘义兵. 中加职前教师教育实习课程比较——RLTESECC 项目交换生实习经历的启示. 比较教育研究，2016（4）：93-99.

[2] 纪国和，田佳欣. 教师教育类课程设置：性质、现状、问题与对策. 课程教育研究，2012（24）：14.

[3] 柳海民. 教师职业专业化与高师教育学科课程结构改革. 课程·教材·教法，2002（8）：49-52.

[4] 陈朝新. 论地方师范院校教育类课程的综合改革. 湖南师范大学教育科学学报，2014（3）：118-121.

学、教学内容、学生指导等。[①]最后，职前教师教育类课程理论与实践相脱离。柳海民认为，理论与实践的脱节是职前教师教育类课程中最为常见的问题之一，在职前教师教育类课程中，很少有能够真正融入基础教育实践的鲜活案例。[②]周朝坤、何蓓认为，职前教师教育类课程效果不佳，各种科目之间缺乏统合。[③]吴艺认为，职前教师教育类课程急需将理论与实践进行融合，改变以往的教材编排方式。例如，在结构上，应更加灵活；在行文上，应能够唤起师范生的学习兴趣。[④]以上研究对职前教师教育类课程的问题进行了不同层面和不同视角的挖掘，这对于本书进行现状考察有一定的借鉴意义。

2. 关于职前教师教育类课程改革动因的研究

笔者梳理文献发现，研究者往往从以下几个维度研究职前教师教育类课程改革的动因：①教师扮演的角色的变化。例如，李玉娟认为，由应试教育向素质教育的转轨，必然导致教师的角色发生诸多改变，职前教师教育类课程应根据教师角色的不同转向，进行培养方式等方面的改革和调整。[⑤]②新的时代赋予了人才规格、标准以全新的含义。职前教师教育类课程作为社会人才培养的课程体系之一，也必须进行相应的目标调整，以统率和引领新时代高素质人才的培养。[⑥]21世纪是科学技术迅速发展和急剧变革的时代，科学技术的突破性发展、知识信息时代的到来、知识的高速传播与发展都对人才培养提出了更高的要求。教师历来都担负着培养人才的责任，教师专业化程度直接影响着培养人才的成效。③职前教师教育类课程改革的现实要求。有研究者具体论述了职前教师教育类课程的弊端与不足。例如，梁钊华认为职前教师教育类课程管理混乱表现在两方面：首先，教师教育类课程管理的被关注度不高。一些院校专门设置了教师教育学院，而另一些院校则未成立专门的管理机构。其次，管理的内容过于狭窄。对教师教育类课程的管理往往局限于课时安排、考试安排等内容，缺乏专业化的课程决策管理、课程实施与评价管理等。[⑦]在国外，教师教

---

① 孙永明，史丽媛. 学分制条件下教师教育类课程设置探讨. 中国电力教育，2012（22）：88-89.
② 柳海民. 教师职业专业化与高师教育学科课程结构改革. 课程·教材·教法，2002（8）：49-52.
③ 周朝坤，何蓓. 师范院校教育类课程设置现状与问题研究. 贵州师范学院学报，2011（3）：44-48.
④ 吴艺. 高师教育类课程改革的思考. 教育探索，2012（9）：40-41.
⑤ 李玉娟. 未来教师素质的培养与我国教师教育改革. 师资培训研究，1998（3）：3-5.
⑥ 唐世纲. 高师院校教育类课程体系的反思与重建. 玉林师范学院学报，2011（4）：138-141.
⑦ 梁钊华. 教育类课程实施的缺失及其保障策略. 玉林师范学院学报（哲学社会科学），2007（1）：131-134.

育类课程的改革与专业协会密不可分。例如，美国教师教育类课程的变革得益于全美教师教育认证委员会（National Council for the Accreditation of Teacher Education，NCATE）的推动。NCATE 是美国教育部门认可的第一个全国性教师教育评估机构。NCATE 的认证标准对师范生在学科知识、教学设计以及专业能力等方面都提出了相关要求，并且对教育教学理论知识、教学技能课程和教学实习都有详细的规定。

3. 关于职前教师教育类课程内容体系的研究

职前教师教育类课程内容与结构的调整是研究者关注的热点问题。例如，有研究者认为，职前教师教育类课程应统合为教师教育类基础理论性课程、教师教育类知识与应用相结合课程、教师教育类发展性课程。[1]也有研究者认为，首先，要丰富教师教育类课程，改变以往的单一化模式以及比例失衡的局面；其次，要与基础教育的实际相联系，设置相关内容的选修课；最后，依据《教师教育课程标准（试行）》，构建具有融合性、开放性的，能够彰显师范特色的教师教育类课程群。[2]也有研究者设计了"三类四修（选）"教师教育类课程体系，其中"三类"是指教育理论类课程、教学方法类课程、教育实践类课程；"四修（选）"是指必修课程、限选课程、任选课程、自修课程。[3]张青运基于国际教师教育的潮流（培养研究型教师和反思型教师），认为应该构建教育基础理论课程（教育学、心理学）、教育应用理论课程（中学语文教学法）、教育实践课程（见习、实习）。[4]除此之外，黄甫全认为，当前教师教育类课程的技术类课程仅仅涵盖 PPT 等内容，过于狭隘，还应该涵盖一些实验辅助教学系统的利用等，从而提升师范生的学习效果。[5]在美国，得克萨斯理工大学（Texas Tech University）教育学院设置的中学教师资格证书课程就比较丰富，包括人的成长与发展，课程的组织、设计与评论，多样性与课堂学习环境，课堂管理，教学方法与策略，中学的社会学课教学，传播媒介等，可满足职前教师多样化选择的需求；另外，明尼苏达州的教师教育课程也是如此，包括课堂管理、人在不同文化中的关系、个体的学习方式、学科课程的方法、

---

[1] 周鸿敏. 顺应基础教育新课改的高师教师教育类课程改革研究. 河南教育学院学报（哲学社会科学版），2012（6）：48-51.
[2] 张泽洪. 教师教育课程标准背景下师范院校教育类课程体系的构建. 新课程研究（中旬刊），2012（6）：28-30.
[3] 张西方. 教师教育类课程体系建构探析——关于贯彻落实《教师教育课程标准（试行）》的思考. 课程·教材·教法，2013（11）：107-112.
[4] 张青运. 师范院校教育类课程改革的研究与实践. 南京晓庄学院学报，2004（2）：36-38.
[5] 黄甫全. 开发实验课程与教学：教师教育改革的新路向. 教育发展研究，2009（18）：49-53.

评估和引导等。其内容体系打破了学科体系的固化，更加贴近师范生的现实生活，更能引起师范生的学习兴趣。

4. 关于职前教师教育实践类课程的研究

对这类课程的研究主要集中在以下方面：第一，职前教师教育实践类课程的意义研究。例如，周晓静认为，职前教师教育实践类课程对师范生的职业信念、角色意识、情感以及教育教学能力等方面具有重要意义。因此，实践类课程应作为教师教育改革的重要内容之一，来保障师范生质量的提升。[①]还有学者认为，职前教师教育实践类课程不仅在观念上培养了教师正确的职业意识，而且在能力上加强了教师的教育教学技能。第二，职前教师教育实践类课程存在的问题探讨。例如，有学者认为，现行的实践类课程存在理论学习与实践学习脱节、实践课程占教师教育类课程的比例较小两大问题。洪松舟、卢正芝认为，实践类课程内容比较单一，只限于课程教学和班主任工作，而教师科研、家访、行政等未来教师生活的重要内容往往不受重视。另外，实习内容的趋同性过高，存在一些师范生通过造假（仅仅完成相关文本材料）来应付教师教育实践类课程的现象。[②]除此之外，该研究还指出，学生在进行实践类课程时，缺少高校教师和中小学一线教师的指导，导致学生只能自己慢慢摸索，各项能力发展缓慢。在此基础上，曲鸿雁还指出重要的一点，即学生的教育实践得不到应有的重视，导致后续工作无法顺利进行。面对职前教师教育实践类课程存在的问题，研究者提出了一系列建议：①建立一个完善的实践类课程过程化体系，成立专门的教师教育实践类课程工作机构，以保障教育实践工作得到合理安排。②建立高校与中小学长久的实践合作关系，改变以往时间短且内容少的实践，让师范生在本科期间便面向中小学进行长期的实践锻炼。③构建反思性实践模式，教师在真实教育情境下通过自我反思提高实践能力。④采用多样化的实习模式，如单科集中定点实习模式、定向定岗试用教育实习模式、自主式教育实习模式等。国外学者对职前教师教育实践类课程也有探讨。[③]例如，维拉德·沃勒（Waller, W.）认为，教育学院的专业训练常与实际相脱离，过分重视系统性的知识传授，导致教师无力应对真实情境中的复杂情境与冲突。因此，职前教师教育类课程应该加强实践性，

---

① 周晓静. 教师教育实践课程改革与思考——以南京师范大学教师教育课程为例. 中国教育学刊，2011（7）：56-59.
② 洪松舟，卢正芝. 论教师教育实践课程的失效与重构. 黑龙江高教研究，2007（7）：88-90.
③ 曲鸿雁. 教师教育实践课程：过程与反思. 中国高等教育，2011（1）：62-63.

与实践建立起联系。①此外，还有研究表明，国外的实践类课程也存在理论与实践相脱节的问题。英国学者拉纳（Rana，K. B. M.）认为，职前教师教育实践类课程的时间太短，因此，他建议在未来教师的培养中，应展开范围更大、时间更长的学校教育教学实践活动。②国外一般都会采用延长教师实习时间，以及实习与见习、研习相结合的方式。从目前情况来看，英国四年制教师资格教育课程中的教育实习为 32 周。法国两年制初等教育的教育实习为 18—19 周。德国的教学实习分两段实施：第一阶段主要在大学一年级展开，按学时计算，共 50 个学时；第二阶段主要在第 5 学期展开，按工作日计算，共 15 个工作日。而美国规定的 24 个学分中，教育教学实习就占了 10 个学分。③这也表明，我国的职前教师教育实践类课程确实与教育发达国家存在一定差距。除此之外，研究者也比较关注微格教学（micro-teaching）。也有一些研究者研究了具体学科的教师教育类课程的设置问题，如王恩才、董玉芝研究了地理学科的教师教育类课程设置，提出应该构建课堂教学、教育研究、班主任工作"三位一体"的教育实践体系。④

综上所述，当前国内外关于职前教师教育课程的相关研究主要集中在职前教师教育课程的内容、结构体系存在的现实问题及对策研究上。根据已有的研究可以明确的是，面对社会发展、教师专业化发展以及基础教育改革等时代背景，我国职前教师教育课程还存在较多亟待解决的问题。例如，职前教师教育课程的边缘化，师范性特色尚未彰显；职前教师教育课程内容上的割裂性，理论与实践相脱节；职前教师教育课程空间上的封闭性以及职前职后发展的衔接问题等。职前教师教育课程的相关研究明显还受制于传统课程理念，职前教师教育课程改革往往遵循确定性的课程逻辑，将课程视为静态的学科或者教材，这也就意味着课程是由准确无误、永恒不变的科学知识构成的。这种逻辑思维容易忽视教师、学习者以及环境在课程发展中的作用，也就容易忽视职前教师教育课程的发展性、创新性、建构性等特点。由此，本书试图以职前教师教育课程的根本价值关怀与旨趣为出发点，探寻职前教师教育课程根本价值取向的转变，挖掘职前教师教育课程改革更为深层的、价值性的问题。

---

① Waller W. The Sociology of Teaching. New York: John Wdley & Sons, 1932: 78.
② Rana K B M. Strategies for pre-service secondary English teacher development in the UK. Journal of Nelta, 2010, 15(2): 134-145.
③ 刘朝丽. 国外职教师资培养教育类课程设置的特点及启示. 文学教育（中），2014（3）：76.
④ 王恩才，董玉芝. 地理教师教育类课程教育实践体系建构与实施策略. 延边大学学报（自然科学版），2014（3）：49-53.

第一章　职前教师教育课程的现实审视

1897年，清朝大理寺少卿盛宣怀在上海创办南洋公学师范院，标志着我国师范教育的开端。次年，孙家鼐呈请设立京师大学堂，分设师范斋，标志着我国高等师范教育的开端。在赫尔巴特教育学说的影响下，清末师范教育发轫期，我国一些师范院校也逐渐开始重视教学法。《奏定优级师范学堂章程》将教育类科目中的教育学和心理学等规定为必修课程，这被视为我国职前教师教育课程正式设置的开端。

目前，各院校师范专业的课程设置主要包括通识教育课程、学科专业课程、教师教育课程等三大部分（部分院校除外，如还有一些院校仍然将教师教育课程作为公共课开设）。其中，通识教育课程属于非专业课程，是所有专业的在校大学生都要学习的，主要包括马克思主义基本原理、毛泽东思想和中国特色社会主义理论体系概述、中国近现代史纲要、思想道德与法治、形势与政策等。通识教育课程是学校根据教育部对高校专业设置的要求开设的，其管理权限在学校或者是更高的教育主管部门。因此，二级学院对这一类课程的开设、安排、实施的自主性是非常小的。学科专业课程主要是根据各师范专业具体学科的要求而开设的。一般来讲，学科专业课程主要包括学科基础课和专业发展课。以汉语言文学专业为例，学科基础课主要包括古代汉语、现代汉语、文学概论等基础性专业课程；专业发展课主要是在学科基础课的基础上，针对汉语言文学专业自身的特殊性而开设的更为深化的课程，包括基础写作、书法、文学批判、语言学概论、中国古代诗歌研究、中国当代文学经典研究、中国古代文学、中国当代文学等。学科专业课程主要是由学校二级学院根据本学科专业特色而设置的，学院的自主性比较大。因此，这类课程在院校之间开设科目的差异相对较大。值得注意的是，有些学校将教师教育课程完全纳入专业发展课程模块之中或者是将教育学、心理学纳入公共基础课，其他的课纳入专业发展课之中，如教师口语、教师书法等。但是，20世纪90年代以后，特别是2011年教育部颁布《教师教育课程标准（试行）》以后，大部分院校都将教师教育课程作为独立版块开设，由学校的师范学院、教育学院或者教师教育学院负责实施。各院校的教师教育课程一般都包括教育理论课程、教育技能课程、教育实践课程等三大模块。教育理论课程主要包括教育学、心理学、学科教学论等；教育技能课程主要包括教师口语、教师书法、现代教育技术、微格教学等；教育实践课程主要包括教育见习、实习等。大部分院校将教育见习、实习与毕业论文写作、劳动与社会实践等作为教师培养的实践环节单独设置。

第一节 职前教师教育课程的问题透视

20 世纪 90 年代以来，随着《教师教育课程标准（试行）》的颁布，职前教师教育课程的改革探索逐渐成为教育理论与实践领域中的焦点。各师范院校以及承担教师教育的综合性大学对职前教师教育课程改革也进行了积极的探索。从上述对职前教师教育课程现状的描述中可以发现，职前教师教育课程体系逐渐丰富，并取得了一定的进展。然而，我国正处于职前教师教育课程改革的"深水期"，其固有的缺陷和特点使得职前教师教育课程的形势依旧不容乐观。

一、职前教师教育课程目标预成性突出

在传统的思维方式中，科学标准往往成为衡量任何事物的标准。"不科学"就意味着没有价值甚至是荒谬的，也就失去了存在的现实合理性。客观主义成为人们对待一切事物的思维方式，其根本性质是一种对象化思维，即将所有人或物对象化、物化、疏远化，直至异化。在传统的思维方式下，人被视为创造物质财富的工具和手段。这种思维视域下的职前教师教育课程目标往往过分追求预成性，强调通过控制师范生的学习行为来实现既定目标。

（一）课程目标过分强调对知识、技能的掌握

就目前现实情况而言，职前教师教育课程目标仍然停留在外显于师范生行为的知识和技能层面，而忽视了对师范生人格特征以及内在情感、认同、意识等层面的关注。例如，大部分院校过分强调师范生对各种确定性知识和程序性技能的熟练掌握和"占有"。在培养目标上，强调师范生具有扎实的专业知识和掌握娴熟的教学技能是毋庸置疑的。然而，现实的职前教师教育课程目标却仅局限于一些立竿见影的操作性技能要求，认为师范生只要掌握了最基本的教学技能，就可以独立地承担起教育教学工作。这一课程目标直接导致师范生在职前教师教育课程中处于被"打磨"和被

"匠化"的地位，教师教育过程的情境性、缄默性、意会性被忽视，师范生的个性差异、个性需求、生活及其情感体验遭受"压抑"，逐渐远离了师范生的生活世界。[①]

从近些年来师范生在毕业实习中暴露出的问题和反馈的信息可以看出，如果仅是"复制"一些确定性的知识，师范生就很难静下心来真正去领会和思考教育背后的思想、价值与意义，那么掌握再多的知识也是没有意义的。例如，有师范生就谈道：

> 关于什么是教育、教育的起源等，作为常识性知识了解就可以了，感觉这些知识对自己没有太大的用处。反倒是教学策略、学习方法、教学评价等知识对自己的帮助会比较大。[②]

由此就可以窥测出该名师范生在学习中的功利化倾向。从结果上看，这种模式的确符合现代化规模和批量化生产的要求，可以培养大批基本知识扎实和技能娴熟的师范生。然而，这却使教师教育呈现出低层化趋向，师范生逐渐成为仅仅具有某种功能性的工具。

（二）课程目标忽视了师范生的终身学习能力

任何教育目标的实现都并非一蹴而就的，而是一个长期的动态发展过程，特别是随着科技的日新月异及社会变革的加速，现代人面临着更大的生存挑战，传统的教育观念迫切需要得到改革和创新，一次性的学校教育已经无法应付生存的挑战。1965年，保罗·朗格朗正式提出终身教育的理念，并迅速获得广泛认可。教师作为价值的守护者和学习的促进者，更应该具备终身学习的理念和能力。从20世纪60年代开始，弗勒（Fuller, F.）拉开了教师发展理论的序幕，学术界关于教师发展的漫长性、动态性以及终身性达成共识，特别是在师范教育向教师教育的转型以及在教师教育一体化发展的背景下，教师的终身发展受到了空前的关注。教师的发展不单需要教师的职后发展，更需要职前教师教育的铺垫，职前职后需要形成内在的机制，只有如此，教师发展才能具有连续性。[③]然而，当前的职前教师教育课程目标更多地还是集中于一些能够"立竿见影""迅速起效"的

---

① 伍雪辉，张艳辉. 知识观的嬗变与职前教师教育课程改革探析. 华中师范大学研究生学报，2011（1）：11-15.
② 本书除特别标注的案例资料外，其他均来自笔者调研后整理的访谈资料。
③ 刘义兵，付光槐. 教师教育一体化发展的体制机制创新. 教育研究，2014（1）：111-116.

操作性技能的训练上，而忽视了师范生更为内在和持续性的发展能力。例如，从一些院校的培养目标来看，其更多强调的是师范生具备扎实的学科基础知识和掌握熟练的教学技能等。在访谈中也发现，无论是教师教育者还是师范生，在谈论到课程目标时，都倾向于"见效快"的一些知识和技能的学习。

（三）课程目标同质化现象严重

随着高等教育大众化进程的不断推进，高等教育的同质化现象越发突出。不同类型、不同层次、不同地域和不同历史文化背景的高校在目标定位、培养模式、组织结构等方面呈现出同质化、一致化的发展趋向。在这样的背景下，培养出的人才在素质、能力、知识结构等方面也日益趋同，缺乏个性与特色。无论是理论型研究人才还是应用型实用人才，其培养路径都十分相似。正是在同质化课程目标的引领下，不同类型、不同层次的高校的职前教师教育课程结构体系差别很小，使用的教材也多为统一的"规划教材"或"推荐教材"。师范生在几乎雷同的教育模式下，逐渐形成相似的思维模式和行为习惯，没有了自己的个性，丧失了创造能力。在特定的历史时期，由于教师数量短缺，职前教师教育课程改革往往以增加教师数量为目标；而当前的教师数量总体呈饱和状态，甚至是呈结构性过剩趋势。由此，职前教师教育理应走向精细化培养，体现出个性化与特色化。

目前，全国师范院校以及开设师范专业的综合性大学无论是师资水平、教学条件，还是传统特色、区域位置等，都呈现出多样化的样态，但是从职前教师教育课程目标来看，差异并不大。就本书选取的六所院校而言，从学校层次上讲，包括部属院校、省属院校、地方院校等；从学校类型上讲，包括师范院校、综合性院校；从地域上讲，包括东部、中部、西部院校。但是，这六所院校的培养目标却大同小异，同质化和雷同现象比较严重。例如，六所不同的院校都将目标定位于"优秀的教育工作者"，要求"适应时代与基础教育发展的需求"，具有"扎实的基础知识和熟练的教育教学技能"等。各院校并没有充分利用本院校的特色或优势资源对要培养什么层次、什么类型的教师进行清晰和准确的定位。学校内部各师范专业之间的培养目标也缺乏学科特色，诸如汉语言文学、化学、生物等专业的培养目标也基本相同。另外，从全国范围来看，在职前教师教育课程建设中，盛行"拿来主义"，各院校往往参照全国统一的模式构建课程体系，导致不同层次院校的职前教师教育课程设置框架基本一致。

二、职前教师教育课程内容"去情境化"明显

职前教师教育课程内容更多呈现出一种静态式或条块分割式的实体性特征,具体表现为"去情境化"。因此,职前教师教育课程内容陈旧、空洞且与中小学现实相脱离一直受到人们的诟病。

(一)课程形态保守,缺乏活力

教师教育机构往往从学科的视角来理解和定义职前教师教育课程。因此,我国职前教师教育课程大都倾向于各门学科本身的知识逻辑体系,如在课程名称上大多采用"××学"或"××论",大部分课程内容仍然沿用旧课程知识体系,并未及时汲取前沿的研究成果以及新课改的一些新理念和要求。[①]以教育学为例,20世纪中期开始,我国的教育科学逐渐兴盛发展起来,但教育学的教材大都还在沿袭凯洛夫教育学的框架和内容,尽管教材版本在不断翻新,但实质上却是"形变而神不变"。课程内容过分强调体系性、学科性和完整性,表现出空泛和脱离实际的特征。例如,某教育学的教材用大部分篇幅来介绍国家层面课程的制定政策与制度,而与师范生未来更为密切相关的,诸如校本课程开发、课程领导、课程权力意识等却一带而过。在课时相对有限的现实条件下,这种将宏大学科体系作为一门课程的方式,使得一些重难点或关键点难以真正深入下去,师范生也往往不求甚解,课堂上几乎没有时间去思考、问辩。最终导致师范生记住了很多概念,知道了很多教育流派,却知其然而不知其所以然。在访谈中,就有师范生谈道:

> 翻开任何一本教育学的书都是"大而全",课程上到后面,基本上只是我们自己看书了,并没有时间来讨论。总体上,我觉得教育学这门课对我们的帮助不是很大,这本书和上课的内容都应该改一下了。

另外,通过梳理各院校主干课程的设置就可以发现,当前职前教师教育课程更多的是以几门教育学课程与心理学课程的简单相加为主,课程门类之间缺乏有机整合。其优点在于能够使各门课程保持各自的相对独立性和系统性,但同时也容易造成不同课程之间低层次的重复。仍然以教育学

---

① 高洪. 异化与回归:高校教师教育课程价值取向及其应有的意义. 玉溪师范学院学报,2013(5):49-53.

为例，其涵盖的内容体系是非常全面的，包括教育的起源、师生关系、教学、课程、德育、班主任与班级管理、教育评价、教育研究方法等。但这往往容易与开设的学科教学法、班级管理等发生低层次的重复。有教师教育者就谈道：

> 不同课程的很多内容都有重复和交叉，本来课时就少，如果重复讲，会造成课时的浪费。更为严重的是，由于职责不是很明确，缺乏整体的安排，还会出现你认为他讲了，而他又认为你讲了，最后谁也没讲的现象。

（二）课程内容忽视师范生的专业伦理

从当前的职前教师教育课程设置来看，其更侧重于教育理论知识以及操作性较强的教学技能，而忽视了对师范生内在的情感、伦理等的关注。由于"法定"课程涉及了大学生思想道德修养方面的内容，如思想道德与法治等，部分院校往往试图用这些课程来代替教师专业伦理课程。然而，这些通识类课程与非师范生的思想道德课程并无差别，仅是停留在一般道德上，旨在培养师范生的科学素养、人文精神、理性意识，并不能体现专业性、职业性，也并不直接服务于师范生未来的职业准备。[1]由此，师范生的专业伦理表现出明显的"泛道德主义"倾向。还有一些学校认为教育学等理论学科中会涉及教师伦理方面的内容，没有必要专门开设相关课程，由此导致了专业伦理课程的边缘化。只有少数学校开设了诸如教师职业道德、教师专业发展等课程，但其中大多数是选修课，学生可选可不选，因此，这些课程并未受到重视。职前教师教育课程关注了师范生应该"如何教、怎么教"的学科教学知识问题，却忽视了师范生专业伦理方面的内容，以及师范生"好教、乐教、爱教"的根本性问题。[2]一般来讲，如果师范生很难充分认识和理解教师职业，也就很难树立正确的价值理念并认同教师职业的社会价值以及神圣性。许多师范生仅仅将教师职业作为一个跳板，是迫于就业压力做出的无奈选择，如果有收益更好的职业，他们会毅然选择后者。在访谈过程中，某校长就指出：

---

[1] 祁占勇. 教师教育专业条件性知识的本体性价值及其有效教学. 国家教育行政学院学报，2015（5）：49-53.
[2] 刘义兵. 论师范生的教师专业伦理建构与培养. 西南大学学报（社会科学版），2012（5）：48-55，174.

> 在地市一级的中学，尤其是在乡镇中学，没有一点儿奉献精神是不行的，没有一点儿对教育事业的热爱、对学生的热爱是不行的。因此，在师范生的培养过程中，应该注重师范生信念体系的养成，设计相关课程，使师范生形成个人的教育情感、信仰。只有这样，才能为其将来的职业发展和持续性发展提供动力和支持。

另外，当前的职前教师教育课程缺少关注儿童的研究类课程。教师是儿童发展的促进者，这一重要的角色定位，决定了教师的重要任务和使命。了解并热爱儿童应该是教师的专业素质之一。从目前的职前教师教育课程设置中可以看出，以儿童发展为主题的课程很少。课程目录中除了心理学或学生发展心理学等课程，并没有直接以儿童为研究对象的课程。儿童研究课程的缺失，导致未来教师关于儿童发展的知识与教育能力等的欠缺，从而在一定程度上会影响未来教师对儿童的态度与行为。一些中小学校长在谈到对新手教师的评价时，说道：

> 很多新手教师讲课是没有多大问题的，但是不善于与学生进行沟通和交流。他们不了解学生这个年龄段的行为习惯和思维方式，这常常给他们的教育教学工作带来阻碍。

（三）课程内容忽视师范生的综合能力

在20世纪90年代初期，职前教师教育课程受到了研究者的批判，研究者认为教育教学技能是形成有效专业行为、从事教学活动的前提和基础，而当时的教师教育课程侧重于理论知识的传授，忽视了师范生专业技能的培养，因此，研究者建议强化教学技能训练课程，增加教育教学技能训练课程的比例。[1]然而，受技术熟练者范式理论的影响，人们往往窄化了对教师专业能力培养的认识，将教师专业技能等同于"三字一话"（粉笔字、钢笔字、毛笔字和普通话）以及教育信息技术能力的训练、多媒体课件的制作等工具性技能。这些工具性技能对于一名教师而言是必要的，却不是充分的。传统的"三字一话"只能说是一名师范生适应教育教学工作的必备工具技能，教师专业发展技能更为重要的是基于学生发展需要进行课程设计、班级管理、实践活动组织以及研究与反思等。从当前的职前教师教

---

[1] 孟凡丽. 高师教育类课程改革刍议. 新疆师范大学学报（哲学社会科学版），1999（2）：81-85.

育课程设置中就可以发现，其更多关注的是学科教学法类课程和教学技能类课程，诸如课程标准与教材分析、教师口语、教师书法、教师信息技术能力等工具性课程，而在师范生教育研究能力方面是比较欠缺的，以教育研究方法课程为例，只有少数院校将其作为必修课进行设置，而大多数院校都是以选修课的形式开设，甚至有一些院校都还未开设教育研究方法方面的课程。在访谈中，有师范生表示：

> 在平时的课程学习中，老师比较注重口头表达训练、粉笔字的书写、教案的编写和教学技巧方面，但是关于如何开展教育教学研究，如编制问卷、开发课程资源等方面涉及得就比较少，并且在教学实习中遇到这些问题时，常常也不知道如何去解决。

因此，在职前教师教育课程设置中，专业学科知识、技能训练几乎占据了全部的课程内容，而让师范生自己创造、主动参与的综合性课程和研究性课程等很少设置。一些院校虽然设置了一些师范生专业发展与学习指导类的课程，但仅仅是为了"凑数"，起到的仍然是点缀的作用，而并未被放到实质的重要位置。[①]

另外，从课程形式上看，随着职前教师教育课程改革的不断推进，大部分院校的课程形式逐渐多样化，形成了以必修课为主、选修课为辅的课程样态。从课程开设情况来看，当前教师教育课程的必修课以教育学、心理学、学科教学法为主，而班主任工作、教育研究方法、教师专业发展、师德修养等都作为选修课开设。虽然大多数院校近年来增加了多门类的选修课程，甚至是"面面俱到"，但是很多门类都不切实际，且实施起来比较困难。同时，由于学分限制，师范生选择的空间也比较有限。由此很可能导致一些培养教师必备素养的课程是师范生不一定能够真正接触到的。以班主任与班级管理为例，如果以选修课形式开设，就意味着并非所有的师范生都要学习这门课程。显然没有选修这门课的师范生走上工作岗位后，由于欠缺这方面的知识，则很难胜任班主任的工作。在一项关于师范毕业生对自我班主任工作能力满意度的调研中，选择"不满意"的占到了41.3%，选择"满意"的仅仅为19.3%。[②]这在一定程度上也反映了职前教师教育课

[①] 吴遵民，傅蕾. 我国30年教师教育政策价值取向的嬗变与反思. 杭州师范大学学报（社会科学版），2011（4）：93-100，128.

[②] 董秀红. 地方本科院校物理师范专业教师教育类课程的现状与对策研究——基于贵州省3所地方本科院校的调查. 凯里学院学报，2014（6）：22-26.

程设置不到位的情况。虽然职前教师教育课程的选修课开设门类特别丰富，但由于学校资源有限以及学生精力有限，一般而言，在开设的十多门选修课中，学生只能选择 3—5 门，甚至是更少。例如，有的学校甚至开设了 20 门选修课，以该校汉语言文学专业为例，开设的选修课包括中学语文文学鉴赏与教学（2 学分）、学校心理咨询与心理辅导（2 学分）、教育心理测评与诊断（1 学分）、教育政策与法规（1 学分）、教育哲学（1 学分）、教育经济学（1 学分）、教育社会学（1 学分）、教育伦理学（1 学分）、中外教育史（1 学分）、基础教育改革专题研究（1 学分）、国内外基础教育比较研究（1 学分）、教师专业成长理论与实践（1 学分）、教育与心理统计（1 学分）、学校组织与管理（1 学分）、中学学科课程标准与教材研究（1 学分）、中小学课程资源开发研究与实践（1 学分）、中小学教育评价理论与实践（1 学分）、中小学课堂教学与管理（1 学分）、教育行动研究与实践（1 学分）、微格教学与教学诊断（1 学分）、案例教学的理论与方法（1 学分）、教师艺术修养与技能训练（1 学分）、综合实践活动课程设计与教学（1 学分）。但根据该校培养方案的规定，学生只能选修 5 个学分，并且其中有两门课各占了 2 个学分。表面上看起来学生的选择机会很多，但是实际上可选择的内容是非常有限的，特别是一些培养教师必备素养的课程是很多学生无法同时选择的。这表明在职前教师教育课程设置时，设计者缺乏对教师核心素养的准确把握和深入思考。在访谈中，笔者还了解到，在选择选修课时，有一部分师范生是根据自己的兴趣或者自身的实际情况来权衡的，从而选择对自己帮助最大的课程。但是也有一部分师范生（这种情况占多数）并不是根据课程的重要性或自身需要进行选择的，而是根据这门课程是否容易获得学分以及上课老师的严厉程度进行选择的。例如，有师范生谈道：

> 我的很多同学在填报选修课的时候，一般都会提前向学长或者其他同学打听上课老师如何、会不会每次上课都要点名、考试通过率怎么样等情况。

三、职前教师教育课程实施传递性倾向明显

职前教师教育课程属于高等教育的范畴，显然具有大学课程的特点，相对于中小学课程而言，职前教师教育课程的实施更具自由度和包容性。这在一定程度上导致了教师课程权利的泛化、不同程度的个人化，甚至是随意

化倾向。①另外，长期以来，大部分师范院校将职前教师教育课程作为公共基础课与英语课、体育课并列，统一由教育学院或教师教育学院教师执教。由于不是本学院的专业课程，职前教师教育课程通常被视为"公共课"而不受重视，仅仅被当作一项应付性工作和任务。各个学院都将主要精力集中在学科课程上，都会有专门的师资队伍和专家团队对学科课程进行商讨和精细化实施。因此，职前教师教育课程在实施中显现出一种随意化倾向，课堂教学备受传递性惯习的桎梏。具体表现在以下方面。

（一）教学方式单一，情境创设有限

在"理论决定实践"的前提假设下，职前教师教育课程强调师范生对固定教育理论知识的机械掌握，教学过程也以单向传授为主。教师教育者将各种概念、原理等经过自己的整理与组织，以系统化的方式传递给师范生，师范生通过听、记、写，高效率地获得最精华的知识。由此，职前教师教育课程的教学方式往往局限于单一的讲授法，呈现出一种自上而下的"压迫式"被动记忆，师范生缺乏主动性和积极性。在基础教育课程改革日盛的今天，作为师范生，应该熟练掌握一系列引领基础教育课程改革的教学方式，如合作、探究、研讨等。另外，作为承担教育科学教学任务的教师教育者，理应是教学方面的专家，是擅长教学改革和注重教学方法的。然而，大部分教师教育者的授课方式仍然是传统的讲授式教学，而师范生在未来教学时往往会复制他们老师的教学方式，从而形成了一个怪圈，一个让我们无法找到出口的怪圈。②在提倡创新意识、探究精神的背景下，教师教育者却未能从自己的教学方法做起，让作为未来教师的师范生在师生互动与合作探究的氛围中感受教师应该如何去尊重学生、启迪心智、激发创造，在潜移默化中树立全新的教师理念与态度。这显然是职前教师教育课程实施中的一大遗憾。在访谈中，一位长期从事教师教育的高校教师谈道：

在当前基础教育中，包括翻转课堂在内的一些新式的教研活动正在被大力推进，而这些在教师教育课程教学中却鲜有涉及。因此，很明显高校培养的师范生将很难适应中小学的要求，更别

---

① 杨跃. 教师教育课程改革阻抗的成因分析与对策思考. 集美大学学报（教育科学版），2012（2）：1-5.
② 齐梅，马林. 学科制度视野下的中国教育学学科发展研究. 北京：人民出版社，2012：91.

说引领基础教育教学改革,特别是在当前卓越教师培养的背景下,传统的课程教学内容着实显得苍白无力。

对此,有师范生也深有感触:

> 我的实践经历不能说完全没有,但也不多。大二过后的暑假,我在一个补习班教过 20 次左右的课,班级有 4—8 人,教的是高一数学。一次放假回家,我去听了父母工作的学校几位优秀老师的课,分别是一年级语文、二年级数学、六年级英语等。我认为在大一、大二的课程中应该设置一些见习活动。若等到实习的时候才真正接触中小学课堂,难免有仓促之感,理论知识也无法得到很好的利用和转换。

在职前教师教育课程中,有一部分课程实质上是偏实践性的,如课堂教学技术与艺术、班主任工作等。在课程实施过程中需要创设大量的案例和问题解决的教育情境,以使师范生理解在不同的情境中如何应用合适的教学方法以及如何解决各种教育教学疑难问题等。但是,从现实来看,大部分情境的设置并不理想。部分教师教育者偏爱"传授—接受"的教学模式,无视理论的讲授与理论本身的矛盾,不停地传授教育学知识,致使出现职前教师教育教学不符合教育学基本原理的"无用又尴尬"的怪象。[①]从培养方案来看,无论是教育学、心理学还是班主任工作、教师专业发展、教育研究方法,甚至是一些能力训练课都采用讲课的方式授课。例如,某校 11 门职前教师教育课程(包括选修课和必修课,实践环节除外)基本上都是以讲课方式授课,只有教育技术应用能力训练课总共有 36 个课时,其中有 10 个课时为实验。在这样的情况下,几乎是教师教育者在讲台上独自"表演",而真正参与领会和理解的师范生仅占少数。在访谈中,有师范生谈道:

> 我们上课的方式主要是传统的"传授—接受"式课堂讲授,教育学、心理学等课程采用一二百人的大班形式授课。整个教学过程基本上就是老师在讲台上"独奏",我们在下面被动学习。

---

① 卓进,陈理宣. 教育类课程教学困境及综合教改——基于教师教育层面的探讨. 高教探索,2010(5):88-91.

（二）课程实施缺乏针对性和层次性

部分职前教师教育课程通常是来自全校不同学院与专业的师范生融合在一起上课。然而，即使同一个班级的学生，在能力基础以及学习习惯等方面也会存在较大的差异，而职前教师教育课程一般采用相同的教学内容、教学案例、教学方式针对不同学科背景的师范生展开教学，并且使用统一的标准进行评价。研究者在对教育学课程进行课堂观察时发现，教师不管是给化学专业还是给汉语言文学专业的师范生上课，从上课开始到结束基本上都没有差异。但是由于两个专业的师范生在知识结构以及思维范式等方面存在差异，他们在学习方式上也会有极大的差异。例如，汉语言文学专业是文科专业，师范生更倾向于一种归纳式和故事性的授课方式；而化学专业是理科专业，师范生更倾向于一种演绎式和结构式的授课方式。这些方面是教师教育者在教授职前教师教育课程时经常忽视的。

（三）实践课程缺乏理性引领

近些年来，职前教师教育实践课程逐渐受到重视，我国大部分师范院校都增加了职前教师教育实践课程的比重。大部分高师院校的实践课程占职前教师教育课程的比例都达到了30%以上，甚至最高达到了59.1%。[1]实习往往被安排在课程的最末阶段，被认为是对理论的验证。教育见习或实习是否应该成为正式的课程受到质疑，更多院校将其作为一个环节。因此，缺乏针对性的系统顶层设计和具体化的实践课程层级目标，表现出技术化、随意化、形式化等特征。例如，对师范生的见习目标、实习目标、内容等并没有进行深思熟虑的规划，导致见习和实习存在主题不明确、内容重复交叉等问题。另外，实习指导老师的空缺或虚设往往造成师范生在教育见习和实习的过程中不能得到有效的指导等。虽然不少师范生在教育教学现场的感受和模仿中受益匪浅，但这样的职前教师教育实践课程往往也导致部分师范生不假思索地"邯郸学步"，满足于固定的套路和机械的技能模仿，将能够顺利"走上讲台"或"站稳讲台"当成了实习的最大目标，丧失了对教育现状的思考和判断能力。[2]职前教师教育课程中的另一种趋向则是过分强调实践导向，如英国将近一半的教师职前教育时间交给中小学，让师范生在实地情境中进行训练，将教师职业看成了实践性职业。重视实践经历对教师发展的重要性是非常必要的。但是，正如一位教师教育

---

[1] 张泽洪. 教师教育课程标准背景下师范院校教育类课程体系的构建. 新课程研究，2012（6）：28-30.
[2] 李建军. 从教育实践意蕴的转型看教师教育课程的改革. 江苏教育研究，2011（4）：13-17.

者所言：

> 当前，一些中小学一线教师抗拒和排斥教育理论的现象比较严重，一味地信奉自己的实践经验，不愿接受新的教育理念。我在指导职前教师实习中就发现，师范生在真实的教育情境中，一般很快就能够掌握和习得一些教育教学技巧并适应教学。但是，这些职前教师往往局限于自身和周围的经验之中，在实践中缺乏理性思维和对经验的批判与反思，很难获得进一步的提升。

另外，各级学校都存在着较为严重的升学压力或其他方面的压力，更多的中小学将接受师范生实习作为一种任务或负担，导致师范生的实习质量在一定程度上也大打折扣。例如，访谈中，部分师范生谈道：

> 实习期间的带队老师要加强责任心，学校领导要真正关心实习生的状况，不要只停留在表面上。带队老师和实习学校的老师应多给予我们指导，光靠我们自己去摸索，很难学到真东西。
>
> 实习的时候，我的指导老师既要在外面参加培训，又要参加公开课，所以她在学校的时间很少，我们只交流过一两次，但是她也给了我一些建议。例如，怎么来处理班上的突发事件，如何观察学生的行为表现等，对我都挺有帮助的。但是，大部分实习时间她都不在我身边，所以整个实习期间我都比较手忙脚乱。

四、职前教师教育课程评价标准化取向突出

当前的基础教育改革反对过分强调应试考试。但大部分教师教育课程的考核内容依然是从书本到书本，在很大程度上抑制了师范生的想象力和创造力，更多的是仅仅作为一种学校管理的手段，而"不挂科"也成为大部分师范生仅有的学习目标。在访谈中，有师范生谈道：

> 经过大一、大二两年的学习，我的理论知识充足吗？我也在思考，究竟我在大一、大二学到了什么。当问到上学期学了哪些数学知识时，许多人都会哑口无言（这已经经过无数次实际验证了，周围同学无一例外）。考完试就将知识全部从脑海中移除，

我们是为了学习而学习，还是为了考试而学习？学过的知识真的就是我们的了吗？这让我深感恐慌。

从一些院校的职前教师教育课程考核方式来看，大部分以考试为主、考查为辅，甚至一些院校将考试作为统一标准化的考核方式。以 X 学校为例（表 1-1）。

表 1-1　X 学校职前教师教育课程必修课考核方式

必修课	课程编号	课程名称	考核方式
教育教学理论课程必修课	05412940	教育概论	考试
	05410020	心理发展与教育	考试
	08412680	语文教育	考试
	08412690	语文课程标准与教学设计	考试
教育教学能力训练课程必修课	00510120	口语能力训练	考试
	00510070	课堂教学综合能力训练	考试
	00510080	语文教学实作训练	考试
	00510150	教育技术应用能力训练	考试

当前，职前教师教育课程评价受制于标准化的束缚，主要存在以下问题：①评价主体单一。课程学习结束后，对学生的评价主要是由学校和教师来完成，学生自己很少真正参与到评价中来。整个职前教师教育课程评价的实施过程对师范生而言是个"黑箱"，学校往往持一种"防学习者"（proof-learner）的态度。②评价方式单一。在访谈中了解到，职前教师教育课程的考核方式基本上是以定量评价为主，如有教师谈道：

师范生的最终成绩主要由该生的平时成绩（考勤、平时作业等）和期末考试成绩两部分构成，通常，平时成绩占 40%左右，期末考试成绩占 60%左右。

据了解，平时成绩主要包括考勤以及平时作业的情况，而期末考试采用闭卷形式，主要是对理论知识的考核。在访谈中，有师范生谈道：

我感觉教育学的学习变成了对一些概念的背诵，如什么是教学方法、什么是教学策略等。这些东西都要背下来，因为我们考试还是比较严的。但是，基本上都是背完、考完、忘完，并没有真正理解这些定义的内涵和意义。

在职前教师教育实践课程的评价中也表现出一种过分标准化的特征。例如，有师范生谈道：

> 教育实习结束前，由实习学校指导教师根据大学教育实习成绩评价标准，按照师范生教育实习质量评价表对成绩进行评定，并简单地撰写几句评语就可以了。我们也会按要求写实习日志，但是大家（指导教师、实习生）都不是特别重视，大部分实习生仅仅将其当作一项任务来完成。①

第二节　师范生与职前教师教育课程相遇引发的困境

案例：

> T 同学是 X 学校计算机科学与技术（师范）专业大四的一名男生。在访谈时了解到，他在中学时期学习比较刻苦和认真，如愿考上了理想的大学，结合家人和自己的意愿选择了师范专业，带着理想、憧憬和好奇踏入了大学之门，理想是毕业后能够成为一名中学计算机教师。大一时，在学习专业课程之余，他十分喜欢研读一些计算机软件方面的专业书籍，积累了不少关于计算机软件的课外知识。到了大二，由于英语基础不是很好，他花费了很多时间学习英语，并成功地考过了四、六级。但在对师范专业课的学习上，他感到特别地疲惫不堪。问及原因，他总结道：首先，师范专业知识比较枯燥，大多数是理论阐述，老师讲得也枯燥，自己兴趣也不大，感觉学了对自己帮助不大；其次，师范专业的课程设置得比较随意，不是在自己学院上课，且对上课老师也不太了解；最后，考试基本上都不用太操心，老师几乎都会划重点，考试之前好好背一下就行了。到了大三，他有点儿迷茫，

---

① 付光槐，刘义兵. 中加职前教师教育实习课程比较——RLTESECC 项目交换生实习经历的启示. 比较教育研究，2016（4）：93-99.

觉得对当老师没什么兴趣了,所以将更多的时间花在学习编程、软件设计等方面上。到了大四,开始实习,但他从内心并不太愿意去实习。实习学校是一所重点学校,指导老师都较忙,对他们实习生不是很在乎,管理也不是很严,指导得也不多。实习结束后,他就开始找工作,在学校的招聘会上试了几所学校,而且学校很想要计算机专业的男生。但由于他对当教师的兴趣不是很高,平时教师教育方面的知识学习得也不太到位,所以一直没有签三方协议。后来,正好一家公司招程序员,由于自己在这方面还比较自信,和这家公司洽谈得比较顺利,双方都比较满意,最后就决定去这家公司了。

上述案例中的情况在现实中经常出现,即使 T 同学最终选择了教师职业,也很难成为一名真正的卓越教师。正如案例中所描述的,在职前教师教育阶段,学校和教师教育者更多关注的是师范生对具体领域学科知识的掌握、对理论知识的记忆、对普适性方法的熟练,而无暇顾及师范生在职前教师教育课程中的体验与感受,导致不少师范生对教师职业始终处于一种"旁观者"的迷茫状态。如此,师范生与职前教师教育课程相遇必然引发一系列的困境。

一、师范生个体知识创生的式微

美国耶鲁大学校长理查德·莱文(Levin, R. C.)曾指出,中国大学教育缺乏两个非常重要的内容,其中之一就是缺乏对评判性思维的培养。[1]这也是我国职前教师教育的现状。正是由于职前教师教育课程目标的预成性、内容的实体性、实施的传递性、评价的标准性,以及长期受制于应试教育的思想禁锢,大多数师范生仍习惯于灌输式的学习方式,被动地学习和接受知识成为他们的思维定式。师范生更多地被视为知识的被动"消费者"和未来的知识"传递者",主要记忆条条块块的知识,却缺少对教育实施和教育问题进行深入建构的过程。有研究者认为学习有三大隐喻,即获得隐喻(acquisition metaphor)、参与隐喻(participation metaphor)、知识创造隐喻(knowledge-creation metaphor)。[2]其中,获得隐喻将学习视为对知识、

---

[1] 斯坦福大学校长:中国建成一流大学最快也要 20 年. http://news.163.com/10/0503/03/65NRUVE90001124J.html, 2010-12-21.
[2] 曾文婕,柳熙. 获得·参与·知识创造——论人类学习的三大隐喻. 教育研究, 2013(7): 88-97.

技能的接受、理解、占有与积累的过程;参与隐喻将学习视为个体参与、互动的过程,关注学习的情境性、文化的嵌入性以及社会中介性等;知识创造隐喻对二者进行了整合,认为学习更应该是个体生产与创造知识的过程。当前在职前教师教育课程中,师范生的学习更多还是处于一种"获得""参与"的状态,更注重将知识复制到头脑中,而缺乏主动建构知识和创生知识的意识与能力。

另外,在职前教师教育课程中,公共知识占据着绝对的垄断地位,以学科化、结构化的体系性为基点,更倾向于各种概括化、规范化的定义、规则等。[1]师范生的各种经验、信念、认同等内在的个体知识被排除在范畴之外,某种程度上造成师范生个体知识创生的式微。

二、师范生教育情怀的缺失

国际 21 世纪教育委员会提出了"教育:必要的乌托邦"这一命题。这也提醒着我们,教育事业应该是充满崇高精神的实践活动,教师若以狭隘而短视的功利态度对待或以一种无所谓的态度漠视教师职业,都将违背教育的伦理精神。所谓教育情怀是教师在教育教学活动中或者对待教育教学的专业性向、理性、情感等高度统一和升华的人格状态,是教师作为教育者生存和发展的特有品质与境界,是教师对教育信念和理想不懈追求过程中的风范与活力,是教师内在素养的展现与结晶;是教师提升专业能力和改善专业形象的主体性力量。[2]著名的德国民主主义教育家第斯多惠(Diesterweg, A.W.)认为,一个具有良好素质的教师,首先要有崇高的理想,同时是一个具有自由思考和独立精神的人。[3]在他看来,教师的最高理想就是实现人道和博爱。教师的使命就在于通过培养人来促进人类的发展,引导他人走正确的道路,激发人们对真、善、美的渴求,并使他们的能力和智慧得到最大程度的发展。我国著名教育家陶行知先生之所以能够放弃城市优越的条件,多次放弃高官厚禄,甘愿做一名普通的教师,并积极从事教育改革事业,这与他"爱满天下"的教育情怀,"捧着一颗心来,不带半根草去"的诺言是分不开的。"世界平民教育之父"晏阳初先生以坚韧不拔的毅力毕生致力于平民教育改革,投身于乡村教育,这与他"教育救国"的情怀也是分不开的。当前,无论是师范生还是已在职的教师,保持自己教学个性

---

[1] 王艳玲. 培养"反思性实践者"的教师教育课程. 华东师范大学博士学位论文, 2008: 96-100.
[2] 受志敏. 中国教师专业精神的缺失与对策. 河北大学硕士学位论文, 2006: 1.
[3] 转引自:王旭鑫. 教师的使命和素质——第斯多惠教师观的现代意义. 湖南教育(上), 2011(1): 54-55.

的教师少，有其独特思想的教师更少。在与一些中小学教师的交流过程中，可以听到"在小学待着不就是天天混日子""没什么盼头，过一天是一天"等话语。透过这些话语可以发现，这些教师都缺乏对教师事业的更高追求，而是仅仅将其作为一种谋生工具，从而简单应付或例行公事地毫无创造性地工作，缺乏应有的教育情怀。

有研究对师范生的教师职业认同进行了实证调查，发现从大学一年级到三年级，师范生的职业认同总分以及外在价值认同和内在价值认同都呈现出下降的趋势。通过各项权重的多重分析发现，在职业认同总分上，一年级的师范生显著高于三年级的师范生；在外在价值认同维度上，一年级、二年级、三年级的师范生之间的差异都非常显著，随着年级的升高而依次显著降低；在内在价值认同维度上，一年级师范生显著高于二年级师范生，二年级和三年级的师范生之间差异不显著（表1-2）。[①]如果师范生连最为基本的职业认同都不高，更何谈职业理想或教育情怀。

表1-2 师范生教师职业认同年级差异比较

维度	年级（$M \pm SD$）			F
	一年级	二年级	三年级	
内在价值认同	3.10±0.56	2.97±0.56	2.98±0.54	4.20*
外在价值认同	2.86±0.59	2.73±0.60	2.60±0.57	10.92***
意志行为认同	2.52±0.57	2.53±0.55	2.57±0.56	0.48
职业认同总分	2.83±0.47	2.47±0.47	2.72±0.47	3.50*

* $p < 0.05$，** $p < 0.01$，*** $p < 0.001$。

当然，师范生的教育情怀不是一蹴而就的，而是一个漫长的养成过程。然而，当前的职前教师教育课程氛围，尚未真正为师范生教育情怀的养成提供土壤或形成推动力，这在某种程度上造成了师范生教育情怀的缺失，不得不说这是职前教师教育的一大遗憾。

三、师范生自我发展意识的淡漠

师范生的自我发展意识是师范生对自我角色扮演、目前的发展现状、未来的发展方向等方面的认识。职前教师教育课程过分追逐知识与技能，忽视了对师范生理想信念、情感体验、主体发展等的关注。师范生与职前

[①] 转引自：赵宏玉等. 免费师范生的教师职业认同：结构与特点实证研究. 教师教育研究，2011（6）：62-66.

教师教育课程相遇所引发的另一困境就是师范生自我发展意识淡薄，对未来专业发展往往表现出被动的、消极的、规定性的倾向。

师范生自我发展意识受到诸如环境、学习动机、自我效能感、兴趣等多种因素的影响，且各种因素之间相互关联构成了一个联动的动力系统。毫无疑问，职前教师教育课程在这个系统中占据了关键的一环。职前教师教育课程内容陈旧、空洞，与实践相脱节以及课程实施中的灌输、考核单一化等问题，在一定程度上造成了师范生学习积极性不高。多项调查研究都表明，教师教育者的教学以及课程内容是师范生学习动力的重要影响因素。笔者在访谈中也发现，很多师范生认为职前教师教育课程教师以及教学内容方面对自身学习兴趣和动力的影响都比较大，特别是对教师过高的期望值与现实的差距，更容易导致自身学习兴趣不高。在职前教师教育课程被边缘化的背景下，师范生对职前教师教育课程本身的认识就存在偏差，将其作为公共课，而且师范生对大学学习还有一个共识：

公共课不重要，专业课才重要；公共课是挣学分的，专业课才是攒学问的。

在师范生的认识中，其仍然将焦点指向于学科专业知识，而忽视教师教育专业的学习。正如本节案例中的情况一样，在入学之初，师范生一般都对职前教师教育课程抱有较高的期待，但是在真正接触的过程中会慢慢丧失兴趣。由此，师范生的自我发展意识必然会比较薄弱。

四、师范生教育创新实践的乏力

教师专业发展具有明显的阶段性和终身性特征，是一个不断完善的、连续的、螺旋上升的专业学习和发展过程。[1]特别是随着科学技术的迅速发展、知识经济和信息社会的到来以及人类生存与发展竞争的加剧，社会对人才的素质要求发生了根本性的变化。教师将面临更多的、不断更新的问题和情境，教师就需要不断接受新的信息，并学会重新整合信息，从而更新自己的知识结构，若不能及时地补充新知识、新技能，则将很快被社会淘汰。因此，对师范生专业成长最有价值的职前教师教育课程不是教师教育者向师范生提供的现成知识，也不是教师教育者向师范生提供的普适的教学操作技能，而是能够培养师范生持续自我发展的能力和产生发展驱

---

[1] 刘义兵，付光槐. 教师教育一体化发展的体制机制创新. 教育研究，2014（1）：111-116.

动力的内在认同感。然而,职前教师教育课程环节的薄弱以及诸多问题的存在,导致师范生入职后发展的持续性受到阻碍,发展后劲不足,在教育教学行动中出现"乏力"的现象。[①]例如,由于诸多原因,教师教育者和师范生越来越倾向于对那些"立即见效"的操作性技能的掌握。这往往容易导致师范生的发展缺乏后劲,特别是在未来的教育教学中常处于"教书匠"的层次,无论是教育观念还是教学行为,都很难获得突破和提升。在访谈中,就有小学校长谈道:

> 据我长期接触我们学校招进的师范生发现,一些普通师范院校更关注师范生的"实战"技能训练,如板书设计、课堂秩序管理等,因此,毕业于普通师范院校的师范生一到工作岗位很快就能上手;而一些重点学校培养的师范生可能工作刚开始并不是很熟练,要经过一段时间才能上手,因为重点学校更注重理念、研究等方面的训练。经过一两年后,虽然二者在教学熟练程度上基本差不多了,但差距开始显现出来了,后者的发展后劲更足,更善于总结、创新,更容易成为学校的骨干力量。

另外,职前教师教育课程对师范生专业伦理的忽视,导致师范生在职前教师教育阶段没有确立较强的职业认同感和专业信念,在未来的教师职业生涯中容易出现职业倦怠现象,以及专业发展的停滞期。

---

① 付光槐,刘义兵.论教师专业能力持续性发展的机制创新.中国教师,2014(21):51-55.

第二章　职前教师教育课程价值取向的理性审思

职前教师教育课程的价值取向集中反映了课程政策、实践、改革背后的价值判断和追求，是整个课程的起点，指引着课程实践的方向。因此，没有课程价值取向的嬗变，就难以带来课程本质上的变化。通过前面对职前教师教育课程现实问题的考察不难发现，其问题背后的根源在于价值取向的偏差。无论是在追求教师数量时期，还是在追求教师质量时期，人们对教师角色的认识往往都局限于知识本位或技能导向的传统"教书匠"中，表现出强烈的专业主义倾向，而缺乏对教师的历史的、文化的、伦理的，甚至是意识形态的探讨，很有可能再次陷入工具主义的泥潭之中。[①]正如有研究者所言，真正意义上的课程改革不应仅停留在"教科书的更换"等技术层面的革新上，而应是更深层次的课程理念的创新与深化。[②]因此，职前教师教育课程改革要从根本上突破其瓶颈并打破僵局，超越现有改革中的缝缝补补的状态。这亟须教师教育者拓宽视野，从整体上对其进行把握，关注职前教师教育课程的深层性、实质性、价值性问题，重新定位职前教师教育课程的价值与旨趣。任何课程的价值取向都是一个动态化的发展过程，在不同的历史文化背景下，表现出不同的价值选择性特征。[③]本章主要对我国职前教师教育课程中存在的知识本位取向、技能本位取向和实践本位取向进行厘清与审思。

第一节　知识本位取向职前教师教育课程及其反思

基于知识本位取向的职前教师教育课程以学科知识为基础，把传递科学知识作为教师教育的核心内容，始终指向于学科专家型或学者型教师的培养。由此，师范生只有掌握足够的知识（学科知识和教育学知识，特别

[①] 靳玉乐. 教师作为转型的知识分子. 今日教育，2005（1）：14-15.
[②] 靳玉乐，艾兴. 新课程改革的理论基础是什么. 中国教育报，2005-05-28.
[③] 李广，马云鹏. 课程价值取向：含义、特征及其文化解析. 东北师大学报（哲学社会科学版），2010（5）：167-171.

是关于任教学科的专业知识），才能更好地胜任未来的教学工作，成为合格的教师。因此，如何让师范生掌握丰富的知识成为知识本位取向职前教师教育课程首要考虑的问题。持这种取向的人认为，教师应像学科专家那样，对各自学科领域的知识了如指掌。在20世纪60年代以前，知识本位取向的职前教师教育课程尤为明显，职前教师教育课程以现代科学知识观为标准进行建构，将传授和占有客观的、普遍的、价值中立的科学知识作为目标。

一、知识本位取向的知识论基础

在哲学上，知识论与认识论两个范畴往往没有严格的区分，对人的认识来源问题的考察势必会涉及知识的性质问题。知识与教育的内在关联性是不容置疑的，对知识的看法、观念、态度和评判是教育和任何课程永远也无法绕开的一个基本话题。就教育的发展史而言，任何一次对教育的争论或者重大的教育革新往往都与对知识属性、价值等问题的探讨分不开。从17世纪夸美纽斯（Comenius，J. A.）提出"把一切知识教给一切人"到19世纪斯宾塞（Spencer，H.）提出"什么知识最有价值"，再到20世纪中后期阿普尔（Apple，M. W.）提出"谁的知识最有价值"，知识一直是人们提问的对象。因此，教育活动与知识观存在着明显的依存关系，支配着教育教学实践活动的方向。[1]左右教师教育课程价值取向的根源也在于人们所持的知识论。

现代知识观是知识本位取向的职前教师教育课程的知识论基础。17世纪以来，西方科学技术的迅猛发展，促进了经济和整个社会生活的大发展，人们的生活方式和生存状态得到了极大的改善，并逐渐将理性作为认识世界的核心。在社会学、政治学、心理学及教育学等众多领域先后兴起了自然科学的研究范式，建立了基本的科学研究方法论。人们极力追求对自然的事实样态及其量化关系的普遍概括。由此，确立了现代知识观。特别是以培根（Bacon，F.）等为代表的经验主义者和以笛卡儿[2]（Descartes，R.）等为代表的理性主义者推动了现代知识观的深入发展，并深刻地影响甚至支配着人们的生活。作为理性的产物，知识的地位不断得到提升。培根提出的"知识就是力量"这一口号，迅速获得了社会各界的广泛认可，由此将知识的重要性推向了另一个高潮。

---

[1] 俎媛媛. 论知识观的演变与教育改革的价值取向. 浙江教育学院学报，2005（3）：24-30.
[2] 正文中遵循规范译法，文献中以其译法为准。

另外，与理性主义的知识概念并肩而立的是经验主义的知识概念。经验主义认为人类所有的知识都来自感觉、经验，是对世界各种联系的反映。培根和洛克（Locke，J.）对此进行了最为集中的阐述。尽管理性主义知识观和经验主义知识观在知识来源上存在着根本分歧，但是经验主义知识观归根结底仍然是科学主义和工具理性的产物，认为知识来源于科学技术，是不容置疑的真理。[1]二者都确信一旦获得知识或真理，它们就具有客观性、绝对性、终极性、中立性、确定性、普遍性、一致性等特征。基于此，知识或真理是少数科学家和哲学家通过科学、严格的逻辑推理而获得的，"真理往往掌握在少数人手中"。对于一般人来讲，真理与知识只不过是接受和传播而已，这样就产生了知识权威，人们往往将科学知识奉为圭臬。[2]到 19 世纪末，科学知识观已经完全成熟，并影响着人们的精神生活。

（一）"知识"被理解为确定性的

既然知识是对客观事实的真实概括，那么知识必然具有客观性，不会以认识主体的主观判断、兴趣和偏好为转移，更不会因为时间或空间的变化而发生改变。因此，现代知识观确认，知识在不同的时空和境域中都具有普遍的适用性。[3]具体而言，首先，其客观性意味着知识是与客观事实完全相符合的认识成果，能够正确描绘和反映事物的本质属性与事物之间的本质联系；其次，事物的本质属性是确定的和唯一的，而知识与客观事物之间一一对应的关系也具有确定性和唯一性。[4]从知识的具体表现形式而言，知识是按照一套严密的逻辑规则构建起来的概念系统，注重的是概念本身的内涵和外延的确定性，追求的是种属概念之间的逻辑层次性。因此，来自个人日常生活中的经验、感想等仅仅是不真实的、主观的"意见"，并没有资格进入知识的范畴。[5]并且知识具有普遍可证实性与可接纳性，这就意味着知识的表征形态可以超越社会以及个体条件的限制，而得到普遍证实和认可。对知识客观性的信仰和追求，要求人们在知识获得过程中摒弃个人的兴趣、爱好、情感、体验、常识等，从而确保获得客观的、实证的、精确的和确定的知识。[6]

---

[1] 石中英. 知识转型与教育改革. 北京：教育科学出版社，2001：129.
[2] 戴本博. 外国教育史（中）. 北京：人民教育出版社，1999：105.
[3] 石中英. 知识性质的转变与教育改革. 清华大学教育研究，2001（2）：29-36.
[4] 石中英. 知识性质的转变与教育改革. 清华大学教育研究，2001（2）：29-36.
[5] 李召存. 课程知识论. 上海：华东师范大学出版社，2009：86.
[6] 石中英. 知识性质的转变与教育改革. 清华大学教育研究，2001（2）：29-36.

（二）"知识"的增长被理解为线性的

在现代知识观下，既然知识是绝对的、客观的和价值无涉的，那么知识就是不可被批判的。因此，知识的增长方式主要靠长期的线性积累，当知识积累的量变发生质变后，才会有所突破，这是一个确定性、符合性、一致性的过程。笛卡儿曾生动地描绘了一棵人类的知识之树，他认为随着人类知识的发展，这棵知识之树也会枝繁叶茂。汉姆林（Hamlin，D. W.）将这种知识的增长模式称为"建筑模式"。在这种模式中，对知识的占有成为科学工作的主要内容，知识的增长被看成是量的增加。知识的发展就是旧知识被新知识所取代，而不存在多样化的知识。知识被看成是独立于社会的产品，其增长是一种不受任何社会文化影响的孤立过程。这些观念通过种种途径渗透到日常的知识生活之中，成为现代人们有关知识增长的不言而喻的真理性认识。在这些观念的影响下，从事知识创新或科学研究工作的人，就必须首先掌握一定数量的基本知识和技能，就如同盖建筑需要先打牢地基一样。因此，科学家或知识分子的成长也越来越依赖于学科的训练。[①]

在这种知识观下，人们往往重视知识，轻视价值；重视知识的采集、传递与评量，而忽视知识之于人所具有的人生意义与价值；强调知识是人们用来追求幸福、解决实际问题的工具，衡量知识的标准就是知识的实用性、效用性。把知识当成了唯一性和确定性的结论，并且只需要记忆和掌握便可，不需要再进行验证。近代以来，随着科技理性的不断扩张，人们对知识的主导性理解始终没有完全挣脱科学认识论及其主客二分的思维方式的束缚与框限。在教育领域，知识就被视为一种外在于学生、供学生去占有和掌握的客观对象。[②]受现代知识增长观念的影响，掌握基础学科知识成为我国教育教学工作的一条"铁的规律"。[③]教育往往倾向于让学生记忆和掌握那些固定的知识和程序性的技能、技巧、法则，而这种知识和技能与人的情感、生活、兴趣、体验等是完全相割裂的和抽象的，教育成了灌输知识，学习变为了记忆知识。

二、"教书匠"：知识本位取向的教师角色隐喻

知识观是教学价值观的发展动力和社会背景，构成了教育的基础。在

---

① 石中英. 知识增长方式的转变与教育变革. 教育研究与实验，2001（4）：1-7，72.
② 郭晓明. 课程知识与个体精神自由. 南京师范大学博士学位论文，2003：3.
③ 石中英. 知识增长方式的转变与教育变革. 教育研究与实验，2001（4）：1-7，72.

知识本位取向下，教育毫无疑问是指向知识传授的，并且科学知识的传授成为教学的中心和重点。由此，人们往往将学校教育或课堂教学直接等同于系统的、客观知识的传授，教师成为"传道受业解惑"的"教书匠"。在教学中，强调知识的传授是无可厚非的，但是受科学理性的影响，现实中的教学过程被简化为迁移知识的过程，即教学就是把知识告诉学生。当教学被简单地理解为知识传递的过程时，知识就成为教学的圆心，成了第一性的、自成目的的东西，占据了课堂教学至高无上的地位。教师教的目的和学生学的努力都是将书本上的知识装进学生的大脑。[1]教学的任务就是让学生掌握既成的事实、规则、定理，以便在考试时能够顺利回忆并提取出标准答案，从而获得好的成绩。因此，教师往往将精力全部集中在讲清知识点上，要求学生不断地练习，牢固地掌握知识点。在课堂上，教师将每课时教学的知识、重点、难点清晰而明确地一一列举出来。学生往往被视为接受知识的容器，教师对情感、态度等方面则是简单带过或简单提及一下，甚至有些教师干脆不提这些内容，而更多的是考虑如何让学生高速度、高效率地接受知识，学生不习惯、也不敢去质疑教师的教，也不需要关心知识是否有意义和有价值。

在这样的教育教学观念下，学生只需要专心听课、认真记笔记，考试顺利通过便可，而至于如何掌握这些知识、这些知识对学生的发展和生活有什么实际用处或这些知识有什么价值和意义，教师一般不关心，学生往往也不清楚。学生对传授的科学知识和方法的掌握程度成为教学评价的唯一标准。最终教育教学以追求考试分数为目标，高分来自对知识的反复机械积累，升学又以分数的高低为标准。在整个教学过程中，教师不需要产生和创造任何新的东西。教师既无须掌握教学科目的内在关联，也无须旁通课程知识的社会背景。有研究者曾用"课程午餐"来形容教师扮演的角色："教师的工作只是把冰箱的食物（课程）取出，并放进微波炉（教学），看着学生吃完（教室管理）。吃的食物完全以包装的形式出现，而且每天的食量都被分成各个小部分，煮熟并捣成糊状，这种预先的消化降低了食品的营养。这种准备和提供午餐的重点，在于产生及时的营养效果，即成绩。如果一个学生不肯用常规的午餐，那么食物便被加工得更加精细（补课）。"[2]也正如怀特海（Whitehead, A. N.）所认为的，在传统的教学中，"一个人可以理解所有关于太阳的知识，理解所有关于空气的知识和所有关

---

[1] 李宪勇，徐学福. 试论教学观的历史嬗变. 大学教育科学，2009（3）：82-85.
[2] 黄显华，朱嘉颖. 一个都不能少：个别差异的处理. 上海：上海科技教育出版社，2003：196.

于地球旋转的知识，但却看不到日落的光辉"[①]。在现实的课堂中，我们常常也可以看到这种情景的发生[②]：

教学内容：

　　读读背背模块：倦鸟知返、成群结队、一唱一和、呼朋引伴、欢呼雀跃、如痴如醉、夜深人静、昏昏欲睡。[小学语文四年级下册（苏教版）]

教学现场：

　　1. 老师分别请3名学生单独朗读了一遍这8个成语。
　　2. 学生单独朗读之后，老师又请全班学生齐读。
　　3. 全班学生齐读后，老师请学生自由读，而老师站在讲台上等待。
　　4. （约2分钟后）语文老师问"会背了吗？"学生齐声说："不会。"老师又说道："那就继续读读。"
　　5. 学生又开始自由读成语，（约2分钟后）老师开始逐一解释成语。"谁知道'倦鸟知返'的意思？"一名学生拿着《教材一点通》站起来准确无误地照读了一遍。就这样，老师问一个（成语），学生照着教辅资料读一个（成语的解释）。

在上述情景中，我们可以发现，教学的目的变成了对成语的死记硬背，教师成为教教材的忠实者，而忽视了对学生情感、意义世界的关注。教师作为知识的上位者，因拥有丰富的知识资源而衍生出"权威"。在以知识为核心的教学认识下，对教师的理解也往往是围绕知识来进行的。在教育范围内，教师成为知识的代言人，即教科书内容的传递者。教师的任务只是教学，严格遵循教科书、教学参考书、考试试卷及其标准答案去传递知识；教学内容及其进度安排是由国家的教学大纲、教学计划和教学标准规定的，教学参考书和考试试卷等资料是由权威专家或教育部门编写的。教师成为教育部门和学校各项规定、制度的机械执行者，以及教学参考资料

---

① 转引自：万伟. 知识观转变视野下的课程改革. 教育科学，2003（1）：29-31.
② 案例来源于：冯莉芳. 儿童观、课程观与教学观的窄化与重构——基于某小学56节课的观察与思考. 教育导刊（上半月），2015（6）：51-56.

的搬运工。

不可否认，在新一轮教学改革中，教师的教学理论研究水平上升到了一个新的台阶，新的教学方法不断推陈出新，但严峻的形势仍然不可忽视。讨论法、发现学习法、小组合作等教学形式逐渐取代传统的教学方法，但未能克服知识灌输的弊端，而仅仅是换了新的技术操作方法，尚未从理念上改变教师知识灌输的观念。例如，在访谈中，有教师就谈道：

> 这次的教改提倡的新教学方法，我也尝试过，一开始觉得挺好，学生在课上也很活跃。但是，我总觉得靠学生自己探索、发现和掌握的知识不全面、条理不清楚，很多知识点都没记住，还是我来讲效果更好。

三、知识本位取向职前教师教育课程的困顿与反思

知识本位取向的职前教师教育课程对确定性知识充满了偏好，表现之一就是教师教育者重视理论知识的传授，忽视实践性知识的传授。就这个层面而言，知识本位取向对整个教师教育领域的影响可谓是根深蒂固的。

（一）重视理论课程，忽视实践课程

知识本位取向的职前教师教育课程强调确定性的理论知识对师范生发展的重要性，也只有这种确定性的、客观性的、价值中立的知识才是教师教育中的"合法性知识"[1]，而掌握这种知识，最有效和最便捷的方式就是设置系统的、体系性的理论课程。从而，师范生需要学习哪些确定性的知识以及如何学习，就成为职前教师教育课程最需要考虑的问题。因此，职前教师教育课程长期以来都是以理论性知识为主导的，其开设也是根据一种充满确定性与程序性的传统科学思维，将师范生的学习过程分为理论学习和理论应用两个阶段。由此，实践学习往往从属于理论学习，并成为理论学习的一种延伸。[2]特别是近代自然科学的分化与发展，经由培根的归纳法和笛卡儿的演绎法对科学知识进行概括和推演之后，理论被视为由科学的认识成果加以系统化整理与概括而成的，具有普适性、静止性和公共性。由此，职前教师教育课程的设置被分属为一种自上而下的线性等级

---

[1] 王小明,吕智敏. 从工具理性到交往理性：教师专业发展研究范式转变之维. 基础教育，2015（1）：21-29.

[2] 杨燕燕. 教师实践素养观的变迁——兼论教师职前实践教学的目标变革. 教育研究与实验，2012（1）：15-19.

关系：作为指导性理论，原理类课程位于顶层；作为理论与实践联系的中介，学科教学法类课程位于中间层；作为理论的延伸或应用，实践类课程位于底层。即首先是基础理论课程，其次是学科教学法课程，最后是实践课程。[①]因此，教育学、心理学等理论课程占据了职前教师教育课程的大半壁江山，而实践课程却不受重视，且实践性知识被视为理论知识的附属，一直遵循着"由理论进入实践"的思维模式。在课程内容方面，知识本位取向的职前教师教育课程观念也使得教学内容过于理论化和抽象化，显得空洞而脱离实际。在课程实施层面，课堂教学活动是以教师教育者为主的独白式教学，师范生只需将这些碎片化知识"吞下"，在最后的考试中如实地填写在考卷上就完成了整个的学习过程。这种以学分—科目—学位为导向的（credit-course-degree oriented）教师教育强调课程的完成，师范生只要获得规定的某些科目的学分，即可成为准合格教师。[②]

在师范教育之初，实习课程时间在 4—6 周，并且师范院校和中小学的联系非常少。到了 21 世纪初，实习课程时间延长到了 8—10 周。[③]2007年，《教育部关于大力推进师范生实习支教工作的意见》指出："高师院校要因地制宜地组织高年级师范生，到中小学进行不少于一学期的教育实习。"由此，师范院校的实习课程才开始受到重视。其中，部属师范大学的实习课程时间一般不少于 18 周，但是一些普通院校和综合性大学的实习课程时间仍然得不到保障。[④]另外，由于大部分院校承担教师教育任务的院系呈现出明显的"教育学化"，对师范生进行的所谓"专业教育"很可能就转变为纯粹学术意义上的专业教育。如果单纯从教育学的学理来考量，很容易导致与中小学的实践相脱离。[⑤]斯里科（Slick，S.K.）在研究了教师教育者的角色后，认为教师教育者应是师范生与实际的学校教育之间的一个桥梁。[⑥]然而，教师教育者大多是在硕士、博士毕业后直接进入工作的，对基础教育一线工作缺乏深入的感知和体验，对基础教育实践与理论的态度、认知、情感等存在模糊认识，特别是对中小学的

[①] 戴伟芬. 由技术理性主义到整合主义：美国专业取向教师教育课程的演进. 教育发展研究，2012（2）：75-79.
[②] 何菊玲. 教师教育范式研究. 陕西师范大学博士学位论文，2008：93.
[③] 陈彩燕. 教师教育实践课程改革的冷思考. 教师教育论坛，2015，28（9）：5-10.
[④] 张泽洪. 教师教育课程标准背景下师范院校教育类课程体系的构建. 新课程研究，2012（6）：28-30.
[⑤] 李学农. 论教师教育者的专业发展. 教育发展研究，2012（12）：53-57.
[⑥] Slick S K. The university supervisor: A disenfranchised outsider. Teaching and Teacher Education, 1998, 14(8): 821-834.

师生关系、课堂教学、班级管理、班主任工作等认识不清，导致自己在课堂教学中，无法很好地将新理念或前沿成果与基础教育实际情况密切地联系起来；在日常的教学中，往往造成课堂上所教的内容和基础教育学校的实际所需出现矛盾，从而难以满足师范生未来的岗位需求。另外，由于高校对教师教育者，特别是学科教学法教师的考核依然采用大学通用的学术标准，为了职称的评定与自身的发展，学科教学法教师更倾向于选择建构理论、发表文章和出版著作，而无暇深入地探索如何促进师范生的情感体验和专业成长。

（二）重视学科课程，轻视教师教育类课程

从师范教育诞生起，人们就对这种具有特殊性的专业教育形式产生了诸多怀疑与争论。其中，"学术性"和"师范性"是整个职前教师教育课程发展过程中一直争论的焦点问题。在知识本位取向下，整个教师培养课程往往更侧重于"学术性"学科课程，并将其置于核心的地位，认为职前教师教育课程应当严格地建立在文理学科之上。因此，许多人认为，只要是饱读经书和博学之士，就能成为良师。在我国教育史上，诸如孔子、董仲舒、朱熹等都是一代宗师，在他们身上体现出来的最主要特点就是具有渊博和厚实的知识。即使是私塾的先生，也都是秀才、举人之类有知识的人。因此，在我国传统观念中，要担负起"传道受业解惑"的责任，渊博的知识为其中的重要条件之一。由此，形成了"知者为师""学高为师""学者必为良师"的认识。然而，在知识本位取向下，容易将科学家与教育家直接画等号，即物理学家等于物理教育家、数学家等于数学教育家等，以知识占有量的多少作为择师和为师的标准。例如，教师教育中流传着诸多类似"教给学生一杯水，教师要有一桶水"的格言。因此，在知识本位取向下，师范院校认为只需要设置相应的学科课程，使师范生掌握足够多的所任学科的专业知识，他们就可以胜任中小学的教育教学工作了。由此，具有丰富、精深的学科知识甚至成为优秀教师唯一的衡量标准。

纵观我国职前教师教育课程的发展历程，教师培养课程的"师范性"一直受到人们的质疑。在师范教育曲折发展的民国时期，高等师范教育不断得到完善，职前教师教育课程（当时被称作"教育学及心理学科目"）主要设置了教育学、心理学、教育史、教育史教授法、学校卫生、教育法令。[1]但是在当时，教师教育课程一直受到质疑和排挤。云六在《现行师

---

① 舒新城. 中国近代教育史资料（中册）. 北京：人民教育出版社，1981：730-731.

范学制的流弊及其改革法》中提出"现有的师范学校,成绩不甚佳妙,大可废止";"高等师范学校是大学及专门学校的赘疣,大可割去";"教育并不是什么难懂的东西";"教育只常识耳"。1926 年,浙江教育行政会议提出废止师范生待遇的方案,认为"教育是常识,教育原理并无秘诀,知识阶级人尽可师"[①]。在当时,国民政府教育部拟定的《改革我国教育之倾向及其办法》提出"大学以农工医为主,并将现行师范生教育一律取消"。于是,1932 年 12 月,国民党召开四届三中全会,有人就提案"师范教育不应另设专校,以免畸形发展之流弊"[②]。在当时,教师无须经过教育专业训练成为一个时尚的口号。[③]李建勋先生在北京师范大学的讲话中所描述的一番情景,几乎可以用来描述当时一些师范院校的教育学公共课的状态:"学生大多数认为教育科目是教育系学生应学的,他们出去以此教人,我不教人,所以学不学没有关系……"[④]

  中华人民共和国成立之后,高等师范教育以恢复、整顿、改革为重点,独立设置高等师范教育,逐步建立了具有中国特色的高等师范教育体系,并且在师范学院设置教育系来专门负责培养师范学校教育学、心理学等科目的教师。这一时期,教师教育课程主要开设心理学、教育学、教育史、学校卫生以及实习课程。虽然这一时期的教师教育课程逐渐受到重视,却仍然受排斥。在当时,师范生专业知识水平的提升被视为首要问题,而专业知识水平低被归咎于学科专业课所占的课时量少,加上教育类课程的内容与组织中存在十分明显的弊端,并且在短期内难以克服,于是在时间有限的情况下,教育类课程让位于专业学科课程。[⑤]1960 年 4 月,在河南省新乡市召开了全国师范教育改革座谈会。会议认为教育类课程的占比过大,挤占了文化科学知识的学习时间。参会学者认为,师范生未来要教的是学科知识,教学方法和技能只有通过专业知识的讲授来体现才有意义,而且即使设置了教育科目和教育实习,师范生也不一定就会教学。也有些人认为,"师范性"就是"落后性","强调师范特点就会降低水平",提出了高师院校"要向综合大学看齐"的口号,主张削减教育课程,取消教育

[①] 云六. 现行师范学制的流弊及其改革法. 教育杂志,1920(9): 2-3.
[②] 教育部. 改革我国教育之倾向及其办法. 天津大公报,1932-10-16.
[③] 刘捷,谢维和. 栅栏内外:中国高等师范教育百年省思. 北京:北京师范大学出版社,2002: 100.
[④] 转引自:李剑萍. 中国近代师范教育争论问题的透视. 华东师范大学学报(教育科学版),1996(3): 23-31.
[⑤] 郭良菁. 高等师范教育中的教育课程问题探讨. 华东师范大学学报(教育科学版),1996(3): 57-63.

实习，甚至建议取消师范教育，以便把时间节约下来，用于提高科学文化水平。[1]这一提议虽未被该会议接受，却影响了全国师范院校中教育学科的教学时数和实习安排，教师教育课程的地位受到了很大削弱。当时教育课程的课时比重减少到1%—2%，甚至一些学校的心理学课程被迫停止，教育实习被取消，教育学课程原有教材也被停用。[2]会议还指出高师的培养目标要包括教育业务素质，内容要包括教育业务训练，"过去教育课程和实习的时数占得是多一些，教育学课程也缺乏合适的教材，应该改，但不能一下改得太多"[3]。于是，1963年，《教育部关于颁发高等师范学校教学计划（草案）的通知》中规定，"教育课程在师范学校课程中必须占一定地位，但学时不能太多，以占总学时数的5%—6%为宜"[4]，并将教学计划中的学校卫生学和教育史等课程删除了。许多师范院校由于"文化大革命"被迫停办、撤销，整个高等师范教育遭受重创，教学改革被迫中断。1963年的教学改革和计划实际上并未切实实施。到1966年，作为公共课的教师教育课程（心理学、教育学、教育实习等）在教学计划中也不见了。

改革开放以后，在新的形势下，国家对教育领域过去近三十年的发展进行了深刻的剖析。1978年8月，教育部颁布《高等师范院校教育系学校教育专业学时制教学方案（修订草案）》，规定教育类课程门类要增多，并且要增加比重。当时，陆续颁发的教学计划中规定的教育类课程的课时量占总课时量的5%—7%。例如，1980年，在本科数学专业课程设置中，教育类课程课时（包括心理学36个课时，教育学57个课时，中学数学教材教法52个课时）约占总课时的5.5%。[5]1981年，在教育部关于修订高等师范院校4年制本科各专业教学计划的说明中，心理学、教育学、中学各科教材教法被划为公共必修科目，占总课时的比重为5%，教育实习时间为6周。纵观职前教师教育课程的发展历程，在20世纪90年代以前，职前教师教育课程基本上都是作为公共课开设的。

20世纪90年代以来，师范教育开始向教师教育转型，经过20多年的调整和改革，职前教师教育课程开始作为独立的模块进行设置，虽然课程的地位有所提升，但是我国大部分师范院校教师教育课程（含教育实习）

---

[1] 郭良菁. 高等师范教育中的教育课程问题探讨. 华东师范大学学报（教育科学版），1996（3）：57-63.
[2] 李友芝等. 中国近现代师范教育史资料（第3册）. 北京：北京师范学院内部发行，1983：1442.
[3] 郭良菁. 高等师范教育中的教育课程问题探讨. 华东师范大学学报（教育科学版），1996（3）：57-63.
[4] 李友芝等. 中国近现代师范教育史资料（第3册）. 北京：北京师范学院内部发行，1983：1128.
[5] 刘英杰. 中国教育大事1949—1990（上卷）. 杭州：浙江教育出版社，1993：864.

的课时比例仍仅占总学时的 20%左右。[1]教师教学的有效性在一定程度上是与其所掌握的学科专业本体性知识呈递增关系的。是否学科知识越丰富就越对教师的教育教学有利呢？一项研究表明，在教育教学中，教师对所教学科的专业知识必须要达到一定水准，但是二者之间并非线性相关。也就是说，当学科专业知识超出一定水平之后，它与教学效果之间就不再具有直接相关性了。[2]具有丰富的学科知识仅仅是师范生成为好教师的必要条件之一，而不是充分条件。在访谈时，一些校长就谈道：

> 现在的师范生，经过高中严格的基础知识训练之后，再经过大学阶段的提升，学科知识方面的基础是十分扎实的，甚至比一些教龄长的熟手教师的学科知识还要厚实，新进教师缺乏的主要是如何与学生相处、如何管理学生等方面的综合能力。

当前，教师教育依附于学科知识内容的传统一直存在，不仅仅存在于实际的操作层面，更深刻地存在于思想观念和制度文化之中。例如，在现行的教师教育体制中，未来的英语教师、化学教师等不同专业的师范生都是基于某个学科的专业知识培养出来的，职前教师教育课程往往成为附属品。这种方式之所以能够有效运行，是因为其中隐含了一个前提预设，即熟练地掌握某学科的专业知识，就能够胜任某学科的教师职位了。[3]诚然，在职前教师教育阶段，师范生都在进行着教育学和心理学以及学科教学法的学习，但是无论从重视的程度还是从内容体系的更新与实效等方面来讲，这种学习都处于一种"双低""双冷"状态。[4]正如有研究者所言："或许都很难不承认它们仅仅处于一种从属的地位，属于我们所说教育对于知识内容的依附。"[5]基于教师教育与从学前教育到高等教育的不同等级序列的对应关系，就已经非常明显地显示出了这种依附。例如，学前教师和小学教师更多是由大专或普通本科院校培养的；初中教师和高中教师更多是由本科和重点院校培养的；大学教师则需要由博士和硕士担任。这样一

---

[1] 刘旭东. 师范生教育实践能力培养与教育实习课程改革研究. 当代教育与文化, 2011, 3 (2)：74-79.

[2] Begle E G. Teacher Knowledge and Student Achievement in Algebra. Stanford: School Mathematics Study Group, 1972: 23.

[3] 宁虹. "教师成为研究者"的理解与可行途径. 比较教育研究, 2002 (1)：48-52.

[4] 龙宝新，刘华薇. 论免费师范生教育的实践课程体系架构. 宁夏师范学院学报, 2012 (1)：120-125.

[5] 宁虹. "教师成为研究者"的理解与可行途径. 比较教育研究, 2002 (1)：48-52.

种顺序，完全是从知识本身的多少及难易程度，而不是从学生理解和发展的角度决定的。在这样的传统中，教师从最初的培养就已经依附于知识，已经潜在地喻示着教师职业的出发点就是知识的传递。①

概言之，在知识本位取向下，职前教师教育课程最有价值的地方就是为师范生提供丰富的知识，师范生只要掌握既定的、价值中立的、具有明确答案的知识内容，修够学校规定的学分就可以成为准合格教师。在这种取向下，师范生被看作装知识的容器，被视作需要加工的产品，强调对知识的获得，忽视知识的内在价值。功利价值往往遮蔽了知识对师范生精神世界的意义性，而师范生也就失去了对意义生活的理解与建构。由此，将知识作为一种外在物占有，导致课程学习沦为简单的死记硬背，师范生仅仅为了考试、分数、文凭、证书等知识代码而学习。杜威曾言："除非这种知识在某一点上'打入他心中'成为他自己欣赏的东西，那么，所谓逻辑的标准不过是表面的知识，和关于中国河流的名称的知识一样。他也许能背出这些名称，但是这种背诵乃是机械的复述。"②

第二节 技能本位取向职前教师教育课程及其反思

20 世纪 60 年代，知识本位取向的职前教师教育课程受到了极大的挑战。研究者发现，教师仅仅具备丰富的知识是不够的，还必须在此基础上将他们所学的知识表达并传递给学生。于是，技能本位取向的职前教师培养模式受到人们的关注。技能本位取向的职前教师教育课程旨在培养"技术熟练型"教师，将教学视为一种"技艺"，将教师隐喻为"技师"。在技能本位取向下，师范生的专业发展表现为对各种技术性、可操作性的知识和技能的获得，并且这些知识和技能是通过严格的训练、模拟和反复才能习得的；职前教师教育课程的重点在于对师范生进行教学技能训练和关注师范生的技术性技能的获得；具体的课程实施过程表现为对各种教学知识和技能进行去情境化、程序化的设计，使师范生熟练掌握教学设计流程、教学操作程序等固定化模式。这实质上是在培养教学技术工人，忽略了对师范生内在精神，特别是师范生信念、教育智慧、教学个性、情意等方面的熏陶与养成。因此，技能本位取向的职前教师教育课程从设计到实施都强调遵循固定的程序和准则，按照既定的程度展开，以实现效率最大化为目标。

---

① 宁虹． "教师成为研究者"的理解与可行途径． 比较教育研究，2002（1）：48-52.
② 约翰·杜威． 民主主义与教育． 王承绪，译． 北京：人民教育出版社，2001：253.

一、技能本位取向的原点探寻

"技能"一词源于希腊文"tche",指人类生产的技艺或能力。其基本理念起源于亚里士多德(Aristotle)的哲学思想。在亚里士多德的《形而上学》中,他将知识分为理论的、实践的、制作的。其中"制作的"就是指向的"技术旨趣"(technical interest)。他在《尼各马可伦理学》中,对人类行为及行为之中的倾向进行了考察,将工匠所从事的行为称为制造行为(making action)。哈贝马斯(Habermas, J.)从知识的角度探讨了"技术旨趣",将其称为"技术认知兴趣"(technical cognitive interest)。他认为,"技术认知兴趣"与经验-分析科学有内在的一致性。经验-分析科学是基于经验与观察,并往往借助于实验而获得的。[1]这种知识的逻辑是,通过经验归纳而获得规律性的假设,通过假设对环境进行预测和控制。因此,"技术旨趣"企图通过合规律的行为对人类的环境加以控制和管理,指向于某种结果或产物,而行动之前的指导观念或目标就已经隐含着这种结果或产物。"技术旨趣"往往按照指导观念(目标)—技术倾向—行动—结果的线性逻辑思考问题。我国古代《考工记》中也记载着"工有巧"的说法,其中"巧"就是指技能。"技能取向"根植于技术理性,将教学视为一种技艺。

技术理性的概念源于马克斯·韦伯(Weber, M.)提出的"合理性"(rationality)概念,他将其分为"形式理性"(formal rationality)和"实质理性"(substantive rationality),其中,"形式理性"是一种客观的合理性,涉及不同实事之间的因果关系判断,主要体现为手段、工具或程序的可计算性,受追求功利的动机所驱使,行动者纯粹从效率最大化的角度来考虑问题,因此,又被称为工具或技术理性。[2]"形式理性"强调结果的重要性,而忽视过程的重要性以及行动中人的情感和精神价值。在西方,自启蒙运动以来,工具理性逐渐从社会经济领域扩张到其他领域的各个层面。西方学者认为,"理性最初出现的目的和任务是解放人类……然而,现代社会的发展与理性远处的发展目的相去甚远,工具理性的扩张是导致现代西方社会的全部恶果和根源"[3]。皮尔森(Pearson, A. T.)认为,技术理性的特点是,当有了一个既定目标,其中心任务就是如何采用最适当

---

[1] 张华,石伟平,马庆发.课程流派研究.济南:山东教育出版社,2000:193.

[2] 周钧.技术理性与反思性实践:美国两种教师教育观之比较.教师教育研究,2005(6):71,76-80.

[3] 汤林森.文化帝国主义.冯建三,译.上海:上海人民出版社,1993:24.

和有效的方法来实现此目标，所以专业实践的任务就是应用专业领域的科学知识和技术来解决问题，最终实现目标。[1]拉伯瑞（Labaree，D. F.）认为，这种技术理性造就了现代生活，人们思考的核心内容在于寻求科学的方法。[2]技能本位取向的职前教师教育课程实际也是受工具理性制约的，即把未来教师看作传递知识的工具，培养目标整齐划一，培养过程具有程序化、规范化的特点，评价以效率为主要目的。

二、"技术员"：技能本位取向的教师角色意蕴

技能本位取向依然是将科学知识观作为知识论基础的。这种科学主义思维对后来的一些课程专家，如博比特（Bobbitt，F.）、查特斯（Charters，W.）和泰勒（Tyler，R.）等产生了很大的影响。技能本位取向的课程理念最初就形成了一个隐喻："学校如同工厂，学生就是'原料'，教师则是工人，教育为了为成人生活这个'成品'做准备。要对学生这个原料进行不断地加工改造，如同计算机系统输入与输出的是信息一样，学校在系统过程中输入与输出的是儿童。为了使加工过程具有效率，需要对这个过程进行有效的控制。"[3]泰勒主导的课程范式所指向的就是"技术旨趣"，指向于知识与技能的获得，重目标、重效率、重行为控制，着眼于控制教师的教育教学过程以及学生的学习过程。

（一）对教学的"技术性"认识

在技能本位取向下，人们对教学的认识往往会陷入"技术性"的理解误区。"技能本位"隐含着只要掌握了一整套相关的知识或工艺流程，就能准确预见某种社会现象，并成批次地生产出某种规格的产品的喻义。在这一意义上，"技能"追求的是可以复制、重现的工艺流程，根本旨趣是"操纵"，也就是在理性思维的辅佐下，把某种实践过程知识化、图式化、线性化，再借助这些知识、图式、线路来扩大技能的传播范围，控制事物、实践的发展走向。[4]简言之，"技术"的本质是企图将动态化的实践过程进行固定化、结构化和程序化，赋予整个实践活动及其方式可移植、可再生、可组装的属性。对教学的"技术性"认识的误区主要表现在以下几个

---

[1] Pearson A T. The Teacher: Theory and Practice in Teacher Education. New York: Routledge, 1989: 27.
[2] Labaree D F. Power, knowledge, and the rationalization of teaching: A genealogy of the movement to professionalize teaching. Harvard Educational Review, 1992, 62(2): 141.
[3] 黄忠敬. 课程研究的文化学路向. 南京师大学报（社会科学版），2005（6）：87-91.
[4] 张立昌. 论高效课堂的技术性及其意蕴——从脑图辅助教学谈起. 湖南师范大学教育科学学报，2014（3）：51-57.

方面。

1. 教学被理解为控制（规训）的过程

现代知识观赋予了知识优越性和确定性，也在一定程度上预设了教师的权威性。如前所述，教师将教学理解为一种自上而下的线性传递过程，由此形成了一个自我封闭的系统，谋求控制则成为系统存在的必要手段。教学过程排斥一切意外的因素，拒绝教学中的"断裂""转变""分叉""理解"，追求精确、高效地完成教学预设目标。[1]在这一过程中，"教师唯恐课堂失去控制"，学生被当成"照相机""录音机"，始终处于被动的地位，学校和社会往往按照社会文化价值观和成人标准来单向地制定规范，并赋予其合法性的地位。学生则必须按照各种规则展开学习，其自主性和潜能就受到了压制。由此，教学关系明显地表现出"制定—遵守"的特征，各式各样的教学规则成为规训学生的潜在工具。在这种理念下，教师希望学生能够温顺地遵守课堂规则并配合自己完成教学任务，而学生只需要认真听讲，紧跟教师的思路便可。

深入课堂去了解教师对学生的常规要求，我们会发现，"上课不许说话""上课不许插嘴"是教师在课堂教学中对学生最为普遍的要求。在访谈中，有中学教师就谈道：

> 大纲规定的教学任务和知识点特别多，因此，每一节课都是按知识点进行的，如果学生不认真听讲，课堂秩序被扰乱，那么教学任务肯定完成不了。

因此，每一位教师都希望自己的课堂是安静的、受自己"控制"的。而在一些小学，事无巨细的规章制度不仅有对学生上课听讲的要求，更有对学生坐姿等的细小要求，并且课堂秩序的许多条款都是惩罚性质的，如多次出现"不准、不许、不得、严禁"等字眼。[2]在这种教学模式中，人的生命情感和生活体验被排斥在教学之外，学生变成了"容器"，变成了由教师灌输的"储存器"，教师往"容器"里灌输得越多，就越是好老师；学生越是温顺地被灌输，就越是好学生。[3]因此，在评价和讨论一节课的成败时，我们听到最多的就是"这节课进展顺利，预定目标得到实现"。

---

[1] 付光槐. 现代知识观下教学道德性的缺失与诉求. 现代教育论丛，2012（Z2）：54-57.

[2] 柴楠，刘要悟. 小学课堂规训反思及人性化课堂秩序之建立. 河北师范大学学报（教育科学版），2013（2）：47-51.

[3] 保罗·弗莱雷. 被压迫者教育学. 顾建新等，译. 上海：华东师范大学出版社，2001：24-26.

教学顺利进行往往意味着教学完全在教师的控制之下，没有波澜，没有碰撞。这样的教学如果成为常态，能培养出什么样的学生，我们可想而知。[1] 正如有学者所言："学校教育就好比一个精心设计的铁路系统，处于这个系统中的人们受到极严格的'训练'，沿着轨道运行，他们宁可停在轨道上生锈也不肯越轨。"[2]

案例1：

"别操心别人，做自己的事！"在三年级的数学课上，老师让学生做练习册上的题，很快就有学生做完了。这时有两个学生在低声说话，其中一个学生在给他的同桌讲解题方法，老师注意到后，提高声音说："别操心别人，做自己的事！"这个学生看了看老师，吐了吐舌头就不说话了。

案例2：

"吵死人！"在五年级的一堂科学课中，老师在和学生一起做《科学手册》上的题，不时有学生高声喊出答案，老师在阻止几次后仍然没有作用，于是对着一个大声喊的学生说："不要插嘴了！要是全班都像你这样大喊大叫的，那不吵死人了？有什么好说的！"[3]

毋庸置疑，在纷繁复杂的教学中随时可能出现非预期的偶然事件，教师需要即时做出理性的决策并进行控制，以实现学生更好的发展。[4]但是，我们也必须注意到，课堂是一个复杂的、充满变化且难以精确预测将会发生什么的环境，而这恰恰也是课堂的魅力和活力所在。

2. 教学被理解为程序化（机械）的过程

在技能本位取向的影响下，教师往往将自己喜欢的教学方式固化为一种"程序""习惯"，并应用于所有的教育教学。例如，凯洛夫的"五步

---

[1] 王彦明. 论教学习惯. 南京师范大学博士学位论文，2012：111-112.
[2] 刘云杉. 从启蒙者到专业人——中国现代化历程中教师角色演变. 北京：北京师范大学出版社，2006：176.
[3] 柴楠. 小学课堂秩序的反思与重建. 西北师范大学硕士学位论文，2009：51.
[4] 程良宏. 试论控制性教学及其批判——兼析教学控制与控制性教学. 全球教育展望，2010（4）：15-20.

教学法"（组织教学、复习旧课、讲授新课、巩固新知识、布置作业）一直影响着我们的课堂教学，被教师奉为教学的最佳模式。它之所以能备受教师的欢迎，其中一个最为重要的原因就是它的可操作性强，容易被掌握。在目前的课堂中，仍屡屡见到教师统一僵化的教学策略和以不变应万变的教学行为和模式。例如，教学环节之间的关系用一成不变的方法表现，无论什么学科还是课程类型，都运用同一种程序化和封闭化的教学模式。我们可以看到形形色色的教学模式，如"271"模式，"三三六"模式，"先学后教、当堂训练"模式，"五步三查"模式，"五环大课堂"，"八环节学习法"，"三步六段"教学法等。这些模式试图将鲜活、多变的课堂教学活动格式化或模式化，以此为其他教师掌握、使用这些新模式提供一个模板，进而大幅度地扩大这些模式的推广范围与应用范围。[1]

（二）对教师的"工具性"认识

在教育场域中推行严格的绩效责任制和考核标准，在某种程度上促进了学校管理的规范化、教师发展的专业化，但同时也形成了一种自上而下的、严密的"科层体制"。所谓"科层体制"，就是"由一套规则指引着去有效地运用资源达至相关目的。任何人置身于此架构中，在很大程度上，个人的行为是受着一个'非个人化'的规则支配着"[2]。由此，教师沦为只是按照固有程序机械运行、毫无思想并缺乏反思与创新意识的"操作工"。教师的教育生活囿于传统教育的形式化、刻板化、精细化和条文化的格局之中，陷入单调的重复和简单的循环，减少了教师在理论和创造意义上探索教学工作的需求。[3]教师俨然成了学校这座工厂中的计件制工人，他们的任务就是把知识以各种形式传递或灌输给学生，然后再检测学生是否掌握了那些与生活割裂的静态知识。教师的绩效考核也是通过班级规模以及学生的学业成绩来评定的。

即使在今天，通过近距离观察课堂，依然可以发现，许多学校和教师将自己定位于"技术员"，将自己的工作视为一种线性的、机械的操作活动。在教师的观念里，所谓教育改革也不过就是一种操作模式代替另一种操作模式的过程，只要掌握了操作模式，教师就可以一劳永逸了，教师习

---

[1] 张立昌. 论高效课堂的技术性及其意蕴——从脑图辅助教学谈起. 湖南师范大学教育科学学报，2014（3）：51-57.
[2] 阮新邦. 批判诠释与知识重建——哈伯玛斯视野下的社会研究. 北京：社会科学文献出版社，1999：72.
[3] 王艳玲. 培养"反思性实践者"的教师教育课程. 华东师范大学博士学位论文，2008：23.

惯了接受一个个操作模式或模仿别人。因此，学校和教师往往热衷于寻找固定的教学程序、操作模式和标准答案，期望尽可能多地掌握多种普遍化、绝对化的教学程序、技术模式或操作原理，从而更好地将客观知识传递给学生。人们普遍的关注点就在于教学手段如何高效，由此，"有效教学"成为近些年中小学关注和议论的热点。正是这样一种教育教学认知，导致职前教师教育为了适应和附和基础教育现实的需要，过分地追寻师范生技能的训练及师范生对程序化教学模式的掌握。

三、技能本位取向职前教师教育课程的危机与反思

美国教育心理学家盖奇（Gage，N. L.）和魏恩（Winne，P. H.）认为，教育家应采用科学家剖析分子的方法来理解复杂的教育现象。[①]行为主义的代表人物斯金纳（Skinner，B. F.）提出了程序教学理论，认为每节课教师都应该有明确的教学行为目的，并且要制定关于学生学习效果的测量标准等。于是，他根据对学习行为、有效教学以及教学互动行为的研究，分析出影响教学效果的行为变量，提出教师行为与技术的要求，并将此作为教师教育的各项标准，让师范生在特定的环境中反复练习这些设计好的教学行为和技术，以能够娴熟地掌握、操作与运用这些技术或技巧。[②]因此，教师教育的任务就在于注重师范生对被分解的、标准化的教学技能的训练。在此背景下，美国兴起了"资格能力本位"的教师教育（competency based teacher education，CBTE）模式。教师教育机构通过分析，确定教育教学所需的能力，再根据这些能力来设计职前教师教育课程的教学计划和教学单元，然后对师范生进行培训，最终目的是培养未来教师的行为表现能力。整个 20 世纪中期，"以能力为基础"或"以表现为基础"的教师教育模式占据着重要地位。20 世纪末之后，美国一些学者更是热衷于制定教师专业素养指标。例如，美国州际初任教师评估与支持联盟（Interstate New Teacher Assessment and Support Consortium，INTASC）于 1992 年编制的教师十项核心能力，包括"了解任教学科；了解并协助学生的个体发展；了解个别差异并创造教学机会；善用教学策略引导学习；创造有益于学习的环境；运用不同媒介创造积极的班级互动；安排教学计划；善用评价技术；是反

---

① Gage N L, Winne P H. Performance-based teacher education// Ryan K(Ed.). Teacher Education: The 74th Yearbook of the National Society for the Study of Education. Chicago: The University of Chicago Press, 1975: 149.

② 周钧. 技术理性与反思性实践：美国两种教师教育观之比较. 教师教育研究，2005（6）：71，76-80.

思实践者；与同事、家长、社区保持良好互动关系"[①]。

20 世纪 80 年代初期，"教学技能"一词在我国的使用频次较少。研究者批评当时的高师毕业生缺乏必要的从师职业技能，教学基本功不过关，不善于口头表达，不善于板书，不会制作教具，不能很好地适应中学教育教学工作。在探索师范生教育"师范性"的过程中，人们在寻求职前教师教育课程特色时，强调将师范生的教育教学技能视为师范专业的特色。当时有研究者在其文章中形象地写道：

> 俗话说"三百六十行，行行出状元"，这状元应该是指：熟练地掌握了本行业务和技能并有一手绝活的人。卖猪肉的"一刀准"，一刀斩下来，几斤几两分毫不爽；打针的"一针成"，静脉注射，只一针就把针头插进了脉管里；养鸡"状元"、冬瓜"大王"、"神"枪手、"快"算盘等等都是行业状元的美称。现在经常在报纸、电视等传播媒介上看到各种行业的比武、竞赛，烹饪的、财会的、消防的、演唱的、知识的、技能的，每一行业都有自己的"状元"向群众"亮相"，对这些懂业务、有绝活的人，大家都要跷起大拇指啧啧称赞。
>
> 教师作为一种社会职业，一种培养人才的特殊的行当，也应当有自身的业务、技能和绝活。[②]

我国从 20 世纪 90 年代初开始重视教师教学技能的培养。为了改变师范院校学生教师职业技能水平低下、训练不够且无章可循的状况，国家教育委员会于 1994 年颁发的《高等师范学校学生的教师职业技能训练大纲（试行）》规定，师范生的训练内容包括讲普通话和口语表达的技能、书写规范汉字和书面表达的技能、教学工作技能、班主任工作技能等。在这种背景下，师范生的"三字一话"等基本功训练作为专业技能得到了广泛的关注和重视。例如，某师范院校在师范生实践教学中规定：

> 分阶段的训练目标和具体课程内容：一、二年级主要是加强教学基本功训练，重点开展"三字一话"、口语与文字表达技能

---

① 转引自：姜勇. 论教师的精神成长——批判教育学视野中的教师专业发展. 中国教育学刊，2011（2）：55-57.
② 钱仓水. 论教师的职业技能和绝活. 教师教育研究，1991（6）：41-42，60.

等的训练，形成基本的教学操作技能和初步的教学设计技能；三年级开展微格教学，培养师范生的课堂教学能力；四年级继续强化微格技能训练，使训练扎实有效，并组织安排教育实习工作。

21世纪初，随着现代科技的发展，人类进入信息技术时代，信息技术的应用已渗透到人类生活的方方面面，包括教育领域，多媒体教学就是信息技术与教学活动相结合的产物。信息技术虽然只是教学的载体，却往往被视为教育教学改革的制高点和突破口[1]，导致了教师对教育技术的过度依赖，从而存在着较为普遍的"技术崇拜""技术至上"。特别是考试竞争的加剧，教育教学对效率的追求，无形之中对教师产生一种误导，即教学的成功主要得益于教学技术的精良。[2]学校在教学中过度强调课程辅助设备及教具的运用。由此，"模拟教学""微格教学"在国内逐渐兴起。微格教学实质上就是将复杂的课堂教学分解为比较简单的"去情境化"的小型教学，建立一个能被控制的数字化系统，使师范生有可能集中解决某一个特定的教学行为或在有控制的条件下进行学习，从而改变师范生的教学行为，提高师范生的教学技能。[3]微格教学在一定程度上促进了师范生教学技能的提高，但是师范生的技能训练被分解为某些具体的教学行为的训练，容易使师范生产生认识和感受上的误区，将课堂教学理解为各种基本教学技能的简单拼凑与机械组合。例如，以下为一位教师教育者对师范生的告诫：

> 微格试讲该怎么准备和训练，大家把某一个知识点讲清楚就足够了，评委并不是通过听内容来打分，而是听你、看你怎么讲这个知识点。首先，选好几种教学方法，讲某个知识点需要分成几个步骤，每个步骤分别采用什么方法和手段，是讲授、讨论还是提问、启发或是平铺直叙？其次，控制好时间，每个小步骤计划用几分钟……

在我国职前教师教育课程改革中，技术性观点占压倒性地位。许多师

---

[1] 杨成. 信息技术环境下教育技术师范生教学技能问题及对策研究. 现代远距离教育, 2007(5): 70-72.
[2] 单新涛. 技术取向的教师专业发展：表现、成因及评判. 天津市教科院学报, 2009(6): 68-70.
[3] 孟宪凯, 李涛. 中国微格教学20年. 北京教育学院学报（社会科学版）, 2008(3): 62-65, 74.

范院校开展的职前教师教育课程改革都将培养师范生的教师技能作为核心，通过顶岗实习、微格教学、技能训练等方式改革以往的"老三门"。这样的举措对改革以往忽视师范生教学技能的知识灌输式课程进行了有益的尝试。然而，当这种技术性观点成为职前教师教育课程领域改革的主导思想甚至是唯一指导思想时，师范生将逐渐成为流水线上的技术操作员，从而会弱化他们对教师专业性的理解。目前，虽然各师范院校都开设了诸如教育学、教育概论、教育学基础等教育基本理论课程，但正如艾利斯（Ellis, J. M.）所指出的，"理论"目前正陷入受到指责或不信任的窘境。[①]教育学课程的学习并没有让师范生真正领会教育学的意蕴。例如，有些师范生也意识到了这一点：

> 在课堂上，我们有很多老师也说，这些很基础的理论课，如教育学、心理学过去要上两三个学期，现在都压缩为一个学期了，每周只有两节课，时间比较匆忙，所以学不到什么东西。还有就是把一些重要课程的课时压缩得很短，甚至有的课都被砍掉了。有一些课程，尤其是教育学、心理学这些方面的课程对于我们师范专业的学生来说，还是应该深入学习的。

因此，在很长一段时间内，"一手好字和一口流利的普通话"几乎成为衡量一名好教师的最终标准。教育教学技能训练成为师范生培养的焦点问题。一些师范院校强调师范生要接受规范化的教学技能训练，以使师范生在日后的教育教学实践中形成较为规范化、定型化的行为方式。各种教学技能大赛包括全国性的师范生技能大赛、省级的师范生技能大赛、市级的师范生技能大赛、校内的各种师范生技能大赛等如火如荼地进行着，成为师范学校追赶的潮流。在访谈中，一些师范生谈到有时一学期内甚至要参加好几次教学技能比赛。

在技能本位取向下，师范生的专业发展被简单地理解为外在的、可直接观察的表现性技巧、可数量化的技术行为，具有离散性、专门化特征。因此，教师往往不假思索地把教学设计、课程开发、教学实施、教学评价中一些本质上属于认识活动和思想活动的方面完全简略化、步骤化，教育目的、教师的角色也都被狭隘化。教师即技术员，师范生则朝着熟练的技术操作者的方向训练、学习，教学训练意味着师范生要掌握常规性、具体

---

① Ellis J M. Is "theory" to blame. Pacific Coast Philology, 1995, 30(1): 117.

化的教育教学技巧和程序，如高效地评阅作业、吸引学生的课堂注意力、维持课堂教学秩序等。技能本位取向的职前教师教育课程是功利主义的，更关注教学技术的效率和效果，对教育的意义和价值则不甚关切，忽视为什么要如此行动、行动的后果等问题。技能本位取向下的教学与教育、社会和道德维度相脱离，技能本身成了目的，而非实现教育或社会目的的手段。[1]杜威曾对以师范生技能本位为导向的教师教育方式进行了批判，"技术或能力的训练形式将教师的注意力引入了一个错误的方向，导向了教学方法的外在形式而不是学生的思想过程，教师可以学会管理课堂，但却未必能学会理解学生如何学习，不知道要帮助学生思考该如何做；教师可以模仿教学实践，但却不能够解释贯穿这些实践的原则和方法，因为教师只学如何教，却不学为何这样教，这只能将教师束缚在盲目的试验、武断的决策和生搬硬套的行为习惯中"[2]。因此，技能本位取向下的职前教师教育课程的工具理性遮蔽了价值理性，容易造成师范生内在精神缺位的单纯技能发展。

第三节 实践本位取向职前教师教育课程及其反思

21世纪以来，实践取向成为世界各国职前教师教育课程改革的基本走向。理论与实践脱节是职前教师教育课程中一个长期悬而未解的问题，也是当前世界各国职前教师教育课程改革的重要动因之一。研究者普遍认为，这种脱节造成了教师教育质量的严重下降，从而无法满足国家教育改革与发展的战略需求。有研究者认为，在过去的一个世纪中，教师教育的思维受困于或是习惯于理论与实践之间的分离。日本学者的相关研究也表明，大学为本的教师教育较为理论化。美国的教育学院已经遭到了严厉的批评，研究者认为它们没有为实现教育改革的目标而准备足够优秀的教师，职前教师教育课程往往过于理论化，而无法为师范生提供足够的真实世界的经验。[3]伴随着大学为本的职前教师教育课程遭受严厉的批判，世界范围内的教师教育理念开始由重视理论转向关注实践，实践取向的教师教育逐渐成为主流趋势。在实践取向理念下，实践应始终处于课程体系的核心，师范生的各个培养环节应围绕实践进行。实践取向的职前教师教育课程强调要让师范生在实践中学习、通过实践而学习、为了实践而学习。因此，很

---

[1] Goodman J. Making early field experience meaningful: A critical approach. Journal of Education for Teaching, 1986, 12(2): 109-125.
[2] 转引自：洪明. 教师教育的理论与实践. 福州：福建教育出版社，2002：214.
[3] 朱旭东. 国外教师教育改革动力分析. 高等师范教育研究，2000（6）：71-75.

多国家都将"现场经验""临床实践"作为教师培养的专门标准。

一、实践本位取向的渊源追溯

在理论层面,实践取向课程模式以施瓦布(Schwab, J.)的实践性课程理论为典型代表。施瓦布认为,结构主义课程完全由各领域的学术专家开发设计,这便脱离了具体的教育情境,缺少教师和学生的声音,是极为不合理的。为此,他对以"泰勒原理"为代表的传统课程开发模式和自上而下的课程发展模式进行了反思,在此基础上提出了实践性课程观,组织和发起了课程领域的"走向实践运动"。[1]受亚里士多德关于实践哲学探讨的影响,施瓦布就其将人类行为分为"技术行为"和"实践行为"的观点展开了研究。"实践旨趣"的课程模式认为课程领域已步入穷途末路,需要新的原则和方法才能继续推进课程的发展;课程领域的不幸遭遇在于错误地依赖于理论,而理论的方法总是受一种指导性原理的控制,容易与课程实践相脱节,更多地带有抽象性、普遍性和概括化、笼统化,缺乏具体的针对性和个性,对具体教育情境缺少关注,不能有效地解决实践过程中出现的种种疑难问题,这是传统课程的致命缺陷。[2]如此导致教师与学生对既定的知识体系或难以理解,或毫无兴趣。因此,课程领域复兴的根本在于从原先的理论模式转变为实践模式。施瓦布指出,传统课程的缺陷均与教学活动中缺乏如何指导学生做决定有关,包括缺乏智识的内容、实质性和成熟的实践成分。传统课程所建构的学习社区将学生排除在外,剥夺了学生进入社会的可能性等。[3]

施瓦布借鉴亚里士多德的观点,对理论范式和实践范式做了区分。首先,他认为理论范式探究的问题来源于抽象的观念,是抽象状态下的"心理的状态"(state of mind),这些问题是基于研究者主观假设的,缺乏具体情境的针对性,空泛且脱离了特殊的情境;而实践范式探究的问题来源于实际体验,是实践情境中的"事件的状态"(state of affairs),这些问题是具体的、情境性的、特殊的,因而具有针对性。其次,理论范式属于归纳和演绎思维方式,通过超然于现象之外对实际情境中的各种现象进行归纳,得出所谓的规律,然后借助演绎的方式,将其类推到其他现象。实践范式的方法是通过与具体情境进行相互作用,即参与到实际、具体的情

---

[1] 转引自:杨明全. 论教师参与课程变革. 华东师范大学博士学位论文, 2003: 50.
[2] 韦斯特伯里, 威尔科夫. 科学、课程与通识教育——施瓦布选集. 郭元祥, 乔翠兰, 主译. 北京: 中国轻工业出版社, 2008: 237.
[3] 李孔文. 塔木德: 施瓦布实践课程思想根源. 全球教育展望, 2012 (8): 25-30.

境中体验，在与具体情境的际遇中展开研究，由此，施瓦布从理论范式与实践范式之间的差异性论述了实践课程取代理论课程的必然性，并且他认为这种实践课程应该是全过程、全方位、完全意义上的实践而非局部的实践。

在现实层面，我国职前教师教育课程改革之所以提出实践取向，主要是基于以下背景。首先，受高校应用型人才培养模式改革思潮的影响，应用型人才的培养已经逐渐成为当前高校人才培养的发展趋向和必然选择。各院校期望在人才培养模式改革与实践中，改变过去重理论轻实践的传统，强化人才培养的职业技能训练，使学生能够熟练掌握某一技术设备或解决实际问题的操作技能，以适应社会和经济发展的需要。由此，职前教师教育相应的改革也成为必然，研究者提出要在职前教师教育课程设置中强化实践课程，延长实习时间。其次，国际职前教师教育改革趋势的推动。20世纪80年代以来，发达国家的教师教育课程改革纷纷转向实践，如德国、法国，而英国则更为突出，有些学校的实习时间甚至超过理论学习的时间。另外，实践取向受到重视与急功近利的社会氛围也分不开。在职前教师教育质量受到人们诟病的情况下，实践教学、技能训练的效果往往是立竿见影，而理论学习往往是内隐的，其效果也是后发的，并不明显。因此，在职前教师教育课程改革中，对实践的呼声日益渐长。

二、"模仿者"：实践本位取向的教师角色主张

实践本位取向相对于知识本位取向和技能本位取向有了很大的进展，主要表现在企图摆脱技术理性的束缚。实践本位取向的职前教师教育课程注重参与和体验，强调在真实情境中培养师范生的教育教学基本能力。这对师范生解决实际问题，提升教育教学实践技能是十分有意义的。然而，在实践引领的教师教育改革思潮中，许多人将我国教师培养质量不令人满意以及用人单位对师范生质量下降的判断简单地归结为师范生职业技能与实践能力不强——"不会教"，而"不会教"的原因则在于职前教师教育实践课程时间太短。[①]因此，无论是研究者还是教师教育政策，都倾向于延长职前教师教育实践课程的时间，并重视实践中的技能训练。

在实践本位取向下的职前教师教育课程开发中，基于实践时间越长对师范生专业成长越有效的前提假设，许多院校重新构建了实践教学体系，但是更多还是停留在技术层面的架构上，缺乏对根本性问题的深入追问，

---

① 陈彩燕. 教师教育改革：实践取向还是理论取向. 课程教学研究，2015（8）：12-16.

即师范生应该从实践中学习什么？或者说什么样的实践体验才有利于提高师范生的实践质量？[1]这直接关系到教师教育实践课程体系的根本理念和发展方向。现实中，"实践"往往被简化为"经验"[2]，将教师教育实践课程等同于琐碎的日常教学活动，而摒弃了实践的内在意义。国外比较典型的实践本位取向的教师教育模式主要有英国的学童教师制和美国的选择性教师教育模式。

在 19 世纪，英国为了弥补合格教师在数量上的不足，采取了学童教师制作为补救措施。1846 年，参议会的《枢密院教育小组记录》中正式提出了"学童教师"的学徒体系，皇家督学在部分小学中挑选年满 13 岁的初中生，让其跟着学校管理者做为期五年的学徒。如"学童教师"的称谓一样，学童教师是教师和学生双重身份的组合，培养内容既包括其作为学生要求完成的学业任务，也包括其作为准教师应该承担的责任。学童教师制对教师的培养主要是通过准教师观察、模仿的个体社会化历程来实现的，是一种纯粹意义上的教师模仿训练模式，几乎没有教育理论的科学指导。[3]正如学徒教师制度的创始人沙特尔沃思（Shuttleworth，J. K.）所描述的："学童教师培养的根基就在于技术的精确（technical accuracy）——他们需要通过模仿熟练掌握全面、大量的学校管理技能与教学技能。他们能够体会归类既有零散教育经验的原则，凭借已有经验理解学校管理的理论课程。"[4]

另外，在倡导主流教师教育模式的美国，"解制"取向的反主流教师教育或称之为反常规（deregulation）教师教育的呼唤却从未停止过。该取向认为，教师只需经过短期的学科内容培训，就能够在工作中学会教学，而不需要入职前的专业教育，也不需要获得专业资格。[5]美国的选择性教师教育（alternative teacher education，ATE）又被称为替代性教师教育，产生于 20 世纪 80 年代，是美国非传统教师教育方式的统称。受教师辞职率

---

[1] 王夫艳. 实践中学习教学——香港师范生专业实践能力的培养理念评析. 全球教育展望，2012（12）：75-79.
[2] 在这里需要特别指出，此处的"经验"与杜威的"经验"有所差异，是一种异化了的"经验"，被简单地理解为与实际接触的结果，与杜威所提的"方法"有异曲同工之处。
[3] 苗学杰. 融合的教师教育——教师职前教育中理论与实践关系研究. 东北师范大学博士学位论文，2012：105.
[4] Board of Education. Memorandum on the history and prospects of the pupil-teacher system// Hartley D, Whitehead M(Eds.). Major Themes in Education(Volume II). Oxford: Routledge, 2006: 18.
[5] 王文岚，黄甫全. 美国大学本位教师教育改革的争议与新动向. 江苏高教，2008（2）：133-136.

高、学龄人口增长、教师需求多元等因素的影响，师资短缺一直是美国中小学存在的问题。因此，ATE 模式同样是在教师数量短缺的背景下产生的。ATE 模式十分多样化，而各种具体模式之间最为突出的共同特征就是反专业化，即在非大学中通过非专业教育来培养教师。非专业教育是指培养过程中并没有设置结构化的教育专业课程（特别是教育理论课程），一般只有短期的教育课程培训（个别项目甚至没有教育课程培训），强调在工作现场中的学习和在教学实践中的成长。[①]ATE 模式在培养质量上也得到了实证研究的支持，并且 2002 年，美国教育部部长罗德·佩奇（Paige, R.）提交了《迎接高质量教师的挑战》（Meeting the High Qualified Teacher Challenge）的报告。该报告呼吁，ATE 模式是模范的政策选择，它将学科知识和口头表达能力视为高质量教师最为核心的特征，强调严格的教师学科知识标准和教师教育中的中小学田野实践，并且认为"几乎没有证据表明，教育学院的课程能够提高学生的成就"[②]。以这一报告为推动力，ATE 模式的声誉达到了历史的顶点。ATE 模式以中小学为本位，认为教师可以通过师徒模仿模式在教育教学工作实践中学习，而不是在大学的教师教育中学习。这为具有大学文凭并愿意从教的优秀人才提供了便利，使他们能够无障碍或低障碍地进入教师职业。

在我国，职前教师教育实践课程改革是当前教师教育课程改革的重要内容，而延长实践课程时间已成为主流观点。《教师教育课程标准》课题组也明确指出，在整个课程结构中应全方位地渗透"实践为重"的思想。[③]由此，我国大部分师范院校延长了实践课程时间，并对师范生实践课程模式进行了摸索和创新，如顶岗实习支教等新的实践课程模式在较大范围得到推广。从职前教师教育课程的角度来看，顶岗实习支教是师范生教育实习课程的新模式，主要是为师范生提供实习机会和延长实习时间，同时支援农村贫困地区的学校教育。2002 年，西南师范大学（2005 年更名为西南大学）在向教育部提交的《高师教育实习"改制"与农村师资"更新"一体化工程建设方案》中明确提出，要建立一种长期的、制度性的高师院校顶岗实习制度，得到了教育部的积极认可。2005 年，教育部师范教育司将"加强教育实践环节，研究试行师范院校学生顶岗实习与支教、培训相结合的办法"列入当年的工作要点。教育部于 2006 年颁发《教育部关于大力推

---

① 刘小强, 蒋喜锋. 教师教育改革走向何方. 高等教育研究, 2015 (1): 24-33.
② U.S. Department of Education. Meeting the High Qualified Teacher Challenge: The Secretary's Annual Report on Teacher Quality. Wasington, 2002: 9.
③ 转引自：钟启泉, 胡惠闵. 我国教师教育课程标准的建构. 全球教育展望, 2005 (1): 36-39.

进城镇教师支援农村教育工作的意见》,又于 2007 年颁布了《教育部关于大力推进师范生实习支教工作的意见》,这些文件进一步明确了开展师范生实习支教工作的意义、组织领导与经费支持等。经过数十年的发展,师范生实习支教基本上在全国各地的师范院校都得以推广。仅以河北省为例,全省的教师教育机构,包括河北师范大学、石家庄学院、唐山师范学院、邯郸学院、河北师范大学汇华学院等,都在积极推行这一实习模式。[1]不可否认,师范生专业实践能力的提高离不开教育实践和体验,顶岗实习支教有助于师范生在实践中获得从事教育教学所必需的技能。但针对顶岗实习支教,有研究者质疑道:"把师范生长时间置于学校教育的现场与提高他们的教育实践能力之间是怎样的关系?现实中应如何切实有效地对顶岗的师范生进行有效的指导?师范生在顶岗的状态下如何进行专业反思和相应的理论学习?"[2]

学徒是师范生社会化的必经阶段,能够帮助师范生熟悉和适应教师的工作环境,强化专业意识,但如果把实践简单地理解为与实际接触的结果,将师范生推到教学一线,不一定能够产生严格意义上的经验或实践课程。[3]仅仅依靠体验和模仿并不能达到培养合格或优秀教师的要求,师范生并不一定能够领会实践的内在精髓。国外有关实习的研究已经表明,更多的实践经验对职前教师不必然是有教育意义的,不必然能够帮助他们学会如何成功地教学生。[4]实践本位取向下,教师实质上是作为模仿者,通过在具体、真实的教育教学情境中进行体验和临床模仿来实现教育教学能力提升的。

三、实践本位取向职前教师教育课程的困厄与反思

"实践"一词源于哲学范畴,亚里士多德建构了历史上第一套实践哲学的理论体系。他认为"理论"是探索事物本质的思辨活动,"创制"是创造各种事物的生产制作活动,而"实践"有别于二者,首先,与"理论"的不同之处在于,实践把握的不是事物普遍的本质,而是一个个具体的事物;其次,与"创制"的不同之处在于,实践不是将物变好的科学技艺活

---

[1] 袁丽,陈林."顶岗实习"教师培养的政策分析及其争议. 教师教育研究,2014(6):46,61-68.
[2] 杨燕燕. 我国教师教育实践课程的历史回顾与发展愿景. 教育探索,2010(5):39-42.
[3] 王加强. 十年来我国教师教育课程改革与研究述评. 上海教育科研,2011(4):53-57.
[4] Zeichner K M. Reflections of a university-based teacher educator on the future of college and university-based teacher education. Journal of Teacher Education, 2006, 57(3): 326-340.

动，而是将人变好的伦理活动。因此，实践本身就是目的。[①]在亚里士多德看来，"实践"的本质既是明智的、道德的，又是自主的、能动的一种实现活动，而非一般意义上的经验或感觉体验的行动，更非为了满足外在目的、不顾及主体、具有明显功利色彩和技艺思维的"创制"活动。这说明，"实践"并不是如近代以来人们所理解的那样，是一种技术性活动。伽达默尔（Gadamer，H. G.）继承了亚里士多德的观点，认为"人们对实践的最可怕歪曲就是把实践降低到功利性的技术层面，将其看作是一种纯然的技术活动"[②]。哈贝马斯也指出，"在资本主义社会里，决定合理化模式的是：复杂的认知工具理性以牺牲实践理性为代价而贯彻开来，从而使交往生活关系变得物化了"，"正是对合理化（表现为物化）的片面性的批判，才揭示出认知-工具理性与道德-实践理性和审美-表现理性之间的互补关系，是实践概念的固有尺度"[③]。由此可见，完整的实践理性中既有工具理性，又有价值理性，本体论意义的"实践"蕴涵着对真、善、美的价值追求。然而，正如有研究者所指出的，"人们往往对'实践'一词的日常意义和哲学意义不加区分，反而容易被它的日常意义牵着走，把一切人类行为、行动和活动都理解为实践"[④]。

现实中，将"实践仅视为科学的应用"的观念早已渗透于我们的教育之中。被异化后的"实践"在本质上是摒弃理论的，属于认识论层面的直觉观（intuitive view），通过指导、示范和经验传递来培养师范生。从某种意义上讲是对早期"技艺化"模仿教师培养传统的回归，这种回归的危险显而易见，即导致实践的肤浅化和技术化，存在明显的工具主义、行为主义、形式主义与功利主义等倾向。[⑤]这很可能直接导致师范生对教育教学、师生关系、教育规律等的理解和把握停留于肤浅层面，缺乏应有的广度和深度，主要表现在四个方面[⑥]：一是师范生视野狭隘。单纯着眼于实践的教师教育课程，只能使师范生从实践效用这一特定的角度来观察和模仿教师，不能从整体的角度审视教师工作的意义和内涵，对教师行业、师

---

① 丁立群等. 实践哲学：传统与超越. 北京：北京师范大学出版社，2012：8-12.
② 汉斯·伽达默尔. 科学时代的理性. 薛华等，译. 北京：国际文化出版公司，1988：71-76.
③ 尤尔根·哈贝马斯. 交往行为理论（第1卷）——行为合理性与社会合理化. 曹卫东，译. 上海：上海人民出版社，2004：345.
④ 张汝伦. 作为第一哲学的实践哲学及其实践概念. 复旦学报（社会科学版），2005（5）：155-163.
⑤ 宋萑，钟秉林. 走向实践与技艺化危险：中美教师教育模式改革研究——中美教师教育比较研究之二. 高等教育研究，2011（9）：64-69.
⑥ 王夫艳. 实践中学习教学——香港师范生专业实践能力的培养理念评析. 全球教育展望，2012（12）：75-79.

生关系的理解也只能是片段化和支离化的。二是师范生思维能力的直觉化和表面化。对教育理论立场和理性思维能力的忽视，使得师范生对问题的判别和分析往往停留在表面，容易跟风和盲目开展行动，而缺乏深入批判和反思、问题解决以及开展创造性教学的能力，也缺乏形成自身独特的教学风格、抵制规范性力量的意识和能力。三是师范生先前的生活经历决定了其对教师职业的身份认同在一定程度上是"先赋的"，其并非一张可供教育实践任意描画的"白纸"。师范生的受教育经历和生活经历形成了他们的教育前见，也在一定程度上塑造了他们的思考框架，影响了他们对教育教学实践、师生关系的信念和理解方式。若忽视这种个性化的前见和经验，而单纯强调在实践中对其他教师的模仿，不仅会缩小师范生的学习空间，遮蔽其学习视野，更不利于其形成终身学习的能力。四是实践本身作为组织社会化力量对师范生理论意识的冲刷和规范。如果前期没有形成强有力的教育信念、教育情怀及理论批判能力，师范生极易在这种规范性的组织力量中丧失自我，将自我的独特性变成对组织的趋同性和依附性，从而丢掉真正能改造和引领教育的力量。在实践本位取向的影响下，部分师范生和中小学教师往往"谈理色变"，将理论与自身划分开来，充满"百无一用是理论"的偏见。[①]师范生和一线教师都希望从名师那里直接获得能够立竿见影的实践知识与技能，而认为高校教授或科研专家所讲述的前沿理论或知识理论性太强，不适合教育教学实践。

总而言之，职前教师教育课程对实践内涵的泛化以及对经验主义的误解，导致师范生将实践等同于经验性、模仿性、技巧性、程序性等具体的行为内容。这固然有助于提升师范生的实践操作技巧，帮助他们迅速适应和解决常规性问题，但是却难以超越既定的实践。从某种意义上讲，这种课程实践观念把实践降低到生物性本能层面，势必会将教师弱化为"教学技师"或"模仿者"。师范生批判性与反思性思维的缺失，使其在教育教学实践中只是机械、被动地运用技术，而难以依据现实情境灵活和创造性地进行教育教学决策。实践本位取向的职前教师教育课程，追寻体验与反思的最终目的还是为师范生更好地获得知识和技能。师范生往往不会去质疑不同的课堂方法、研究技巧以及教育理论背后的价值、原则，而是被要求学会"如何去做"，"怎么做才最有效"，或者是掌握一种给定知识的最佳传递途径。例如，师范生在实习中探讨和交流更多的是如何管理班级学生、维持课堂纪律的技巧以及如何有效完成工作计划等内容。杜威曾经

[①] 刘建. 主体、智慧与道德：教师教育课程实践的反思与建构. 教育发展研究，2014（24）：58-63.

对此批评道:"实验学校反对任意强迫学生接受难以理解的教材,然而却走到了另一个极端。他们把各种各样有价值的经验和实际的活动提供给学生,但是,他们不清楚这些活动的最终目的是要有教育的价值,而不是为了消遣娱乐。也就是说,要有一种使经验达到相对确定的理智化。"[①]职前教师教育课程在很大程度上也存在着杜威所批评的这种现象,如在实践课程的设置上徒然增加学分和课时,并没有达到真正的目的,其结果就是师范生拥有教学技能,却缺乏教育思想,师范生在未来的教育教学中习惯于依赖经验、常识和情感,进行简单的模仿与重复,丧失了对自身教学活动及其结果的反思与批判的能力。

第四节 职前教师教育课程发展的理性诉求:解放旨趣

知识本位取向、技能本位取向和实践本位取向对我国职前教师教育课程的影响并不是简单的相互替代的线性发展关系,而是复杂地交织在一起,在螺旋式上升中持续超越的关系。但是,通过对这三种价值取向的审思,我们也可以较为清晰地将我国职前教师教育课程的改革与发展划分为"知识本位取向"(20世纪90年代初以前)、"技能本位取向"(20世纪90年代以后至21世纪之前)、"实践本位取向"(21世纪以来)。当前,这三种取向对我国职前教师教育课程的影响依然是深刻的,指引着我国职前教师教育课程目标、内容、结构、实施以及评价的发展走向。反思和批判知识本位取向、技能本位取向、实践本位取向,并不是否定知识、技能、实践对于师范生作为未来教师发展的重要性,而是认为这三种取向下的职前教师教育课程都未能从根本上触及职前教师教育的根本性特质。由上述内容不难发现,这三种取向的教师教育课程仍然视师范生为被动的接受者、技术性的表现者,强调师范生适应既定的实践常规和传统的文化规范,掌握已有的教学知识和技能。在教师教育不同的历史发展背景下,这三种取向各自有其适应性和合理性,但是这三种取向的职前教师教育课程在师范生培养中也都存在着显而易见的限度。

这三种取向的职前教师教育课程的共同症结在于,仍然都受制于技术主义理性和工具理性的束缚与支配,始终无法走出培养"教书匠"的泥潭。知识本位取向过于强调职前教师教育课程的理论化,着力于师范生对学科知识的掌握,以及倾向于向师范生灌输教育理论的确定性知识,强调教育

---

① 杜威. 我们怎样思维·经验与教育. 姜文闵,译. 北京:人民教育出版社,1991:128.

理论知识的系统性、完整性与抽象性,力图探寻一种存在于教育世界中的"普遍秩序";而技能本位取向过分强调职前教师教育课程的外在工具价值,着力于师范生对程序性、客观性和实用性操作技能的掌握,力图使师范生形成一套行之有效的操作技能,认为只要掌握各种技能,就能有效工作;实践本位取向的职前教师教育课程具有理解与互动的特征,而在现实中,师范生却往往容易在实践中遗忘了"实践"本身。这些取向背后凸显的是一种"生产"的隐喻,即将教育教学工作视为"应用科学",将师范生仍然看成是教育教学规律或原理的有效"执行者",使师范生忽视了对各种知识、技能背后所隐含的教育价值、意义的审思和追问。师范生作为一个没有灵魂的技术熟练者,逐渐被知识和技能所"奴役",而失去了批判分析的习惯和理性思考的意识。这三种取向下的职前教师教育课程往往只关注表层的如何"占有"确定性知识和"模仿"固定化教学实践,而没有使师范生作为主体真正理解教育教学实践背后的价值与意义,致使师范生对教育教学的理解只停留在经验的水平上,他们只知道怎么做,而不知道为什么这样做。因此,职前教师教育课程更注重固定知识和技能的外显形式,而不是师范生的思维、情感过程。这些取向下的职前教师教育课程培养的师范生很难深刻地领会和理解自身从事教育教学的意义及价值,从而降低了作为未来教师的主动性、创造性和价值性,忽视了批判精神和批判能力的培养。正是教师教育中一些重要认识的缺失,使得教师的专业发展在具体实施与推广的过程中表现出标准化和被强制化,进而沦为一种新型的工具理性主义。[1]

在这三种取向下,职前教师教育课程被片面地理解为丰富未来教师知识和提高其技能的量化过程,触及不到师范生的内心世界,更谈不上教育理性世界的文化自觉。当下教师界最缺乏的不是"技术员",而是"教育思想者"。卓越教师或教育家与教书匠相比,最根本的差异就在于创造性、独特性的思想以及自主自觉的意识觉醒等。教师若没有对自身主体价值的追求,是难以产生巨大的内驱力去支持其完成教学这一复杂、有意义的过程的。职前教师教育课程不能仅仅停留和满足于从知识和技能上武装师范生,而要重视师范生能否在心智活动过程中建立起事物间的关系和联结,或者说要更关注知识、技能是否具有"充满活力和可以证实的意义"[2]。

---

[1] 吴遵民,傅蕾. 我国 30 年教师教育政策价值取向的嬗变与反思. 杭州师范大学学报(社会科学版),2011(4):93-100,128.

[2] 邓素文. 从旁观者认识论到经验认识论:教师教育课程的认识论转向. 教师教育研究,2016(1):21-25.

因此，消解职前教师教育课程的工具理性和技术主义逻辑，强调一种更为深刻的价值关怀——解放旨趣，是改革我国职前教师教育课程的理性诉求。

第三章 "解放旨趣"：职前教师教育课程重构的价值选择

职前教师教育作为培养教师的"工作母体"，从某种意义上讲，是整个基础教育改革的"始源地"和"逻辑起点"。当前，在教育改革要求教师角色发生一系列革命性变化的背景下，如果我们的职前教师教育还是秉持传统的价值取向和观念，那么基础教育改革是难以有效推进的，整个教育将会陷入一种"驯化式"的怪圈。未来的教师绝不能仅仅是掌握教学技艺的"技术员"或"教书匠"，而更应是具有理想与洞见的"思想者"和"觉醒者"。德国著名的哲学家、社会学家哈贝马斯批判性地提出了人的三种认识旨趣，即技术旨趣、实践旨趣和解放旨趣。其中，解放旨趣是对技术旨趣与实践旨趣的超越，旨在追求和实现人自主与自觉的一种更高的价值关怀。这在某种程度上为消解职前教师教育课程的工具理性和技术主义逻辑提供了方向。本章主要着眼于解放旨趣的深刻内涵，厘清解放旨趣下职前教师教育课程的意蕴，并从个体与解放、教育与解放、课程与解放、教师与解放等层面追溯将解放旨趣作为职前教师教育课程价值选择的理论支撑。最后，基于职前教师教育课程范式转型及现实困境以及教师独特的专业性向等层面，对解放旨趣的契合性进行合理性确认。

第一节 基于解放旨趣职前教师教育课程的内涵澄明

将"解放旨趣"作为职前教师教育课程重构的价值意蕴或价值关怀，首先需要厘清"解放旨趣"的含义及其基本特征，并在此基础上来探讨在"解放旨趣"关照下的职前教师教育课程的旨要。

一、"解放旨趣"的含义

科学、明晰的概念是思维的重要形式和工具，对问题的研究具有前提性和基础性的价值，决定了研究所能达到的深度与高度。正如黑格尔（Hegel, G.）所言："真正的思想和科学的洞见，只有通过概念所作的劳动才能获得。"①既然解放旨趣为本书重构职前教师教育课程的价值意蕴，那么首先有必要厘清"解放""解放旨趣"等概念的基本内涵。

（一）解放

"解放"一词最早来源于拉丁文"emancipare"，意为"把手拿开"。根据古罗马的法律，买卖奴隶和解放奴隶都要求开展一定的仪式活动。当把奴隶买下来的时候，新的主人要将手放在奴隶身上，以示占有，与"emancipare"一词的词义正好相反。在仪式中，当旧的主人把手从奴隶身上拿走，就意味着解放该奴隶。因此，"emancipare"一词就被赋予了"解放"的含义。②在英文中，有两个词与"解放"相对应，分别是"emancipate"和"liberal"，意为"使不受（法律、政治或社会的）束缚"。在《辞海》中，"解放"有两种解释：一是"解除束缚，得到自由或发展"，如"解放思想，解放生产力"；二是"推翻反动统治"，如"翻身解放"意为"从压迫剥削中解放出来"③。与"解放"相对的词有束缚、压抑、灌输、践踏、奴役、摧残、禁锢、钳制等，因此，"解放"往往与"自由"相联系。在不同的领域中，"解放"存在诸多不同的含义。例如，在革命斗争领域中，"解放"意味着通过人民运动促进民众独立、自由及民主意识的觉醒，进而为了自身的合法利益与压迫者进行抗争；在思想领域，"解放"意味着百家争鸣、百花齐放，各种思想的多元与开放、交流与共生；在经济领域，"解放"暗含着对民间资本的信任，对各种经济担负主体的信任，在某种程度上意味着经济增长的新生点。④

追溯"解放"一词的发展史，文艺复兴时期的启蒙运动对君权至上和宗教特权进行了猛烈抨击，标志着理性时代的到来。启蒙运动强调人的感性和理性的解放，提出作为主体的人应该相信自己的理性，信任自己以及周围事物，相信自己的独立性和自由思考的能力。除理性外，不相信外在的任何形式的权威。例如，康德（Kant, I.）在《什么是启蒙运动？》（What is enlightenment？）一文中写道：

启蒙运动使人类从自我强加的受监护的状态中解放出来。在这种状态下，人不依赖外在指导就不能运用自己的智慧。这样一

---

① 黑格尔. 精神现象学（上卷）.贺麟，王玖兴，译. 北京：商务印书馆，1979：48.
② 刘洪波. 单词演义. 北京：中国广播电视出版社，2009：55.
③ 辞海编辑委员会. 辞海（第六版）. 上海：上海辞书出版社，2009：1114.
④ 崔春龙. "解放"的公民教育. 山东师范大学硕士学位论文，2014：22.

种我称之为"自我强加的"受监护的状态不是由于缺乏理智,而是缺乏不借助于领导的帮助就没有勇气和决心来使用自己的理智。要敢于运用自己的理智!这就是启蒙运动的口号。[①]

在波普尔(Popper,K.)看来,这段话解释了康德对于什么是启蒙运动的中心观念,即"通过知识获得解放"(Emancipation through knowledge),"因为只有通过知识的增长,心灵才能从它的精神束缚即偏见、偶像和可避免的错误的束缚中解放出来"[②]。马克思(Marx, K. H.)可以说是"解放"思想的集大成者,"解放"一词在马克思的理论中获得了一种新的意义。他以人的自由和解放为目标,认为个体的解放是人类获得解放的基础,将解放的理论扩展到整个人类社会的宏观层面。[③]"解放"一般指个人从政治压迫、经济剥削和文化专制的束缚中解脱出来,成为一个独立、自由、自主的个体。"解放"的根本目的在于最大限度地发展个人的潜能,促进个人的充分发展。"解放"一词也是法兰克福学派的批判理论中的重要概念之一,强调将主体从依附于对象化的力量中解脱出来。

"解放"这一理念在教育中的应用最早可以追溯到古希腊智者派对理性的讨论。苏格拉底(Socrates)认为,理性知识的获得就是美德,并将理性摆在教育的首位;柏拉图(Plato)用"洞穴之喻"(Allegory of the Cave)来形容教育就是一种对人束缚的解放、获得真知的过程;亚里士多德认为,人的独特性就在于具有理性,教育指向于人的理性,则也应该是解放的和自由的。[④]批判教育学在吸收前人研究的基础上,强调将培养人的自我反思意识作为教育的目标,使人从无意识走向有意识。在本书中,"解放"一词更多强调的是人的主体性本位的回归,突出对自主、自觉、独立、反思、责任等主体地位与价值的多重肯定,要不断提升个体的反思意识与主动参与能力,进而使学习者在意识化的过程中全面地认识世界和认识自我。正如有研究者所言:"教育即解放,意味着教育是探索,是启蒙,而不是宣传和灌输;是平等对话和自由交流,而不是指示和命令;是丰富知识,而不是统一思想;是尊重和信任,而不是消极防范。"[⑤]这更多强调的是思想、

---

① 康德. 历史理性批判文集. 何兆武,译. 北京:商务印书馆,1996:22.
② 卡尔·波普尔. 通过知识获得解放. 范景中,李本正,译. 杭州:中国美术学院出版社,1996:179.
③ 中共中央马克思恩格斯列宁斯大林著作编译局编译. 马克思恩格斯文集(第1卷). 北京:人民出版社,2009:525.
④ 马永全. 论"解放"理念的教师教育路径. 教师教育研究,2014(3):12-16.
⑤ 肖川. 教育即解放. 基础教育课程,2014(16):1.

观念、行为等内在的觉醒与解放。因此，我们不能望文生义地将"解放"理解为革命年代或反阶级压迫意义式的暴力革命。

(二) 解放旨趣

19世纪60年代，科学技术的迅猛发展意味着原始资本的快速积累，当时人们的物质需求获得了极大的满足。并且，随着民主政治制度的推行，人们的政治生活需求也在某种程度上得到了满足。因此，一些学者认为，人们已经被当时的经济增长方式和政治现状所麻痹，对社会没有了批判和反思的意识，成为工业现代化的"奴隶"。正如马尔库塞（Marcuse, H.）所言："现代性导致了人失去主体意识、遭受压迫，社会中的个体变成了单向度的人，难以摆脱既有思想的束缚。"[1]哈贝马斯针对当时的社会发展现状，对现代性的意义和价值进行了较为深刻和全面的反思。哈贝马斯在透析现代性的合理性的同时，更多地批判了现代性给社会生活带来的危害。他认为，工具理性的盛行成为一种统治人和驾驭人的力量。人成为工具，被异化为"经济人"或"政治人"，生活世界被"殖民化"了。[2]因此，工具理性已经无法解释人与人之间以及人与社会之间的关系，需要构建新的概念。

在这样的现实基础之上，哈贝马斯在其《认识与兴趣》（Erkenntnis und Interesse）一书中考察了认识论与人类行动的关系问题，将人的认识旨趣划分为三个不同层次：技术旨趣、实践旨趣、解放旨趣。[3]哈贝马斯尝试通过分析认识与旨趣的联系，重新定义认识论，从而建立以旨趣为导向的认识论。他认为，"认识"不是人适应外在不断变化环境的一种单纯的工具，也不是纯粹理性人的一种活动，而是一个具有强烈社会性的特殊范畴，是人类维持生存的工具和创造新生活的手段。另外，他认为"旨趣"不是个人特殊的兴趣、爱好、倾向或某种群体利益的初始驱动，而是贯穿于人类日常行为，主体之间通过对话而达成先在的普遍认知兴趣或知识构成背景。这种兴趣能够决定和促成人类在维持和不断扩大自身存在和再生产的取向。[4]认识与旨趣是不可分离的，旨趣先于认识，并指导着认识，是人类认识活动的前提和基础，而旨趣也只有借助于认识的力量才能实现自身的价值。人们的认识和旨趣是相互交融的，旨趣是认识的先导，而认识是

---

[1] 马尔库塞. 单向度的人. 刘继, 译, 上海：上海译文出版社, 1989：5.
[2] 哈贝马斯. 哈贝马斯精粹. 曹卫东, 选译. 南京：南京大学出版社, 2004：346.
[3] 尤尔根·哈贝马斯. 认识与兴趣. 郭官义, 李黎, 译. 上海：学林出版社, 1999：11-14.
[4] 尤尔根·哈贝马斯. 认识与兴趣. 郭官义, 李黎, 译. 上海：学林出版社, 1999：11-14.

旨趣的推动力量。因此,人的认识旨趣决定了人的行为活动,并且各种科学活动都具有特殊的内在认识旨趣。在哈贝马斯看来,人的认识旨趣是一种"理性的旨趣",并且每一种认识旨趣的深层次其实都对应着一种"理性"。

在哈贝马斯的三种旨趣中,技术旨趣的内涵在于人们试图利用工具和技术规范的知识,通过技术支配或操纵外部世界去认识自然,以达成外在目标。其所涉及的对象领域是"关于事件或事物的现象领域",核心要旨是对客观化过程进行技术性处理。技术旨趣往往以控制为突出特征,与之相对应的就是工具理性,主要涉及经验-分析的自然科学。哈贝马斯批判了唯科学论的观点,在承认科学技术在一定程度上确实促进了人类社会的空前发展的基础上,认为随着自然科学的发展,科学技术将成为判断主客体价值取向的唯一标准,"实用"和"功利"成为人们行动的目的。技术旨趣虽然在一定程度上使人类从劳动的束缚中解放出来,却又陷入了固定思维的框架中,压抑了人类的个性化,限制了人类创新能力的发展。实践旨趣的内涵在于人们试图以语言为媒介,通过与环境或他者的交往互相理解,达成共识,并将行为本身作为目的。其所涉及的对象是"关于人及其表现的对象领域",核心要旨是人与人之间的相互理解。实践旨趣往往以"理解"为突出特征,与之相对的是实践理性,主要涉及历史-解释学的社会科学。解放旨趣的内涵在于人们试图克服一些不可抗力,通过对人类社会结构的可信的、批判性洞察,从事自主的行动,从而把人从束缚中解放出来,以获得自我解放为目的。其核心要旨在于独立、自主性和权利赋予,也就是人类对自由、独立和主体性的兴趣。[1]解放旨趣整合了自主和责任,往往以自我反思为核心特征,与之相对的是解放理性,主要涉及一切批判性的科学。

在哈贝马斯看来,在这三种旨趣中,解放旨趣在认识重建中具有根本性的意义,是最为基础,也是最为纯粹的旨趣。哈贝马斯认为,技术旨趣容易被统治集团利用,成为统治集团的意识形态;实践旨趣所追寻的对话关系,在很大程度上容易被阻挠和破坏,达成共识的途径往往被拥有政治、经济大权的少数人所把控。人类的发展过程总是受到某些既定文化和现实条件的限制,而这些限制在某些时候甚至是扭曲的、病态的。人类如果要摆脱这些束缚和限制,就必然要进行反思和批判,从而获得解放旨趣。[2]例

---

[1] 尤尔根·哈贝马斯. 认识与兴趣. 郭官义,李黎,译. 上海:学林出版社,1999:11-14.
[2] 王欣. 哈贝马斯的"解放兴趣论"述评. 齐鲁师范学院学报,2013(5):65-69,88.

如，他认为权力与意识形态是通过劳动和语言衍生出来的，并渗透于人类行动中，必然会造成交往方式的扭曲，使主体间的平等互动关系变为统治与服从、支配与被支配的关系，从而促使人们产生出摆脱权力与意识形态支配的愿望和要求。[①]首先，正是存在着的技术统治和实践交往关系扭曲的社会弊端，催生了解放旨趣。解放旨趣是引导人类对社会生活进行理性反思和深刻批判的力量，也正是因为解放旨趣，人类认识活动才可能成为自我反思的活动，人类历史经验的重建才成为可能。[②]解放旨趣可以看成是哈贝马斯整个认识兴趣范畴的灵魂。其次，解放旨趣是技术旨趣和实践旨趣的应然归宿。其中，技术旨趣企图通过技术、工具等将人类从自然界的束缚中解放出来；实践旨趣企图通过建立相互理解的交往关系将人类从相互扭曲的关系中解放出来。简言之，技术旨趣旨在把握客观现实，实践旨趣旨在促成有效交往，解放旨趣旨在获得自我解放。[③]技术旨趣必须在实践旨趣的依托下才能够实现，实践旨趣是解放旨趣产生和发展的必由之路，并促进了解放旨趣的进一步实现。因此，解放旨趣以技术旨趣和实践旨趣为基础，并对二者进行了扬弃和升华。技术旨趣和实践旨趣只有在解放旨趣的指引下才能实现，人们会对各种受压迫和束缚的交往模式做出反应，从理性上对其产生抗拒并对其进行梳理，以正常行使权力的方式方法重新确立一种倾向于迈向"解放"的交往模式，即独立、理性的交往模式。解放旨趣所追求的独立、自由、自觉、主体性以及以此为基础的批判理论，对于摆脱技术统治和扭曲交往关系的社会弊病、促进人的和谐发展具有明显的价值。技术旨趣和实践旨趣向解放旨趣的转变，能够唤起人们对合理化、理性的交往模式的追求，通过对非理性的批判，促进并丰富人的主体性发展，拓宽自我反思的维度，从而指导人们的认识和实践。解放旨趣也正是在技术旨趣和实践旨趣的基础上进行的深刻反思，并由此建立了自身的理论体系。

由此可见，正如马克思指出的，人始终是主体。[④]解放旨趣的核心是人，旨在促使人们摒弃虚假意识和教条主义，脱离物化状态和客体化的地位，走向人的高度自觉阶段。技术旨趣将人从劳动的束缚中解放出来，却

---

① 尤尔根·哈贝马斯. 认识与兴趣. 郭官义, 李黎, 译. 上海: 学林出版社, 1999: 323.
② 靳玉军. 教师价值体系的重构与实现——基于哈贝马斯批判理论的分析. 教育科学, 2014 (5): 41-44.
③ 刘放桐. 新编现代西方哲学. 北京: 人民出版社, 2000: 478-479.
④ 马克思恩格斯文集（第 1 卷）. 中共中央马克思恩格斯列宁斯大林著作编译局, 编译. 北京: 人民出版社, 2009: 195-196.

又容易将人客体化和工具化；实践旨趣具有理解和互动的特征，却又缺乏彻底的自我反思和批判意识，有可能被意识形态、制度或权威所扭曲，从而成为一种新的控制手段。[①]虽然实践旨趣在通往自主和自由的大道上迈出了重要的一步，却不能保证人们获得自由与自觉。因此，脱离了解放旨趣，人类主体的反思能力与批判能力就会减弱，就不可能获得自主和自由。另外，在此有必要澄清，通过对三者关系的辨析，我们也可以发现，解放旨趣其实具有很强的包容性，并不排斥知识、技术和实践，而是在前者的基础上有更高的追求，从而摆脱现实中扭曲的关系模式。

二、解放旨趣的特征

哈贝马斯将解放旨趣作为整个认识兴趣范畴的灵魂，旨在将主体从依附于对象化的力量中解放出来，实现人的主体性价值。那么自我反思性、批判性、主体间性则成为解放旨趣最为核心的特征。

（一）自我反思性

"解放"往往是建立在意识觉醒的基础之上的，唯有通过自我反思的行为才能实现。哈贝马斯认为，解放旨趣的灵魂与核心就在于反思。他指出，"反思是一种解放性力量的经验，认识达到了同独立自主的兴趣的一致，反思的完成表现为解放运动"[②]，并且他认为，"解放性的认识旨趣的目的是完成反思本身"[③]。而反思来自自我意识的觉醒，产生于对实践的困惑、矛盾和质疑。人处于社会关系之中，人的成长、发展都离不开社会，因而，人要对社会负责；同时，人又是一个具有思维独立性与创造自由的自主个体，因而，人还要对自己负责。这两方面决定了作为主体的人需要反思的内容：对自身的价值观念和生活方式进行反思，探寻自身独特而有价值的生活方式；对身处其中的生活世界和人类社会进行反思，警惕形成自身身份的那些社会组织型文化和规范性力量，为自身以及同侪的生活争取独立的空间。自我反思性是一种理性的思考，是一种通向理智思维和价值观念解放的途径，也是哈贝马斯重建认识论的灵魂的核心所指。这种反思不仅要反思实践，更要反思自我。因此，自我反思活动本质上是一种改变生活的解放运动，通过自我反思使主体觉悟，并在交往中认识自己、改变自己，彰显"自由"和"解放"。哈贝马斯赋予了自我反思解放性的

---

① 张华. 论教师发展的本质与价值取向. 教育发展研究, 2014 (22): 16-24.
② 尤尔根·哈贝马斯. 认识与兴趣. 郭官义, 李黎, 译. 上海: 学林出版社, 1999: 200.
③ 尤尔根·哈贝马斯. 认识与兴趣. 郭官义, 李黎, 译. 上海: 学林出版社, 1999: 201.

力量，认为"主体在何种程度上意识到自身的形成史，便在何种程度上体会到自身的这种力量"①。

（二）批判性

批判解释学是哈贝马斯解放旨趣的分析工具，以其作为基础，哈贝马斯系统性地构建了解放旨趣的理论体系。如前文所述，哈贝马斯正是在对已有认识旨趣进行批判的基础上，才产生了认识旨趣中最为核心的思想——解放旨趣理论。②因此，批判性是解放旨趣的另外一个核心特征。在此所讲的"批判"并不是简单的驳斥，也不是盲目的全盘否定，"批判"本身意味着合理重建和再塑传统。从严格意义上讲，"真正的批判要分析的不是答案，而是问题"③。解放旨趣的批判源自问题，因此，要实现有效的批判需要把握两方面：第一，对问题背后的假设和前提保持敏感。具体来说，就是透过外在现象看到问题的本质，反思自己"之所以如此"看问题的立场和依据，并使其得到展现和澄清。第二，以新的框架、眼光和目标理性地看待问题，使问题能够通过"包容多方意见"的智慧，而非"一己"的情绪偏见来解决。这亦是以一种开放性、创造性的态度来对待问题，使问题转变成一种成长的契机。由此可知，解放旨趣所蕴含的批判性目的在于思想性的获得，内蕴着肯定与否定、反思与重构、澄清与划定的辩证统一的内在逻辑。④解放旨趣不在于破坏性的摧毁，而在于建设性的重构。正如哈贝马斯所言，批判既不满足于留心的观点、行动，也不满足于不假思索地、只凭习惯地接受社会现状的努力，而是某种追根溯源以考察事物的基础，从而区分现象与本质并真正理解事物的努力。⑤

（三）主体间性

解放旨趣的另一典型特征就是强调主体间性，正因如此，哈贝马斯构建了"交往理性"（communicative rationality）。深受埃胡塞尔（Husserl, E.）、海德格尔（Heidegger, M.）以及伽达默尔等的影响，哈贝马斯从20世纪80年代后转向交往行为的理论研究，批判了韦伯的工具理性，反对主

---

① 德特勒夫·霍斯特. 哈贝马斯. 鲁路, 译. 北京：中国人民大学出版社, 2010：24.
② 王欣. 哈贝马斯的"解放兴趣论"述评. 齐鲁师范学院学报, 2013（5）：65-69, 88.
③ 马克思恩格斯全集（第40卷）. 中共中央马克思恩格斯列宁斯大林著作局, 译. 北京：人民出版社, 1982：289.
④ 李长虹. 澄清和划界——对批判、哲学的批判和马克思哲学的批判的理论解读. 长春工业大学学报（社会科学版）, 2011（2）：15-18.
⑤ 王欣. 哈贝马斯的"解放兴趣论"述评. 齐鲁师范学院学报, 2013（5）：65-69, 88.

客体分离导致的人们行为的物化与异化，尝试颠覆主体与客体之间的单向度关系。他认为，反思与批判的最有效方式便是平等的对话，强调主体间的道德交往实践。哈贝马斯指出："交往理性的范式不是单个主体与可以反映和掌握的客体世界中的事物的关系，而是主体间性关系。"[①]哈贝马斯将主体间的交互关系分为三个层面：一是认识主体与事件或事实世界的交往层面，即主体与客观世界的交往关系；二是社会中实践主体之间的互动关系的层面，即主体与社会世界的交往关系；三是成熟的主体与其自身的内在本质、与他者的主体性关系的层面，即主体与主观世界之间的交往关系。[②]解放旨趣正是基于对人的社会生活和精神生活被技术化和工具化的现实而提出来的，强调在主体间的交往与对话中，建立理想的语言情景，从而使意义被拓展、被丰富，人的主体性也因此而凸显出来了。

三、解放旨趣职前教师教育课程的内涵

哈格里夫斯（Hargreaves，A.）和富兰（Fullan，M.）指出："只聚焦于行为技能而不考虑其立足的基础及对态度和信念的影响，是误入歧途，且可能被证明是无效的。"[③]近些年，随着市场经济体制的深化以及高等教育体制改革的不断推进，教师教育受到实用主义和功利主义思想的冲击，教师被定位为工具性的角色。社会与市场也往往关注教师教育能否在短期内培养一些掌握教学技能和科学知识的"实用型"未来教师，弱化了师范生的自主意识、精神陶冶、伦理沉淀和批判意识等。[④]荷兰著名的教师教育专家弗雷德·科瑟根（Korthagen，F. A. J.）通过对教师长期持续的关注认为，有两个中心问题决定着教师教育学：①一个好教师的核心品质是什么？②我们如何帮助师范生成为好教师？通过对这两个问题的探寻，他构建了教师发展的洋葱模型[⑤]（图3-1）。

---

① 哈贝马斯. 哈贝马斯精粹. 曹卫东，选译. 南京：南京大学出版社，2004：371.
② 王晓东. 西方哲学主体间性理论批判——一种形态学视野. 北京：中国社会科学出版社，2004：194
③ Hargreaves A, Fullan M. Understanding Teacher Development. New York: Teachers College Press, 1992: 15.
④ 庞丽娟，姜勇，洪秀敏. 迈向和谐的教师教育：问题与展望. 北京大学教育评论，2011（1）：181-186.
⑤ Korthagen F A J. In search of the essence of a good teacher: Towards a more holistic approach in teacher education. Teacher and Teacher Education, 2004(20): 77-97.

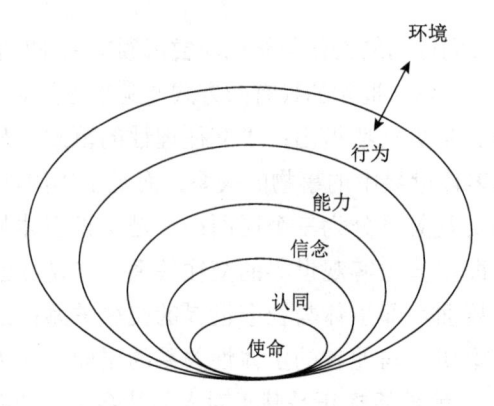

图 3-1　教师发展的洋葱模型

基于洋葱模型，我们可以发现，其中最核心的是使命，然后依次为认同、信念、能力、行为、环境。大体上，洋葱外层的环境、行为、能力，相当于知识和技能层面，处于"冰山"的水上部分；洋葱里层的信念、认同、使命，相当于精神、意识层面，处于"冰山"的水下部分（图3-2）。洋葱模型为教师教育提供了一个分析框架，师范生的信念、认同、使命是其最为核心的和最深层次的，其形态往往是内隐的，不易显现出来，从而不易被察觉和发现。但是提升师范生的生命意义，却依赖于内层的信念、认同和使命层次的改变。信念、认同、使命等都属于价值内化的过程，是教师对"我是谁""我要成什么样的教师"的认识和思考。[①]这些往往潜藏于教师内心，以一种内隐的方式影响教师的行为，对于教师理解自己的工作情境并采取积极的行动有着十分重要的意义。

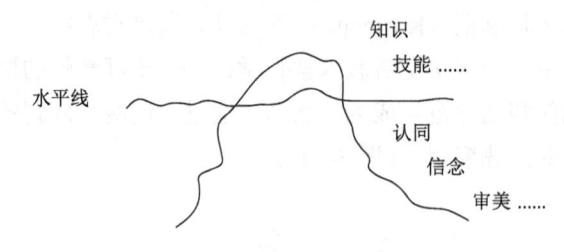

图 3-2　教师发展的冰山图

传统的职前教师教育课程的设置与实施更多关注的是外在，即"冰山"之上的知识和技能部分，而忽视对师范生的认同、意识觉醒、批判反思、独立人格、审美情趣等内在要素的关注。教师的教学活动不只是一种技术性的工具行为，还是一种追求意义的实践行为，知识本位取向、技能本位

---

① 李彦花. 教师专业认同与教师专业成长. 课程·教材·教法，2009（1）：78-83.

取向下的教师教育不仅剥夺了教师的创造权利，而且扭曲了教师的自由人格。由此，知识和技能成了目的，而师范生成了手段或工具，颠倒二者的关系，容易导致人遭受"压迫"。正如哈贝马斯认为的，在受工具理性统治的现代教育下，那些固定化的知识和程序化技术并没有增强人的本质力量，实现人的主体性和自由。反而，其本身异化成为束缚性的统治力量，成为扼杀人的自由和个性的异化力量。[1]

从教育哲学的角度出发，解放旨趣旨在关注教育中"人"的存在，强调人的主体性、交往性及社会性。将解放旨趣作为职前教师教育课程重构的价值关怀，实际上是对职前教师教育课程工具理性的摒弃和超越。知识、技能或实践只有立足于解放旨趣，才能具有充分的合理性依据和根本性意义，对于职前教师教育课程而言亦是如此。正如哈贝马斯所言："技术与实践的认识兴趣作为指导认识的兴趣，只有同理性反思的解放性认识兴趣相联系……才不会被误解。"[2]基于解放旨趣的职前教师教育不是知识与技能"充电"式的"补短"教育，而是弘扬师范生主体性、创造性和个性的一项实践活动，旨在恢复未来教师作为具有自主意识、专业自主能力的主体身份。由此，师范生行为的本质是从其所处的环境中获得解放，实现自由。[3]这种"自由"和"解放"并不是随意放纵和没有拘束的无秩序混沌状态，而是意味着一种和谐力量，是自主与责任、选择与负责的融合。[4]因此，解放不是对人的意义的消解，恰恰相反，解放是让人从无意义当中走出来，获得一种生命性、意义性和价值性。这与用纯粹工具性或技术性的术语来界定教师工作是相对立的。基于解放旨趣的职前教师教育课程旨在发展师范生的主体意识与批判意识、反思和创造能力以及社会责任感，尊重师范生自主思考、判断和创造的需要。未来教师必须对自己以及所身处的教育生活世界有更多觉知，能够质疑、挑战习以为常的教育教学行为。只有如此，师范生的内在动力及创造力才能得以释放。师范生只有将教学当作一种生活，才能在工作中获得意义与精神自由，进而形成自主与责任心。[5]由此可见，解放旨趣为消解职前教师教育课程的工具理性与技术主义的逻辑与机制提供了思路。概言之，只有将解放旨趣作为重构我国职前

---

[1] 尤尔根·哈贝马斯. 交往行为理论（第1卷）——行为合理性与社会合理化. 曹卫东，译. 上海：上海人民出版社，2004：35.
[2] 尤尔根·哈贝马斯. 认识与兴趣. 郭官义，李黎，译. 上海：学林出版社，1999：201.
[3] 张华. 论教师发展的本质与价值取向. 教育发展研究，2014（22）：16-24.
[4] 张华. 论教师发展的本质与价值取向. 教育发展研究，2014（22）：16-24.
[5] 张华. 论教师发展的本质与价值取向. 教育发展研究，2014（22）：16-24.

教师教育课程的根本性旨趣，职前教师教育课程才有可能突破以往固有的、程序化、技术化的规约，课程计划才有可能不再仅是抽象化、结构化、符号化科学概念的集合，而是具有生成和创造的鲜活秉性。

具体而言，基于解放旨趣的职前教师教育课程不仅关注师范生知识的掌握、操作性技能的获得等"冰山"之上的显性方面，而且更加关注师范生的信念、情感、意识觉醒、价值以及反思性实践能力等"冰山"之下的隐性方面。在教师发展的冰山图中，浮在水面上的不过是"冰山"的一角，而隐藏在"冰山"之下的才是支撑力量，二者作为一个整体是相辅相成，不可分离的。因此，本书强调解放旨趣，并不是否定和排斥师范生知识和技能的获得，而是在知识和技能获得的基础上建立一种更高的追求和价值关怀，将师范生从异化了的固定性知识和程序化技能的钳制中"解放"出来。解放旨趣为我们重构职前教师教育课程提供了一种更为深刻的视角，从而帮助我们更为全面和具有前瞻性地理解和促进师范生的成长。为了研究的需要，本书将遵循已有的课程研究范例，从课程目标、内容以及实施与评价等领域来探讨解放旨趣下职前教师教育课程的内在理路。

首先，在解放旨趣下，师范生的成长不能理解为知识、技能的线性积累，而是其作为人的自由与觉醒。职前教师教育课程目标不再指向于培养教书匠、技术工人或模仿者，而是指向于更高的追求和理想愿景，即作为诗意栖居者的"觉醒者"、作为返乡陌生人的"研究者"，以及作为转化性知识分子的"引领者"，旨在发掘、激发和唤醒师范生生命内在的创造潜能与使命意识，使师范生在专业发展中获得精神沟通与意义共享。

其次，在解放旨趣下，职前教师教育课程内容并非仅包括书本上的静态知识和固定的技能训练等，还包括伦理的、情感的、态度以及审美的等内容，这些内容贯穿于教学情境（大学课堂）、日常生活情境以及教育实习情境（中小学教育教学）之中。因此，职前教师教育课程内容将生成性思维方式作为建构理论和有效实施的逻辑，通过与教师生活世界建立联系，来提升师范生的专业自觉意识、反思能力和决断能力。值得注意的是，基于解放旨趣的职前教师教育课程内容并不是只让师范生学习他们想学的东西，也不是只有当学生想学的时候才让他们学习，而是提供广泛的课程内容并最大限度地鼓励师范生以参与和创造的方式来呈现和处理这些内容，并在设计职前教师教育课程内容时就考虑如何鼓励师范生提问、表达自己、形成和再形成自身与外界及其自身之间的意义联系。

最后，在解放旨趣下，职前教师教育课程的实施与评价要摆脱将师范生视为一门学科和一套教授技能的被动接受者的观念以及相应的训练体系。澳大利亚的雪莉·格伦迪（Grundy，S.）教授曾将课程研究与哈贝马斯的认识旨趣理论相联系，从"技术""实践""解放"三个维度对课程进行重新理解，即"课程作为产品""课程作为实践""课程作为反思性实践"[1]。在解放旨趣下，职前教师教育课程更多被视为一种反思性实践活动。师范生的学习不再是对确定性知识的接受、记忆和储存，更多的是对话和交往、转化与创生等。职前教师教育课程评价也将改变以往那种固有的标准化评价，而将其视为一种"鉴赏"、"解释"和"存在"。

第二节 基于解放旨趣职前教师教育课程的理论支撑

将解放旨趣作为职前教师教育课程重构的价值关照，并非凭空产生的。本节主要从个体与解放、教育与解放、课程与解放、教师与解放等层面阐述将解放旨趣作为职前教师教育课程的价值选择的理论支撑。基于这四个层面，分别可以从马克思的人的解放思想、保罗·弗莱雷（Freire，P.）的解放教育思想、威廉·派纳（Pinar，W.）的存在经验课程思想、亨利·吉鲁（Giroux，H. A.）的转化性知识分子思想中获得启发。这些理论或思想之间在某种程度上具有内在一致性，能够为解放旨趣下的职前教师教育课程提供前提性的理论依据。

一、个体与解放：马克思的人的解放思想

作为人类思想史上的集大成者，马克思穷其毕生的精力致力于探索和实现人的解放道路。关于人的解放思想一直都是马克思思想体系的立足点和核心组成部分。马克思认为，自资本主义制度确立以来，生产力相比过去获得迅猛发展，但同时，不仅广大无产阶级没有获得解放，就连资本家本身也沦为了资本的"奴隶"。资本主义虽然在一定程度上解放了生产力，却没有解放人，反而使人处于了一种被异化的状态。因此，如何探索出一条摆脱奴役和束缚，而达到人类解放的正确道路，成为他一生的价值追求。

（一）人的本质是"有意识的类存在物"

人的问题，即人及其思维与外界的关系，这是哲学中最为核心的问题。人的本质问题被路德维希·费尔巴哈（Feuerbach，L.）视为哲学中最高的问题。因为人的本质问题是人最深层次的自我意识，是反映人类生存的终

---

[1] 李宝庆. 协商课程研究. 西南大学博士学位论文, 2006: 81.

极奥秘。对人的本质的理解是马克思的人的解放思想的前提和基础。基于对全人类彻底解放和全面发展的价值关怀，马克思对人的本质进行了执着的探索。马克思认为，人作为自然界生物圈中的一部分，和动物一样都具有自然属性。但是，正如他在《1844年经济学哲学手稿》中所言："人类这种特殊的动物类与其他的动物类有着根本的区别，人是有意识的类存在物。"[1]动物不能够将自己与自己的生命活动区分开，而人作为主体，不仅能够将外部世界作为对象，而且能够将自己的生命活动作为自己的意识和对象。[2]因此，人是有意识的类存在物，只有人，才能够创造对象世界。人作为类存在物具有以下特点。

1. 自由性

人是有意识的存在物，人能够将自己的类作为自己的对象和本质对待。因此，作为活动的主体，人的自由性表现为围绕目的性进行自我决定、自我创造和自我实现，是一种自觉、自为、自主的状态。[3]如果人在实践活动中的自由选择权被剥夺或被维持肉体生活的需要所束缚，那么人的生命活动就缺失了意义性，如同动物一般。

2. 创造性

马克思认为，人虽然具有自然属性，但是同时也具有超自然性，是具有自我创造性的存在。人作为实践主体的核心就在于人有目的和有意识的创造性，没有预先规定的固体本质，这与动物简单、机械和重复地满足肉体生存需要的本能活动绝非一样。并且，人的实践活动具有内在动力和内在超越性，能够从本能中迸发出更为广阔的空间。人可以通过使用自己的"本质的力量"去重新创造一个外在的、对象性的意义世界，同时也就创造了自身的本质。因此，人的本质是自我创生的，在实践中不断地超越原有的自我，实现新的自我的存在。[4]

3. 社会性

马克思认为，社会性是人自由自觉的意识性和创造性存在的基础。马克思在《关于费尔巴哈的提纲》中指出："人的本质并不是单个人所固有

---

① 马克思.1844年经济学哲学手稿.中共中央马克思恩格斯列宁斯大林著作编译局，译.北京：人民出版社，1985：53.
② 马克思恩格斯全集（第42卷）.中共中央马克思恩格斯列宁斯大林著作编译局，译.北京：人民出版社，1979：96.
③ 袁贵仁.对人的哲学理解.郑州：河南人民出版社，1994：546.
④ 张奎良.人的本质：马克思对哲学最高问题的回应.北京大学学报（哲学社会科学版），2015（5）：5-17.

的抽象物。在其现实性上,它是一切社会关系的总和。"①马克思所讲的"个人"不是"孤立的个人",而是"社会中的人";不是"某一个人",而是"每一个人"。②他认为,人的本质是社会关系的总和,人只有在社会中,才能感觉到自己活动的意义所在。

4. 开放性

人的类本质既不是前定的,也不是凝固不变的,而是一种超越现实的理想和追求。人的类本质决定了人总是在不断地自我否定与自我实现中迈进。因此,原有理想的实现,并不是人发展的终点,而是新的起点。

(二)指向于个人的全面发展

马克思的人的解放思想的终极目标并不是"解放"或"自由",而是指向于每一个个人的全面发展。马克思通过对人类本质的思考,用生活与生存来区别人与动物生命活动的不同,认为人不仅仅要依据"物"的尺度,而且要依据"人"的尺度。③然而,"异化劳动"却将这种关系颠倒了,以至于生命活动仅仅成为维持自己生存的手段,人被对象所奴役和占有。④马克思正是基于人被"异化"和"非人化"的现实观照,才针对人发展的片面性、工具性和有限性提出了人的全面发展理想。人的发展应当是全面、自由的和充分的,不仅涵盖体脑劳动的结合和技术的熟练,更涵盖感情意志、审美及社会关系等多个维度和领域。⑤如果这些方面缺失了,即使物质生产领域得到充分发展,那人也不过是"片面"和"抽象"的人。但是,马克思所主张的全面发展并不是面面俱到或无所不能,而是指向于个人能力的多方面发展,从而造就具有丰富个性的人,即"完整的人"。

人的全面发展主要涵盖了以下几方面的意蕴:①个人个性的独立化与多元化,也就是个人在实践活动中表现出来的独特性、自觉性、自主性和创造性。正如马克思所言,个性得到发展的人是一种靠"自己的双脚站立"和前进的"独立存在物"⑥,不再"屈从于物的力量",摆脱了偶然性的束

---

① 转引自:马克思恩格斯选集(第 1 卷). 中共中央马克思恩格斯列宁斯大林著作编译局,编译. 北京:人民出版社,1995:54.
② 袁贵仁. 对人的哲学理解. 郑州:河南人民出版社,1994:546.
③ 孙正聿. 人的全面发展与当代中国人的解放的旨趣、历程和尺度——关于马克思人的全面发展学说的思考. 学术月刊,2002(1):5-8.
④ 马克思恩格斯全集(第 42 卷). 中共中央马克思恩格斯列宁斯大林著作编译局,译. 北京:人民出版社,1979:91.
⑤ 顾相伟. 马克思人的全面发展思想的当代价值研究. 上海师范大学博士学位论文,2010:27.
⑥ 马克思恩格斯全集(第 42 卷). 中共中央马克思恩格斯列宁斯大林著作编译局,译. 北京:人民出版社,1979:129-130.

缚，不会因为"人"和"物"而失去自己的人格与个性。马克思认为，人的个性发展得越充分，人的独立性、自主性、自觉性和创造性就越强，从而社会化程度也就越高。[1]②个人交往的普遍化和人性化，也就是要消除人与人之间冷漠的、赤裸裸的金钱、价值交换和物的关系，相互之间是一种彼此独立而又相互关爱的和谐关系，实现交往目的的人性化。人与人之间应涵盖物质关系、伦理道德、思想文化、政治法律等全面丰富的关系，从而产生多样化的需求。[2]③个人需求的多样化和高层次化，也就是克服有限意义的"占有""拥有"，从货币、资本以及各种物的束缚和压制中解放出来，实现"真正人的需要"。马克思认为，"真正人的需要"除了应包括物质需要外，还应包括精神、自我实现与超越以及美等层面的需要。[3]④个人能力的全面化和社会化，也就是个人生产力的全面发展，即实现个人的自主活动。

（三）启示

现代化带来了巨大的物质成就，同时伴随而来的却是"人的危机"，人陷入了新的枷锁之中，即对技术主义和工具理性的崇拜，正如马克思所言的，"被机器所统治"正在各个领域蔓延。马克思关于人的解放思想不仅在于要推翻上帝、神以及各式各样的概念、观念对人的统治，更在于解除束缚，以及奴役人的现实的、具体的物和物的关系，从而将个人从物化的束缚中解放出来，真正将社会变成"为人"的生活场所。马克思的这一理论深刻地洞察到了人的解放的根本与核心，揭示了当代人"解放"的基本问题。在现代性的背景下，职前教师教育课程中也充斥着各种确定性知识和程序性技能，在追求功利和效率中，师范生被"异化"，造成了师范生意义世界的丧失、精神世界的物化。课程评价往往将对知识和技能的占有看作衡量师范生价值的最高尺度。马克思关于人的类本质理论，为理解人的真实生成本源以及人类的存在和发展提供了真实基础。职前教师教育课程作为培养人的活动，且其培养对象还是"未来将要培养人"的人，所以，我们必须从人的发展本质出发来研究它才更为深刻。职前教师教育课程应将师范生作为一个"完整的人"，将其从确定性知识和程序性技能的

---

① 转引自：顾相伟. 马克思人的全面发展思想的当代价值研究. 上海师范大学博士学位论文，2010：27.
② 代俊兰. 马克思人类解放理论及当代价值. 南开大学博士学位论文，2010：155.
③ 马克思恩格斯全集（第3卷）. 中共中央马克思恩格斯列宁斯大林著作编译局，译. 北京：人民出版社，2002：341.

"异化"中解放出来，激活师范生作为"人"的独立性、自主性、自觉性和创造性。

二、教育与解放：保罗·弗莱雷的解放教育思想

作为一名致力于被压迫者教育的先行者，著名的批判教育学家保罗·弗莱雷因其对话教育和文化行动理论等建构起的解放教育思想著称于世。多年以来，他的教育思想不仅对第三世界国家的教育理论和实践的发展产生了巨大的影响，而且也影响着许多发达国家的教育及社会理论的发展。他的思想体系涉及教育本质、教育目的、教学理论及方法等，其教育哲学和所从事的教育改革，都围绕着解放教育来展开，都包含着一个终极目的和终极关怀，那就是人的解放。

（一）教育中充满了压迫

在长期的教育摸索中，弗莱雷领悟到教育具有独特的性质，即教育并非中立的，教育无法在真空中展开。[①]无论是正式的教育或是非正式的教育，都是建立在过去的基础之上的，并受到现存社会结构以及诸种关系的冲击。

弗莱雷认为，文化是社会中人们的行为结果，是人们给予这个世界和社会的附加物。他对社会文化进行了深刻的分析和解剖后认为，在压迫社会里，有权者的利益及其文化成为社会的主导，而人们在这种文化结构中往往处于被压迫的地位，只能被迫接受已有文化的驯化。因此，受压迫者的无知和倦怠是整个现存社会的、政治的和经济的情境的产物。压迫者将教育系统作为工具来维持被压迫者的沉默文化，实施的教育也是一种"驯化式教育"（domesticating education）。弗莱雷指出，不是学校建立了社会，而是社会为了统治阶级的利益建立了学校，学校的主要功能是再造统治阶级的思想意识，统治阶级要求学校按照他们的规定来办学，培养出他们需要的各种人才。[②]

由此，不是教育把社会引向理想的状态，而是社会通过它自己的标准形成了它自身，并且利用教育将人塑造成与社会价值观相一致，即这种教育将人"物化"了，目的是将人们规训成与现存社会制度和文化相一致的社会成员。在这种驯化式教育中，教师的作用在于将经过压迫者认可、筛选的固定知识传授给学生，即教师的职责在于将规范世界装进学生的大脑，

[①] 黄志成. 试论弗莱雷解放教育理论的现实意义. 外国教育研究，2003（7）：1-6.
[②] 李贤智. 论弗莱雷的解放教育学说. 湖北大学学报（哲学社会科学版），2011（4）：104-107.

而学生被看成是客体，是被动的知识接受者，被要求具有极大的忍耐力来学习与他们生活毫不相关的东西。①教学过程主要通过讲解来完成，教师是讲解主体的知识传授者；学生是被动倾听的知识接受者；所讲解的知识是空洞的，是脱离了现实生活经验并令人厌弃的唠叨。如此一来，学生仅仅是死记硬背知识内容，根本不知道他们所学知识的真正意义，似乎成为教师灌输知识的"储存器"。②"灌输式"的教育概念（"banking" concept of education）是一种将人当成"物"的教育，知识变成由那些自认为有知识的人给予那些没有知识的人的礼物，既否定了学生有批判思考的潜能，也否定了教育和知识是探究的历程。弗莱雷对压迫式教学的特点做了详细的描绘③：

> 教师教，学生被教；
> 教师无所不知，学生一无所知；
> 教师思考，学生被考虑；
> 教师讲，学生听——温顺地听；
> 教师制定纪律，学生遵守纪律；
> 教师做出选择并将自己的选择强加于学生，学生唯命是从；
> 教师选择学习内容，学生适应学习内容；
> 教师把专业权威与知识权威混为一谈；
> 教师是学习过程的主体，而学生只是纯粹的客体。

驯化式教育中充满了压迫。教师与被压迫者一样，是处于现存社会、制度、文化规范下的现实中的人，但他们又是内化了压迫者意识的压迫者，往往代表统治阶级的意志，成为向学生施加压力的代言人。弗莱雷认为，这种教育禁锢了人们的思想，束缚了人们的创造性。压迫者利用他们这种"人道精神"来维持有利可图的地位，其兴趣在于改变被压迫者的意识。④因此，弗莱雷提出要用解放教育的思想来批判驯化式教育，使人们能够从现存的社会文化和教育结构的束缚中解放出来。

---

① 黄志成，赵珩，杨丽华，等. 保罗·弗莱雷的解放教育理论——弗莱雷教育理论与实践研究之三. 全球教育展望，1997（5）：43-50.
② 于向阳. 保罗·弗莱雷的教育思想评述. 华东师范大学学报（教育科学版），1995（3）：51-60.
③ 黄志成. 被压迫者的教育学——弗莱雷解放教育理论与实践. 北京：人民教育出版社，2003：92.
④ 曹惠容. 保罗·弗莱雷的教育思想. 外国教育研究，2003（8）：5-8.

（二）教育的终极目的是"解放"

解放教育是弗莱雷将其作为被压迫者教育的对立面而提出来的。解放教育的目的就是要将教师和学生从"驯化式教育"或"灌输式教育"的教学模式中解放出来。弗莱雷的解放教育思想是建立在对人的价值的高度肯定上的，指向的是人性关系的重建和人性的复苏与还原，关注的是人自身的解放。正如他所言："从价值论的视角来看，人性化问题一直是人类的中心问题，现在它更是具有难逃世人关注的性质。"[①]人的本体使命就是能够看清他们自己和他们的生活世界，并成为改造世界的主体，而且这样做有可能进一步带来崭新的、更完整、更丰富的集体和个体生活，这是解放教育思想所依据的基本理念。

作为一种有目的、有意识地培养人的社会活动，"教育在本质上是道德的养成"[②]。关注人性化，追求完美、健康的人性毫无疑问应该是教育研究关注的基本价值，也是教育实践追求的永恒目标。因此，弗莱雷在《被压迫者教育学》（Pedagogy of the Oppressed）一书的开篇就提出了人的使命问题——人性化（humanization）。然而，非人性化作为人性化的对立面，一直存在于历史和现实之中。因此，"意识觉醒"构成了弗莱雷教育思想的主线，并且在他的著作中多次论述这个基本概念。所谓意识觉醒，即人们不仅是被动的接受者，更是认识主体，旨在获得认识他们生活的社会文化现实和转变这种现实的能力的一种深层意识。[③]解放教育的主要任务为揭示与批判。批判是人们揭示社会存在，以及化解压迫者和被压迫者之间矛盾的手段。弗莱雷认为，"批判地阅读世界是其不可缺少的部分"，并将批判意识分为了三个阶段，即无转变思想（intransitive thought）阶段、半转变思想（semi-transitive thought）阶段和批判性转变（critical-transitivity）阶段。[④]因此，解放教育旨在唤醒被压迫者的意识，使被压迫者认识到自身被压迫的现实并反省自身的"依附"态度，从而挣脱枷锁，实现解放。[⑤]弗莱雷将教育视为一种工具和手段，并与当时他所处的社会现实联系起来，认为教育的首要任务在于唤醒并形成师生的主体觉醒和批判意识。若教师对现实问题视而不见，往往导致学生也对社会议题的知觉和行动能力的缺失，从而失去自身的权能。基于此，他认为，中立的"沉默文化"其实就

[①] 保罗·弗莱雷. 被压迫者教育学. 顾建新等，译. 上海：华东师范大学出版社，2001：1.
[②] Freire P. Pedagogy of Freedom. Lanham: Rowman and Littlefield, 1998: 39.
[③] 于向阳. 保罗·弗莱雷的教育思想评述. 华东师范大学学报（教育科学版），1995（3）：51-60.
[④] 保罗·弗莱雷. 被压迫者教育学. 顾建新等，译. 上海：华东师范大学出版社，2001：78.
[⑤] 保罗·弗莱雷. 被压迫者教育学. 顾建新等，译. 上海：华东师范大学出版社，2001：1-2.

是驯化式教育的表现。

（三）解放教育实现的途径是对话式教学

鉴于在"灌输式教育"的过程中，学生仅仅是温顺的被动接受者，并长期处于一种依附状态，且创造力和思考力逐渐僵化，弗莱雷提倡"提问式"或"对话式"教学。学习者是教学的主动参与者，在提问与对话的过程中修正自己对生活经验的理解和认识，并产生新的知识，构建属于自己的知识，而不是记忆、熟练既有的知识或接受教师的知识。"对话"是弗莱雷解放教育思想的核心，被视为实现追求自由、解放等目标的精髓，是教育活动中最有效的方法。他认为，"一个人无论多么的'无知'，都能够通过与他人对话的方式批判性地看待世界"[1]。

解放教育的特色在于强调师生间自由、平等的对话，彰显人类存在的世界，达到人性的创造。这里的"对话"与我们日常所说的对话的含义并不是等同的，而是一种"意识间性"的关系，蕴藏批判性思维和行动。真正的"对话"是反思与行动两个基本要素的相互作用和结合。二者缺一不可，一方面，失去行动的对话只会变成废话、空话，无法实现对现实的改造；另一方面，失去反思的行动就会变成盲目的行动主义，反而会阻碍对话，不能实现真正的对话。[2]对话式教学把人们目前的处境作为问题提出来，让人们意识到自己是不完美的，以获得对现实的批判性理解。在一种合作、对话与交流的过程中改善自己，意识到人是立足于"此时此地"的。人要把这些现实当作认知对象，去反思自己及自己的世界观，并将之运用于实践，改造现实中的障碍与限制。弗莱雷认为提问是对话的关键，"真正投身于解放的人必须彻底摒弃灌输式教育，倡导提问式教育"[3]。因为只有在这种教育模式中，师生才能相互交流、对话，彼此共同成长，教师不应该只是知识的传递者，更应该是问题的提出者，应该不断地揭示现实，而不是抑制学生的创造力。问题的提出就意味着对现实批判的开始。因此，提问实质上就是批判性思维的表现与运用。解放教育中的"对话"本身不是目的，而是一种理解客体知识的手段。弗莱雷认为，"对话"是通过主体间以及主体与客体之间的不断合作来重新命名世界的过程。在这个过程中，主体意识逐渐觉醒，不再是单纯地把客体置于自身之外，而是将认识

---

[1] 曹惠容. 保罗·弗莱雷的教育思想. 外国教育研究，2003（8）：5-8.
[2] 黄志成，王俊. 弗莱雷的"对话式教学"述评. 全球教育展望，2001（6）：57-60.
[3] 黄志成，赵珩，杨丽华，等. 保罗·弗莱雷的解放教育理论——弗莱雷教育理论与实践研究之三. 全球教育展望，1997（5）：43-50.

世界和改造世界作为自我存在的一种永恒追求。①

（四）启示

弗莱雷的解放教育思想是在 20 世纪中期巴西特殊的社会和时代背景下产生的，带有明显的激进、革命和反主流的特征，因此，不可避免地具有一定的时代局限性。但是，其关于教育即解放、人性解放以及对话教学的一些思想对我国的教育改革仍具有一定的启发意义，特别是他对教育的一些理解，诸如教育不应被简化为一种机械式、固定化的知识传递，学习不应被简化为对大量信息和技巧的记忆，学生不应被简化为沉默的被动者，等等。的确，当学校一旦成为枯燥知识的传递系统后，教育便会缺乏生机和活力。因此，教育就应该是"促进每个人的全面发展，即身心、智力、敏感性、审美意识、个人责任感、精神价值等方面的发展"②。另外，弗莱雷倡导师生对话、培养创造力、注重学生生活经验、提倡培养批判意识、强调原生主题等的课程观。这种课程观要求课程内容的选择和设置要注重师生主体的参与、科学探究以及联系社会现实；课程实施以师生间对话和学生对知识的批判吸收为主。这些思想对职前教师教育课程的建构也具有一定的参考价值。职前教师教育课程作为培养未来教师的标志性课程，对认识和理解教育本质至关重要，直接影响培养什么样教师的核心命题。基于弗莱雷的解放教育思想，教师应该有更高的追求，而不应该只为保住自己的饭碗而工作；教师必须批判地检视自己对知识、人性和社会的观点，是如何通过不自觉的假定，带进自己的教育教学生活之中的；教师扮演的角色不再仅仅是知识的单向提供者，而更多的是促进者和协助者，通过对话与交流，师生主体之间产生深层次的碰撞与沟通。另外，弗莱雷的解放教育思想对基于解放旨趣职前教师教育课程的最大启发在于，职前教师教育课程不应该是一种驯化式教育，特别是在当前基础教育改革如火如荼地进行着的背景下，我们培养的未来教师不应仅适应基础教育的需要，更应引领基础教育的改革与发展，以使基础教育回归本真与应然的状态。

三、课程与解放：威廉·派纳的存在经验课程思想

19 世纪末，在实用主义哲学思潮和科学化管理浪潮的影响下，以泰勒为代表的课程理论专家将技能本位取向的课程研究推上了顶峰。课程被视

---

① 蔡文文. 论弗莱雷对话式教学思想及启示. 山东师范大学硕士学位论文，2011：25.
② 联合国教科文组织. 教育——财富蕴藏其中. 联合国教科文组织总部中文科，译. 北京：教育科学出版社，1996：85.

为技术性、程序化的过程，即被简化为"工艺学模式"。无论是博比特、泰勒还是布鲁纳等的课程研究，都是以追求科学化内容为主，带有强烈的科学主义色彩。但是在20世纪50年代末，科学技术的极端发展带来的弊端逐渐凸显，种种社会危机造成了人们生活的不安，人们开始质疑学校教育和课程。特别是20世纪60年代末期，课程研究的科学主义范式受到了以政治、意识形态为特点的文化研究范式的剧烈冲击，研究者认为课程问题不仅仅涉及技术因素，而且涉及政治、经济、文化、伦理等因素。许多学者纷纷呼吁对课程进行概念重建（reconceptualization），诸如德韦恩·休伯纳（Huebner, D.）、麦克唐纳（Macdonald, J. B.）等课程研究专家试图超越传统课程的技术-控制取向，探究课程的本质以及课程实施背后的意义与价值问题。

受休伯纳等的影响，威廉·派纳成为这场课程概念重建运动的主要发言人，课程研究领域开始由课程开发范式走向课程理解范式。派纳严厉地批判了传统的课程范式，认为其最致命的缺点就在于将假设-演绎范式视作真理，从而否认了人的自由意志。在这种观念下，课程体系将以标准化的考试为驱动力，教师和学生的个性都被权威主义所遮蔽，从而处于一种无意识的沉迷状态和被动受控状态。[①]在这样的课程体系中，教师和学生并不是主体，他们的价值判断、自主意识和理智热忱在忙碌的考试和分数计算中"瘫痪"了，"拥有一切知识却迷失了自我"，课堂中的沉思和对话逐渐销声匿迹，教师和学生都变得缺少思想、自主意识和灵魂。正如他所言："我们已经失去了自己的踪迹，许多人迷失在'思想'和诸多概念中。"[②]课程的理论和实践走向了技术化与程序化，盲目地研究"如何有效"，狭隘地追求课程与教学的程序化，教师成了学校这座"工厂"里的"技术工人"，学习则成了结合现代科技而不断开发的"学习技术"。因此，派纳认为亟须重构课程的概念和理论。

受现象学、存在主义和精神分析心理学等三大理论的影响，派纳认为，"在学习历程中促进学生'自我意识觉醒'比客观知识的获得更为重要。学生是意义的负载者，教师应尊重学生的意识及其主体性"[③]。教学应是师生交互作用、共同完成价值创造的过程。由此，他提出了以人的自我意识为核心的"存在经验课程"理念。在胡塞尔的"生活世界"以及萨特（Sartre，

---

① Pinar W F. What is Curriculum Theory? London: Routledge, 2012: 142.
② Pinar W F. What is Curriculum Theory? London: Routledge, 2012: 15.
③ 姜同河，杨道宇. 派纳存在体验课程的理论逻辑及其批判. 外国教育研究，2009（4）：65-68.

J.)的"存在先于本质"等核心观念的影响下,"存在经验课程"非常重视知识的情境性与诠释性,并认为经验在本质上是"创造性"和"开放性"的。知识并非独立于人之外的静态的、隔离式的客体,而是与人的存在意义密不可分的。因此,他认为学校教育应该为教师和学生提供尽可能多的反思、抉择与批判的机会,促使师生在日常生活中通过"思""感""想象"来了解事物和现象,并切实地参与意义世界的建构。[1]

（一）课程即自传文本

派纳对传统课程的概念进行了追根溯源,并使用课程的拉丁文词根"currere"来描述他对课程的理解。他认为,人们对"currere"的理解往往过于狭隘,因为人们只把握了其作为系统性的、计划性的安排等静态工具性的特征,而忽视了其内在隐含的情境、历程、体验以及意义建构等动态内容。课程不只是传递知识的学科或学程,而且是为学生提供知觉、情感、思考、体验等生活经验,促进个体内在经验与外在环境相互作用的意义建构的过程。因此,课程作为一种生活的历程,只能透过个体自身的生命自觉来体验和创造,也就是说,"经验"的学习是在现实生活世界中所想、所感、所思,而并不是被提前预设好的。[2]因此,他认为,课程理论不应该将焦点放在外在的模仿性和技术性活动之上,而应该更加关注内在世界与外在情境的交互活动上。学校存在的根本理由在于引导学生自我意识的觉醒,参与生活世界的意义建构,使个体意识到自己的自由,并为自己的选择和行为承担责任。

派纳在《理解课程》（上）一书中,明确提出了将课程理解为自传文本的概念,贯彻文学、艺术以及人类学等领域的探究精神,并将之内化于自身,将课程理解为政治文本、种族文本、性别文本等,开启了自传文本式的课程研究。在派纳看来,作为自传文本的"课程"是教师和学生将自身的故事、经验、历史、文化、声音等带进教室,共同来寻找现实的意义,并在追溯过去的历史和经验中,想象未来可能的方向;师生共享这种自传的解释,经由共同的再概念觉醒自己的观点和想法,从而更了解自己和他人,更了解社会和世界。[3]自传课程研究者不仅关注探寻个体自我的"存在体验",也关注分析个体自我与外在他者之间"复杂的会话"（complicated conversation）。因此,自传课程所强调的自传研究方法兼具反思自我与理

---

[1] 陈伟,雷欣欣."存在现象学"课程论之课程价值观. 新课程（综合版）,2008（11）:4-6.
[2] 袁桂林. 派纳论"概念重构"和理解课程. 外国教育研究,2003（1）:1-8.
[3] 转引自:欧用生. 课程理论与实践. 台北:学富文化事业有限公司,2006:34-35.

解他者的双重性。自传课程通过描述"传记性情境",将课堂建构成一个真正的"生活世界",使教师和学生能客观地描述其经验;将关注的焦点转向个体的生活经验,返回"事物本身"(the things themselves),体验"前概念的"(pre-conceptual)事物,揭示被遮蔽的内在自我和意义世界。①为此,派纳结合自身的教学经历构建了涵盖四个阶段的自传方法,即回溯(regressive)、前瞻(progressive)、分析(analytical)、综合(synthetical)。其中,"回溯"是指搁置现有的经验,追溯过往的经历;"前瞻"是指展望未来可能的方向,以引导现有经验;"分析"是指揭示当前感受与过去、未来之间的联系;"综合"是指将上述进行意义整合,在行动中实现自我的重建。回溯—前瞻—分析—综合式自传方法虽然是以时间为分析维度的,但它却是一个复杂的、交叉的循环过程。

意识形态取向的课程研究者,如阿普尔(Apple, M.)认为,"自传课程陷入了唯我论和自我中心的泥沼,忽视了对社会问题的关注与批判性的质疑"②。针对这样的质疑,派纳进行了澄清,指出对社会的反思与批判必须是基于对个体自我的分析之上的,不能将"个体自我"当成脱离历史与现实的抽象个人。因此,作为自传文本的课程必然会涉及政治、经济、社会、性别等维度的改变。正如派纳所言:"我不像阿普尔等人对意识形态的批判那样尖锐,但我除了重视扭曲的自我理解(distorted self-understanding)经由教育走向自我意识觉醒和生活世界重建的过程之外,也对从外加的束缚和不幸中力求解脱加以肯定。"③事实上,自传课程涵盖了政治、经济、性别、理智等多个维度,并且每个维度都会在个体自我的日常生活中得以体验和实现。因此,派纳构建了一种由诸多主体、主体性构成的主体课程观,而不仅仅是由传统的诸多科目构成。另外,课程的实施过程实质上就是一个主体性生活体验和建构自我的过程。派纳认为,"自传即自我的建构,建构一个当我们在说话与倾听、阅读与写作时创造与体现着的自我"④。

(二)课程的目的在于个体的解放

派纳的课程思想以个体意识的自主性为根基,通过"相互主体性"的沟通方式,建构生活世界的意义。因此,自传课程的目的就在于凸显个体

---

① 张华. 美国当代"存在现象学"课程理论初探. 全球教育展望, 1997(5):9-14.
② 转引自:冯加渔. 自传课程研究. 华东师范大学博士学位论文, 2015:78.
③ 转引自:袁桂林. 派纳论"概念重构"和"理解课程". 外国教育研究, 2003(1):1-8.
④ Pinar W F. Autobiography, Politics and Sexuality. New York: Peter Lang Publishing, 1994:220.

的自主与自觉意识,通过自我研究发展自我意识、独立人格和精神自由,从而摆脱科学理性的束缚。其理论基点和主线是主体的自我理解和自我生成,通过对自我的不断反思、觉醒与重构,走向个体的自主、自由与解放。派纳认为,"个体的解放"就是通过对个体生活经验的解释,提升个体的内在价值与自我意识,从而将个体从无意识中、他人的对象化中及现实的束缚中解放出来,最终将人的真谛——主体性解放出来。派纳还指出,"个体的解放"不是一种静态的结果,也没有绝对意义上的完全解放了的个人、制度或国家,解放是相对的。总之,解放是从政治、经济和心理的不平等中将自我和他人解放出来的过程,它的实现具有不同的等级和暂存性,是一个永恒追求的过程。派纳在《课程理论化中的抽象与具体》一文中也明确阐明了"自传课程"的解放旨趣。他非常赞同弗洛伊德在了解经济根源和本来面貌时所采用的"深度解释法",并认为课程研究也可以从中获得启示。课程也应该将抽象概念放置于个体的生活体验情境之中,试图通过恢复直接的个体经验、个体对自我和世界的体验感觉,从而寻求个体的解放。[1]

(三) 启示

从派纳对课程的重新理解中,我们可以看出,其课程思想本身就蕴含着一定的解放旨趣的意味,为基于解放旨趣的职前教师教育课程的重构也提供了理解课程的思路和方向。他倡导的"课程理解范式"试图将教育从"唯科学主义"的樊篱中解放出来,走出过去深陷的工具价值的泥潭,凸显被遮蔽的主体意识,构建一种主体性的教育理念。这也就意味着,教育应该通过教师与学生之间持续的共享、体验,来提升个体自我的主体性。这种课程范式触及了教育最为根本的内在价值,毫无疑问地对未来教师提出了更高的要求,也对教师教育提出了更高的要求。在西方,"课程范式转换"早已波及职前教师教育课程,派纳曾指出:"现在对教师教育课程的概念重建在理论上已经具备了条件。"[2]另外,在《教师教育的概念重建》中,派纳从历史、政治、性别、种族等理论视角解读了霍姆斯小组的三个建议,即"减少教育中的本科专业、重建教师教育的科目和把教师教育项

---

[1] 转引自:冯加渔.自传课程研究.华东师范大学博士学位论文,2015:132.
[2] 威廉·派纳.自传、政治与性别:1972—1992课程理论论文集.陈雨亭,王红宇,译.北京:教育科学出版社,2007:15.

目与中小学学校相联系"[1]。在此基础上，该研究描述了"概念重建主义"的教师教育项目一个可能的发展方向。当前，师范生课程学习参与水平较低、课程设置的学科中心等问题在我国职前教师教育课程中普遍存在，之所以存在这些问题，在某种程度上还要归结于课程范式的陈旧。在我国基础教育课程范式逐渐发生转变的背景下，职前教师教育课程却仍然处于一种传统的课程开发范式。有研究者早就提出我国职前教师教育课程也亟须转换范式，即从"课程开发范式"向"课程理解范式"转换。[2]在课程开发范式中，职前教师教育课程以一种制度文本的形式展现，如培养计划、课程标准、教学大纲、学习计划等。这种开发模式难以保证未来教师有足够的参与课程的热情，难以培养自觉的教师。课程理解范式下的职前教师教育课程，能够促使教师教育者把自身关于教育教学生活的体验、感悟汇集成为生动、鲜活的课程故事，与师范生开展元对话，从而使师范生不断获得一种启蒙与解放的内在力量。

四、教师与解放：亨利·吉鲁的转化性知识分子思想

20世纪中期，美国社会政治运动的异常蓬勃，使人们逐渐意识到社会现实的压迫性，并开始普遍抵抗这种压迫性。教育的本质在这种环境下被学生的抗议运动政治化，人们开始将焦点转向作为权力发生作用的主渠道的教育领域，在教育领域掀起了一阵"卡崔娜"（Katrina）飓风，这对教育的思维范式和实践变革产生了剧烈的影响。亨利·吉鲁成为批判主义教育的领军人物，其激进的批判教育思想席卷了整个教育学界。吉鲁的批判教育思想主要受到麦克·扬（Young, M.）、皮埃尔·布迪厄（Bourdieu, P.）、齐格蒙特·鲍曼（Bauman, Z.）、巴兹尔·伯恩斯坦（Bernstein, B.）以及保罗·弗莱雷等的影响，他写道："弗莱雷的乌托邦思想是教育中理论和抵抗的基础，是我早期批判教育理论产生的渊源。"[3]他的批判教育思想主要基于政治和文化等维度，通过对教育根本性问题的探究来重新审视教育的目的和意义。他的批判教育思想将教育视为公民的、政治的、伦理的深度实践。因此，他提出教师应承担起公共知识分子的使命与责任，

---

[1] 转引自：威廉·派纳. 自传、政治与性别：1972—1992 课程理论论文集. 陈雨亭，王红宇，译. 北京：教育科学出版社，2007：15.

[2] 王加强. 从"制度文本"到"传记文本"：教师教育课程的范式转换. 教师教育研究，2012(6)：46-51.

[3] Giroux H A. Public pedagogy and the politics of resistance: Notes on a critical theory of educational struggle. Educational Philosophy and Theory, 2003(1): 12-17.

致力于学生"权能"与批判性思维的发展,从而重建学校培养具有批判精神公民的职责,以建构一个更加民主、公正的社会。吉鲁主张要对教师赋权,以使其扮演社会解放者的角色,其关于"教师作为转化性知识分子"的论点独树一帜,对我们理解教师的当代使命具有重要价值。

(一)教师作为转化性知识分子

安东尼奥·葛兰西(Gramsci, A.)认为,"知识分子不只是有学问的人,或者思想的创造者与传播者;知识分子还应该是思想和社会实践的仲裁者、授权者和创造者;他们发挥着一种在本质上具有显著政治性的功能"[1]。吉鲁关于知识分子的认识深受其影响,根据知识分子的内涵,他将知识分子分为批判性知识分子(critical intellectuals)、顺应性知识分子(accommodating intellectuals)、霸权性知识分子(hegemonic intellectuals)以及转化性知识分子(transformative intellectuals)。[2]其中,批判性知识分子将批判社会的不公作为专业地位和知识分子的一部分,但拒绝进行抗争。他们自身不归属于任何特定的社会团体,摆出一种非政治性的态度,从而在社会中处于自由状态。吉鲁认为这类知识分子虽然具有批判意识,却未将其转化为真实的社会行动。顺应性知识分子往往以专业精神或科学客观为由,远离和消极应对各种社会、政治和经济的纷争,保持中立的态度。吉鲁认为这类知识分子不可避免地要介入社会现实中间,往往不自觉地成为现实情况的支持者,扮演着投机者的角色。霸权性知识分子伪装在客观主义或学术光环之下,往往以知识的权威者和仲裁者的角色出现。吉鲁认为这类知识分子屈从于权势,为了自身的权益而寄生于支配集团,往往成为支配集团的"共犯",遗忘了社会正义和人类解放的重任。转化性知识分子强调对社会公平、正义、自由等议题进行对话和反思,引领价值观念,调整社会结构,为实现和建立美好的未来社会而奋斗。吉鲁认为这类知识分子将理念与行动进行了有效的结合,担当着对现实社会的道德规范、意义模式、生活方式等内容的反思与批判、阐释与建构的使命。[3]

吉鲁从文化学的角度出发,将教师定位于"文化工作者",并十分敏

---

[1] 转引自:亨利·A. 吉鲁. 教师作为知识分子:迈向批判教育学. 朱红文,译. 北京:教育科学出版社,2008:180.
[2] Aronowitz S, Giroux H A . Education Still under Siege. Town of Westport: Greenwood Press, 1993: 45-49.
[3] 胡春光. 教师角色:从吉鲁的批判教育学中反思. 华中师范大学学报(人文社会科学版),2008(6):121-126.

锐地捕捉到了教师在民主社会中所应扮演的角色,即转化性知识分子。[①]吉鲁反对把教育目的定位于培养工厂技术工人或工业化的推动者以及西方文明的传递者,而是主张教育的终极目的是培养具有批判精神的公民。正如他所言:"对批判性能力的学习是为了扩大人类代理的可能性和恢复教师作为转化性知识分子的角色,而不是作为尽职尽责的技师或者是企业的寄生虫。"[②]因此,他将学校教育的内在本质归属于一种政治和伦理性的深度实践。[③]学校并不仅仅是单一的教学场地,而且是发展学生不同生活方式和意义建构的地方,在此能够推动社会能动者的知识、身份、感情投入和社会关系。因此,学校必须进行批判性的教育,并与批判的行为建立联系,实现实质性的民主。

吉鲁在《教师作为知识分子:迈向批判教育学》中认为,学校场域是一个多元民主的公共场所,教师不仅应定位在知识分子上,而且应定位在转化性知识分子上,引导学生学会发出自己真切的声音,创造属于自身独特的历史,使学生成为主动及具有公民勇气的行动者[④],即把学生培养成积极的、具有反思批判精神的公民,而不仅仅是拥有技能的劳动者或工人。这就意味着教师不仅要关心学生传统学业成就的增权形式,而且要将教学与增权相结合,培养学生的自我反思与批判精神以及建构民主社会的能力。那么,在这种学校场域中,教师就不仅应该是具有专业训练或能够完成课程教学专家设定好的目标的执行者,更应该是一个解放者和具备反思务实能力的自由者,从而致力于发展学生的批判精神和能力。因此,教师有责任思考,我们教的是什么?如何去教?教学追求的目标是什么?特别是要将民主的价值理念渗透到教学活动之中,不仅要深刻洞悉教育目的的意识形态性质、学校文化的制度特性,还要了解潜藏于课程深层结构中的价值,如种族、阶级、性别等意识形态是如何得以传递的。[⑤]如果教师失去了这些思考、反省的意识和能力,那么教师将是既定教学内容与教学程序的执行者,是没有悟性的实践者,教学也就由此变成了例行公事。

---

① 亨利・A. 吉鲁. 教师作为知识分子:迈向批判教育学. 朱红文,译. 北京:教育科学出版社,2008:17.
② Giroux H A. Public pedagogy and the politics of resistance: Notes on a critical theory of educational struggle. Educational Philosophy and Theory, 2003(1): 12-17.
③ 周险峰. 文化政治:批判教育理论视域中的教师教育. 教师教育研究,2009(4):13-17,26.
④ 胡春光. 教师角色:从吉鲁的批判教育学中反思. 华中师范大学学报(人文社会科学版),2008(6):121-126.
⑤ 靳玉乐. 教师作为转型的知识分子. 今日教育,2005(1):14-15.

因此，吉鲁反对仅从单一的专业发展视角来审视教师的角色，认为还应该将其纳入更为广泛的社会实践和公共斗争等社会背景中。吉鲁心中理想的教师角色，不仅要具有教育家的素养和情怀，还要具有政治家的胸怀与视野；不仅要具有传播、创造知识的能力，还要具有批判社会现实的能力。作为转化性知识分子，教师还必须承担以下使命："把教学看作一种解放实践；把学校建设为民主的公共领域；复兴由共享的进步价值所构成的社区；以及促进一种与平等和社会公正的民主命令相联系的公众的公共话语。"[1]因此，从劳动方式来看，转化性知识分子这一角色定位代表着批判思维与现实行动的密切关联。作为转化性知识分子的教师应敏锐地把握变化的政治条件，在公共领域建立致力求知和践行的共同体，发挥转化性知识分子的"组织性"与"公共性"职责。另外，教师还必须关注文化的生产与管理方式，熟悉学校不同权力关系中文化的组织形式，并为参与社会斗争而制定对策。[2]

（二）在对话中"解放文本"和"解放记忆"

"解放"是批判教育学的基本旨趣，它可以为学生提供政治的、历史的、文化的以及伦理的等方面的指引，帮助其克服异化及被压迫的现实，从而追求更为自由、幸福的生活。[3]在吉鲁看来，"解放"蕴含着要保持和突出个体发展自我的兴趣，其目的是抵抗不合理的社会现实，使人们摆脱物质、偏见以及意识形态等方面的控制。作为转化性知识分子，教师对自己教什么及怎样教都有独立的、批判性的认识和把握。吉鲁认为，当前的教育往往以一种权威的特殊文本形式呈现，并将文本视为一种抽离于具体情境之外静待解读的客体。[4]因此，教育教学的方式几乎全部以文本（教材或辅助材料）为中心，而这些文本早已被权威或作者预先定义了，教师和学生只需要对文本进行忠实的呈现和反映即可。作为转化性知识分子的教师，在教育教学活动中必须突破将文本视为教学圣经和绝对权威的固化形式，通过平等对话、互相反省，将个人的知识积累、生活经验以及学生的体验融入文本中，并将重点放在学生理解文本的文化意义上，从而促使

---

[1] 康晓伟. 批判社会学视野下的教师角色分析——吉鲁《教师作为知识分子：迈向批判教育学》评介. 中国教师，2009（21）：60-61.

[2] 祁东方. 吉鲁批判教育观探微. 外国教育研究，2015（1）：47-56.

[3] 胡春光. 教师角色：从吉鲁的批判教育学中反思. 华中师范大学学报（人文社会科学版），2008（6）：121-126.

[4] Giroux H A. Disturbing Pleasure: Learning Popular Politics of Education. London: Routledge, 1994: 114-135.

学生以多重参照批判性地阅读并参与和建构不同的文化符码，以摆脱既定框架的束缚，解放文本。[1]学习课程并非对现存文本的单一传递和接受，而是结合社会环境进行意义建构与批判。吉鲁特别指出，这种批判并不是盲目的、无意义的，而是基于理解文本的反思式批判。他认为，完整的批判过程是反思中的意义冲突以及冲突后的意义建构。因此，教师将知识分子的批判精神运用到教育教学专业领域，帮助学生将自身的意义范畴带入所学知识的理解中，从而进入与自身的主体性以及与他人历史的交互活动中。

另外，关于教师要担负起转化性知识分子角色，有许多具有方法论意蕴的重要概念，其中最为重要的就是"解放记忆"。解放记忆，即"通过认识和体验公众或个人所遭受苦难的现实，并理解与同情这些苦难的成因及其表现"[2]。也就是要从呈现构成过去和当前压迫的现实情境入手，发现过去苦难与当前压迫的根源之所在，并通过共同的团结与抗争来摆脱苦难与压迫，体现在教育教学活动中，则是一种自由、平等、民主的精神内涵。教师要在与学生进行平等的对话过程中，通过用心倾听和体会他们的经验、历史，帮助他们解放记忆，并且学生可以在这种心灵的碰撞与对话中更为切身地理解社会的现状，以及体悟为什么所有人都需要为建立理想的、民主的社会而努力改变已有的社会现实状况。

吉鲁特意使用"解放记忆"这一概念就是为了表明，作为团结的教育网络中的一部分，知识分子有可能起到一定的作用。具体而言，就是揭露并分析各种被压抑或被忽略的历史、文化以及流行的知识形式，从而使得历史和现存的苦难能够直观地得到显现和体验。因此，"解放记忆"代表一种宣言、一种希望、一种间接的提示。[3]那么，作为转化性知识分子的教师，除了传播理性知识外，更应秉承与崇尚正义、自由、民主，关注个体、解放学生的情怀，站在苦难者和受压迫者的立场，去理解和关照学生的"痛苦记忆"。而这个场域中的学生，不再仅是单纯地对知识文本进行理解和记忆，更为重要的是在行动中进行批判与反思，构建对于自我、他者以及民主社会的责任感与担当感，促使学生生成具有反思、激情、理想、独立的人格与人性。

---

[1] 王彦斌. 吉鲁批判教育学视野下的师生观. 扬州大学学报（高教研究版），2007（4）：21-25.
[2] Giroux H A. Schooling and the Struggle for Public Life: Critical Pedagogy in the Modern Age. Minneapolis: The University of Minnesota Press, 1988: 6.
[3] 刘潇璘. 亨利·吉鲁的教师观研究. 山东师范大学硕士学位论文，2012：21-22.

(三) 启示

《教师作为知识分子：迈向批判教育学》一书的序的标题就是"中国教师应该成为知识分子吗？"这一问题点出了当前我国教师教育的时代命题。吉鲁的批判教育思想，特别是关于教师作为转化性知识分子的论述，为教师担当知识分子的责任提供了社会学意义上的理论支撑和价值导向，也给我国职前教师教育课程的重构带来了诸多启示和反思。在我国传统的教师教育中，教师更多的是扮演公共服务和知识传递的角色，而忽视了作为知识的建构者和创新者的身份。由此，师范院校很有可能沦为职业技能训练所，而职前教师教育课程也有被简易化为单纯的职业技能训练课程的危险。"技术理性"的教师教育无法从根本上揭示教师专业发展的深层次、本质性的问题，诸如教师的价值观、信念、使命和自觉对教师行为以及学生行为的影响等。教师角色与身份转型的关键源自教师内在的"精神"与"自觉"，从而产生"反思"与"批判"，形成一种"自主"、"自觉"和"解放"的力量，进而转化为实践行动。吉鲁的批判教育学提出将教师教育视为公民教育的理论假设，认为学校不仅是构建和生成主流社会价值观的公共领域，也是将学生培养成为积极的、富有批判精神的公民的场所。这对"什么是好的教师"进行了重新阐释，即好的教师必须是知识分子，不仅要熟悉自己的专业领域，而且要了解与本专业、科研课题和学生生活有关的广泛议题；好的教师必须熟悉从印刷品到视觉艺术等多种媒介，知道如何让知识变得有意义，并使之具有改造的功能；好的教师还必须认识到教学法是系统工程，而不仅仅是脱离背景的一系列法则和技能。换句话说，好的教师必须明白教学是把知识与权力、观点和更广泛的社会联系起来的政治、文化和伦理的实践，是让学生理解公民义务和社会责任的过程。因此，教师并非知识储蓄与传播的中介，而是要理解知识的建构与解构。教师教育应该是一项文化的、伦理的甚至是政治的工程，旨在培养具有建设"公共空间"意识与责任的转化性知识分子。因此，职前教师教育课程也不应仅仅限于对师范生进行知识和技能的传授，而应承担更为重要的责任，即走向培养和发展师范生的批判精神以及作为知识分子的社会正义感、责任感和使命感。

第三节 基于解放旨趣职前教师教育课程的合理性确认

将解放旨趣作为职前教师教育课程的价值追求，主要是基于对职前教师教育课程理论范式转换与现实困境以及教师专业性向的特殊性等三个层面的考量，特别是理解教师发展的本质是我国职前教师教育课程走出误区的关键。

一、职前教师教育课程理论范式转换的需要

"范式"一词来源于希腊语中的"范型""模特"，在拉丁语中指"典型范例"。"范式"这一概念，最早是由美国科学史学家托马斯·库恩（Kuhn, T. S.）在其1962年出版的《科学革命的结构》一书中提出的。"所谓的范式通常是指那些公认的科学成就，它们在一段时间里为实践共同体提供典型的问题和解答。"[1]所谓"范式转换"（shift of paradigm），即旧的范式出现了严重的危机，不能很好地解释和解决科学研究中一连串的新事实和新问题，研究者开始对原有范式失去了信任，开始考虑其他的选择。这种新的范式不是对原有范式的精确化或扩展，而是在一个新的基础上对某一领域的重构，从而改变这一领域的基本理论、方法和模式。[2]

在面对崭新的时代语境以及课程未来发展的新诉求时，课程具有明显的发展性、动态性特征，对课程赋予任何固定不变的定位、解释和追求都是僵化的，且不具辩护性。20世纪70年代，在课程研究领域发生了革命式的范式转换，即由"课程开发"走向"课程理解"。建构主体范式课程、人本主义范式课程、社会批判范式课程等逐渐兴起并成为主流，它们强调并突出了人在课程中的应有之义，这对释放人在课程学习中的主体性，使其获得全面发展，乃至构建一个合理化的现代社会提出了诉求。当前，教育领域出现了从课程向教师和学习者的研究转换，但是，这并不意味着课程研究的全面退场，而是凸显了课程研究者已开始自觉地将关注的重心从"程序开发"转移到了作为主体的学习者和教师身上。也就是将他们作为研究的主视角来反观课程，从而更加集中地关照作为主体的学习者及教师的情感体验、态度、价值旨趣等。同时，这种转换也赋予了教师更多的责任和任务，激发了课程与教师的内在关联性，诸如"教师参与课程变革""教师课程意识""教师课程决策"等。这实质上是对新时期的教师提出了更高的诉求和期待，必然也将带动职前教师教育课程理论研究范式的转换。

在教师研究领域，也发生了从"外促"走向"内生"的转换，更多的

---

[1] 托马斯·库恩. 科学革命的结构. 金吾伦, 胡新和, 译. 北京：北京大学出版社, 2003：3.
[2] 石中英. 知识转型与教育改革. 北京：教育科学出版社, 2001：23.

研究都在强调关注教师的内在驱动及内在属性。多元智力理论、建构主义理论以及社会学习理论等逐渐成为主流思想，更多的学者强调要关注和倾听学习者的声音。对教师的培养，已逐渐开始从重视教师各种知识与技能的积累转向关注教师内在自主性和自觉性的生成，特别是专业主体性意识的提升与自我意识的觉醒。因此，教师的专业成长，不仅仅局限于各种客观、可见的外显实体，更包括主观、内隐的精神世界的充实与提升。教师的主体性及其意识觉醒，已逐渐被视为教育改革与教师专业发展的基本内容，甚至是关键要素。正如有研究者所言，21世纪的教师教育必然是以唤醒教师意识为基础的教育。[①]职前教师教育是教师未来发展的奠基与定向阶段，其意义和作用是不言而喻的。那么，作为培养未来教师的标志性课程，职前教师教育课程更应该被赋予新的价值关怀。将解放旨趣作为职前教师教育课程价值体系建构的追求，师范生将会获得更加自觉的主体意识，并最终从知识记忆和技术操作中解放出来。这与当前的范式转换具有一定的契合性和适切性。

在另外一个层面，职前教师教育课程需要从价值理念、理论构建等层面展开研究，以构建相应的理论支撑。长期以来，职前教师教育课程缺乏成熟的理论基础，导致其仍然在旧有课程文化的掌控下，课程改革多是革而不新，多限于技术性的修修补补，局限于几门教育学课程与心理学课程的简单加减。这实际上凸显出了课程文化的失语与无奈。职前教师教育课程与基础教育课程具有明显的差异，而我国基础教育课程研究起步相对较早，因而其理论建设和方法的研究起步也比较早。19世纪末20年世纪初，基础教育课程改革研究的理论基础就开始形成，经过几十年的积累，已经逐渐形成了相对比较系统的理论基础和方法。然而，职前教师教育课程研究是近些年来才开始得到重视的，理论基础和研究方法还不系统。理论指导的缺乏和理论根基的不深，导致职前教师教育课程相关概念在思想上仍然模糊不清。对于学科、学科建设以及学科建设和课程建设的关系等，在概念上还未形成清晰的看法，在实践上还不知如何进行完善与改革。当然，这与高等教育的复杂性是密不可分的，高等学校专业众多、学科丰富，且社会从不同方面对其提出了要求，社会背景的复杂大大增加了高等教育范畴课程研究的复杂性和难度。缺乏成熟的理论指导已逐渐成为阻碍我国职前教师教育课程改革顺利进行的重要因素之一。因此，

---

① Grant J. A new educational paradigm for the new millennium: Consciousness-based education. Futures, 1998, 30 (7): 717-724.

需要明确和探寻职前教师教育课程改革的根本价值旨趣，从而使其不至于迷失改革的大方向。

二、职前教师教育课程现实困境突围的呼唤

长期以来，传统教师教育观都将教师看作"教书匠"或"技术员"，总是把焦点放在教师教学知识的丰富和技能的改进上。无论是职前师资培育还是职后教师培训，其焦点往往都在教师科学知识的积累和教学技能的提升上，并形成了形形色色的教师训练模式。课程的首要目标是帮助教师实现对知识和技能的"占有"，却忽视了教师的情感世界，教师的主体性和价值遭受了知识和技术训练的限制和操纵。教师往往习惯于做简易性和重复性的例行工作，偏重于"做什么""怎么做"的"方法依赖"（method dependence），忽视了对教育教学行动背后的价值意义的深层追问。可见，技术理性追求的是教师教育的"纯粹"科学性，盲从于技术性和工具性技能的训练，既不利于教师主体意识和反思能力以及社会责任感的形成，更不利于教师独立人格的完善，从而使作为未来教师的师范生逐渐成为技术的"奴仆"。著名的女性主义教育学者诺丁斯（Noddings, N.）指出，当前，职前教师教育对教师精神层面缺乏足够的关注和重视。她认为"具备关怀伦理的教师是非常重视学生的投入、参与和对话的机会，他们会鼓励学生用支持、开放和关怀的态度去分析和专注倾听"[1]。国内也有学者认为，当前，职前教师教育课程存在工具理性主义、实用主义、技术主义的倾向，课程主要聚焦于一些操作技能的训练上，忽视了师范生的精神培育、自主授权和文化熏陶，并没有真正触及师范生的心灵世界。[2]

正因为如此，职前教师教育课程遭遇着前所未有的困境。首先，职前教师教育课程的价值性遭受着挑战和质疑，师范生的参与度式微。在《教师教育课程标准》专家组的调研中，仅仅有5.8%的人认可职前教师教育课程的价值所在。[3]这表明，职前教师教育课程的预期作用并未发挥出来，其影响因素是多方面的，除了外在环境因素的影响外，更为重要的是职前教师教育课程的内在困境。其次，职前教师教育课程难以培养出自觉的教师，所以无法适应理论发展与实践的需求。正如舒尔曼所言，教师的教育

---

[1] 转引自：泰伊贝肯等. 教育的应用哲学：培育教室里的民主社群. 卯静儒, 杨满玉, 张宜煌, 译. 台北：学富文化事业有限公司, 2006：204.

[2] 陈国明, 胡惠闵. 多维视角下的教师教育与教师专业发展——第二届"上海课程圆桌论坛"纪要. 全球教育展望, 2014（5）：125-128.

[3]《教师教育课程标准》专家组. 关于我国教师教育课程现状的研究. 全球教育展望, 2008：19-24.

教学实践不只是简单地将所学的知识应用于实践，而是将"教师的判断"作为中介，也就是在不确定的情况下，教师必须学会变化、适应、融会贯通、批判、发明和创造。若职前教师教育课程以驯化式、独白式、理论掌握式的方式培养未来教师，那么未来教师势必难以应对复杂的教育教学的"生活世界"。因此，职前教师教育课程的现实困境突围，需要一种新的理念作为支撑。"解放旨趣"强调关注人的内在世界、自主和自觉等层面的追求与发展，可以为职前教师教育课程走出困境提供思路和方向。

三、教师独特专业性向的内在诉求

"性向"指一种自然倾向、天资、能力倾向或爱好、资质等，既涉及能力，也涉及个性，指向于一种目的或职位的品质。"性向"也指对某种职业和活动的特殊潜在能力，这种特殊性向表现在职业中被称为专业性向。教师所面对的是人的精神世界及其整个生命的发展，与从事一线生产的技术专业人员等有着天壤之别，具有其独特的专业性向。基于对教育活动的本质特征以及教师职业性质的认识，有研究者认为，教师的专业性向是指教师成功从事教育工作所应具有的人格特征，或者说适合教育工作的个性倾向，而这种个性倾向就包括爱的品质，沟通、交流的意愿，心灵的敏感性等。[1]

（一）教师职业的内在特殊性

教师作为一种特殊的职业，有着自身的特点，从工作对象、工作内容到工作方式都具有与其他职业不同的特点。教师的工作对象是学生，不是一个抽象的本质拥有者，而是有思维、感情和独特个性的人。教师与教育家和学科专家、科学家的职业性质以及应有的知识结构是有差别的。教师从事的是教育工作，即培养人的活动，面对的是人的主观世界；而学科专家和科学家以知识的生产与创新为对象，面对的是客观世界。因此，教师作为社会中的职业群体之一，既有普遍性，也有特殊性。一方面，教师必须具备与其他职业人员一样的从事该职业的专业道德、专业知识和专业能力；另一方面，教师职业的特殊性又要求其具有其他职业不一定需要的更高的精神与价值层面的内容。[2]正如乌申斯基所言："教师的

---

[1] 吴秋芬. 教师专业性向的内涵及其特征. 中国教育学刊，2008（2）：37-40.
[2] 徐生梅，王文广. 关爱教师生命：生命教育的另一视角. 内蒙古师范大学学报（教育科学版），2007（2）：138-141.

人格对于年轻的心灵来说，是任何东西都不能代替的、有益于发展的阳光。教育者的人格是教育事业的一切。在教育中一切都应以教育者的人格为基础，因为只有人格才能影响人格，只有人格才能形成人格。"[1]

2003年，当选美国国家年度教师的海伦·罗杰斯（Rogers，H. E.）曾感言道：

> 教学不仅仅是一份职业，还是她的快乐，无论是不爱学习的淘气包，还是来自破碎家庭的可怜儿，或者是内心充满恐惧或害羞的孩子，她都能发现他们身上的聪明才智，并且能够寻找各种巧妙的解决办法，使孩子们获得自信，走向实现自身潜能的道路。[2]

这也正如卡尔·雅斯贝尔斯（Jaspers，K. T.）认为的，"教育活动关注的是，人的潜力如何最大限度地调动起来并加以实现，以及人的内部灵性与可能性如何充分生成。质言之，教育是人的灵魂的教育"[3]。人的生命成长是具有不可重复性的，任何一个微小的失误都可能造成一个人整个成长过程的巨大遗憾。任何对学生居高临下和盛气凌人的教训或是对教育事件的置之不理与简单粗暴的处理都是对生命的亵渎。一名教师对孩子心灵的冲击和影响往往较之其他人要强烈得多，教师所做的一切都是在影响一个人的一生。因此，教师作为培养人的人所承担的责任乃是其他职业无法比拟的，具有非同一般的神圣性。

另外，从职前教师（师范生）—初任教师—熟练教师—专家型教师的过程，既是其专业知识、专业技能等不断积累与丰富的过程，也是其不断体验专业生活、内化专业价值、形成专业情意、获得专业认同的过程。也正是在这一动态的发展过程之中，教师才逐渐形成了自身价值与经验的感知、理解。但是在专业化过程中往往出现了对教师专业化的片面理解，将专业化抽象为干瘪的、熟练的技术操作，忽视教师在教育活动中的体验和理解中的情感维度。这种实然的立场注定了人们会将教师理解为僵化、凝固的实在实体，而看不到教师作为人的精神建构，特别是批判性、创造性、超越性的一面。并且，人们往往从社会发展的角度和需求对教师提出种种

---

[1] 转引自：汤舒俊，刘亚，郭永玉. 高校教师胜任力模型研究. 教育研究与实验，2010（6）：78-81.

[2] 转引自：龚兵，王丛丛. 卓越教师之谜——聚焦"美国国家年度教师". 中国教育学刊，2015（4）：92-95，100.

[3] 雅斯贝尔斯. 什么是教育. 邹进，译. 北京：生活·读书·新知三联书店，1991：4.

要求，如教师应该做什么和不做什么，应该发展什么和不发展什么，而忽视了教师本身是一个情感丰富、蕴含巨大生命活力和个性魅力的主体身份。[①]教师"工具化"、教师教学"表演化"及教师生活"殖民化"成为教师自身生命意义遮蔽的典型特征。[②]如果教师缺乏对自身生命状态的觉醒与反思，则他们无法开展具有生命情感的教育活动，更无法尊重与关注学生个体生命的焕发，以及引导学生对生命价值与意义的渴望和追求。

康德认为，人的价值在于"人是目的"。他指出，"人是可尊敬的对象，这就表示我们不能随便对待他，他不纯粹是主观目的，并不纯然因为是我们行为的结果而有价值，他乃是一种客观目的，是一个自身就是作为一个目的而存在的人，我们不能把他看成只是达到某种目的的手段而改变他的地位"[③]。著名的生命哲学家帕格森（Bergson, H.）认为，"内在自我是一个永不停息的川流，随其流动才能把握它"[④]，强调要关注世界的本质和本体，破除近代科学对人生命的"宰割"，世界的本体不在于获得知识和真理，而在于通过对生命的思考满足人对自身生活的意义和价值的渴望。当前的研究逐渐开始探讨教师自身的生命意义，强调对教师的人文关怀，关注教师职业的内在生命价值，凸显教师情感以及体验职业生活的内在尊严、创造的快乐。教师不应该只是知识的传声筒和会说话的教科书，而且应该是鲜活的、个性鲜明的独立主体。教师个体首先是人，是有理性、情感、意志，丰富而完整的人；教师不仅要掌握教育知识、技能等，更要在教育实践生活中实现自身精神生命的成长与意义实践的建构。例如，一名中学教师就在日志中写道：

想一想自己每天都做了什么？哪些有意义，哪些没意义？明天又该如何？

（二）教师职业的外在复杂性

案例 1：

有一次，一位教育家发现一个孩子在摇晃一株小树苗，便走

---

① 李定仁，赵昌木. 教师及其成长研究：回顾与前瞻. 教育理论与实践，2003（6）：34-38.
② 刘杨，张增田. 教师生命意义的遮蔽与彰显. 内蒙古师范大学学报（教育科学版），2009（6）：141-144.
③ 转引自：周辅成. 西方伦理学名著选辑（下卷）. 北京：商务印书馆，1996：371.
④ 转引自：李文阁，王金宝. 生命冲动：重读柏格森. 成都：四川人民出版社，1988：18.

上前去对这个孩子说，小树苗可不能摇呀，一摇，小树苗的头就晕了，要叫痛的，就会流泪的，孩子于是很懂事地不摇了。一个师范生在听了专家的经验传授后，很佩服，于是一直记着这件事情。他毕业好长时间后，竟也遇到了这样的事情。有一个小朋友在路边摇晃着小树苗，他也学着那位教育家的口气说了一番同样的话。可那个小朋友却说这番话是骗人的，小树苗怎么会头晕，怎么会想事情，怎么会说话呢？[①]

案例2：

今天给小朋友讲蚂蚁奶奶的房子，才刚开始，所有小朋友都知道怎么帮助奶奶了，说帮她把房子搬到太阳花里，就能一直晒到太阳了。不仅自己说出太阳花跟着太阳旋转，还问我太阳花转动的话，蚂蚁奶奶的房子不会掉下来吗？在课前，我完全低估了小朋友的智商，结果在课堂中有点"hold"不住了，之前预设的一些情境都被打乱了。[②]

上述两个案例可能是很多师范生或新手教师经常遇到的。正如有研究者所言，一名正式走向教师工作岗位的师范毕业生，会发现自身所学与现实教育所需之间距离甚远。[③]因此，真正成功的教育教学不只是靠简单的照搬和模仿就能完成，更需要教师自身的理性思考和批判创新。

非专业的音乐爱好者欣赏一场美妙的音乐会，他可能会不假思索地认为，没有比乐队指挥更容易的工作了。乐队指挥只需要站在那里，挥舞手臂，乐队就会随即演奏出优美的曲子，一切看起来是那样和谐自然。然而，正所谓"台上一分钟，台下十年功"，要演奏一场和谐优美的音乐会，乐队指挥需要多方面的能力，诸如对所有乐队成员的组织、协调、激励、沟通和现场控制等。为此，乐队指挥要对几乎所有的乐器的性能都了如指掌，这正是观众所不知道的。教师就类似于乐队指挥的角色，他站在学生面前提问、沟通、指导等，这些行为就与指挥在乐队面前挥舞手臂

[①] 引自：王晓春. 教育智慧从哪里来：点评100个教育案例（小学）. 上海：华东师范大学出版社，2005：11.
[②] 本案例来源于师范生的教学日志.
[③] 李建军. 从教育实践意蕴的转型看教师教育课程的改革. 江苏教育研究，2011（4）：13-17.

一样，让人觉得没有比这更简单的工作了。[1]也正因如此，人们对教学存在着一种普遍误解，认为教学是一项极其简单的工作，只不过是把自己知道的知识传递给学生而已。但是，事实却非如此。这些看似简单且貌似人人都能胜任的工作并非想象地那样容易。正如有研究者认为的，教师的教学是一项极其复杂的工作，是一个不容易被理解和掌握的过程。舍恩（Schön, D.）将教育教学形容为一个"不确定的沼泽地"（indeterminate swampy zone）。[2]舒尔曼通过与教师交流，听他们的课，观看教学录像，并反思自己的教学，发现教学具有难以置信的复杂性，更直言道："从事这项专业三十多年后，我总结道，课堂教学，特别是在中小学层次，也许是迄今人类发明的最为复杂、最具挑战性、要求最高、最敏感、最细微、最令人惧怕的活动。"[3]有学者认为教学情境的复杂性排除了单一教学法的可能性，教师根本无法追寻明确的规则或程序，没有哪一种教学方式方法是万能的，教师必须针对实际面临的复杂教学情境进行自我思考、推论、选择、判断与决定。NCATE前任主席亚瑟·怀斯（Wise, A.）认为，"教师的教学既不是一种生搬硬套的工作，也不是从有关'如何做'的教学手册中就能学会的手艺"[4]。正因为教师工作具有不可迁移性，所以教师工作缺乏清晰简单的规范和标准程序，在很多时候就要仰仗教师的专业自觉和自我决策。

首先，教师的工作对象具有复杂性。教师面对的是活生生的人，是身心正处于发展中的千姿百态、千变万化的学生，且每个学生都具有独特的意识、情感、意志和经验。教育教学的困境不仅仅在于如何教给学生知识，而且在于如何引导学生养成积极的价值观念和人生态度。这就意味着教学不仅涵盖了一系列技能行为的操作，还涵盖了智力、信任、关系和同情。因此，教师工作不仅是认知的，还是情感的。面对活生生的学生个体，教师必须从学生的实际出发，综合运用自身的知识与能力，精心设计教育教学方案，并根据学生的反应，及时、准确地调整教育教学方法与进程，有效地促进学生的发展。同时，教师还需要运用自身的情感、思想、言行对发展中的学生产生积极的示范和正向作用，引导学生健康的成长。因此，

---

[1] 鞠玉翠. 论争与建构——西方教师教育变革关键词及启示. 济南：山东教育出版社, 2011: 175.
[2] 转引自：王艳玲, 苟顺明. 教师成为"反思性实践者"：北美教师教育界的争议与启示. 外国中小学教育, 2011（4）：53-57, 65.
[3] 舒尔曼. 实践智慧——论教学、学习与学会教学. 王艳玲等, 译. 上海：华东师范大学出版社, 2014：262-263.
[4] Wise A E. Choosing between professionalism and amateurism. The Educational Forum, 1994, 58（2）：139-146.

教师的教育教学既是一门科学，也是一门艺术，更是一项基于人的成长、快乐、理性需求而追求真、善、美的事业。

其次，教学具有情境性、不确定性和非线性。教学是一种人为的、为人的文化性存在。正是因为教师工作对象的复杂性，在教育教学这个复杂的系统中，教学目标、内容、方法以及主体之间才不是一种简单的线性对应关系，而是在各种关系的相互作用过程中，显现出多样化、多元化和生成性等特性。[1]在这个过程中，会遇到诸如学生各种的"怪"问题、"怪"答案、"怪"动作以及各种"差错"或突发事件。[2]因此，教师不可能是将预设方案简单地由"后台"移到"前台"，也难以构建一套能完全契合不同学生个体认知发展的、固定不变的体系或模式，更难以准确预测某种教学意图的必然生成结果；并且在日常教学中，教师需要做出基于各种各样知识和判断的复杂决定，这些决定直切关涉孩子的未来，教师工作的高度复杂性使得教学工作在一定程度上成为一门需要高度心智活动和准确专业判断的艺术。古希腊哲学家赫拉克利特（Heraclitus）说过，人不可能两次走进同一条河流，因为河水总是在不间断地潺潺流动。[3]同样的道理，教师也不可能两次进入同一个课堂，因为教师和学生的心灵、知识、态度、经验等，以及课堂的物理空间都在发生着变化。同样，布迪厄也认为，"实践的时间结构，亦即节奏、速度，尤其是方向，构成了它的意义"[4]。时间是一个向量，一直处于匀速前行的状态，不会因为任何原因而稍做停留，任何教育教学都是在一定的时间维度中展开的，因而，教育教学也具有不可逆性。"时机"成为教育教学中重要因素，某个时间点或某种情境下发生的教育教学行为都具有其独特的价值所在。[5]

基于上述对教师独特专业性向的考量可知，教学对象和教学情境等教师日常面临的教学要素是如此复杂，教师的工作绝不仅仅是掌握一定的教学技能，然后把去背景化的知识和抽象的规则运用到教学实践中这么简单。教师必须具有敏感、细致、准确的感知能力，能迅速感知学生对教学活动的反应，准确掌握学生在学习过程中的心理活动的特点和思维活动的规律，并能依据这些特点和规律创造和发挥自己的教学技巧。由此可以发现，教育的独特性与复杂性决定了教育教学实践不仅是教师展现知识、提高技艺

---

[1] 咸富莲，马东峰. 教学不确定性的内涵、特点及价值诉求. 教育理论与实践，2014(11)：61-64.
[2] 陈桂生. 漫话"课堂智慧". 教育科学研究，2004（10）：59-60.
[3] 弗兰克·梯利. 西方哲学史. 贾辰阳，解本远，译. 北京：商务印书馆，1995：21.
[4] 皮埃尔·布迪厄. 实践感. 蒋梓骅，译. 南京：译林出版社，2003；126.
[5] 李孔珍. 教师教育课程不容忽视的内容：实践性课程. 课程·教材·教法，2007（9）：74-79.

的场所，而且是教师实践智慧或实践理性的显现过程。正因为此，基于解放旨趣的职前教师教育课程才有可能触及教师角色的根本，培养出教育本真所期望的未来教师。

第四章　解放旨趣下职前教师教育课程目标的建构

课程目标隐含着静态与动态相结合的意义，是课程价值取向在课程领域的具体化。在传统的旨趣下，职前教师教育课程目标往往定位于培养知识的传递者，旨在通过知识和技能的传授使师范生扮演预期的角色。因此，教师教育机构往往根据教师素质结构或各种胜任力模型研究所产生的结论，设置一系列专业知识或专业能力标准。这些标准构成了教师培养计划，并作为一套处方和规则传递给师范生，无形中形成了"只要掌握各种知识与技能，就能有效工作"的假设。无论是教师教育者还是师范生都将精力集中于具有稳定性、重复性和可观察的外在知识与技能上。毋庸置疑，制定的各种技能与标准的确为教师的专业发展提供了可参考的科学依据，但这更多强调的是一种工具理性下的"预成"，忽视了师范生内在的和更为深刻的精神层面的品质。基于解放旨趣的职前教师教育课程目标更倾向于"可能性"，将未来教师视为"诗意的栖居者""返乡的陌生人""转化性知识分子"等形象，更为关注师范生的意义觉醒、敏锐意识以及社会责任感。在这样的愿景下，职前教师教育课程目标将从伦理维度、理性维度、审美维度、实践维度等生成维度凸显师范生的主体性、自觉性、独特性、创造性及责任等内在品性。

第一节　职前教师教育课程目标的愿景勾勒

在解放旨趣下，师范生专业成长的终极目标不仅在于技能的精进和业务的熟识，更在于内在精神的觉醒和解放。因此，师范生的专业发展不能仅仅简单地理解为接受新知识和熟练掌握技能，更需要建立信念系统和培养价值认同。具体而言，职前教师教育课程除了应该让师范生懂得"怎么教"外，还应该让师范生对"为什么教"进行思考，形成对"什么是教育"、"什么是教师"、"什么是学生"以及"学科的本质"的思考和判断。如果职前教师教育课程只是传递知识、训练技能，那么教师教育便降格为技能培训，培养出来的未来教师可以传递知识，也可以帮助学生有效提高成绩，但没有教育的灵魂。[①]在解放旨趣下，职前教师教育课程旨在将师范生从僵化的知识和技能的束缚中解脱出来，所培养的不只是"作为教师的人"，更是"作为人的教师"，即充分尊重师范生作为独立个体的主体性、独特性和自由性，反对将师范生工具化。因此，基于解放旨趣的职前教师教育课程目标不是刚性的或强制性的规范，而是指向于师范生内在完善的一种引导性力量。[②]

一、诗意的栖居者：教育价值与意义的"觉醒者"

在"掌握了各种知识和技能后，就能有效工作"的假设下，师范生被视为一种既定的、静态的对象存在物，所以培养出来的未来教师更多关注"知识的传递—接受效率""学生的标准化成绩"等；而解放旨趣下的职前教师教育课程目标指向于师范生的主体性、自我反思与批判意识的觉醒，旨在让师范生能够学会在未来教育教学实践中对教育价值与意义进行深刻的追问和追寻，而不是将其训练为具有标准化教学能力的未来教师。因此，职前教师教育课程目标理应从单纯的知识传授和技能训练走向对师范生的人性关怀和精神成长，促使师范生趋向于一种幸福的专业发展与生活方式。

"人，诗意地栖居在大地上。"[③]海德格尔引用了荷尔德林的诗句，用以描述人存在的本真与自在状态。他认为，随着科学技术的发展，工具理性的泛滥以及对功利主义的追求使人走上了一种无根的自我放逐。因此，他鼓励人们追求一种"有意义的存在"。亚伯拉罕·赫舍尔（Heschel, A. J.）也认为，"人的存在从来就不是纯粹的存在，总是牵涉到意义"[④]。人与一般动物的重要区别就在于人是意义性存在，有意识和自我意识。发展有别于进化之处也在于它是主体有意识的活动。正是在这个意义上，苏格拉底说：未经省思的生活是不值得过的。人不仅是一种可能性存在，更是一种超越性存在，有限的生命被赋予无限的生命节律。哈贝马斯认为，不能将生活实践仅仅禁锢在工具活动的功能范围内。[⑤]教育本身应该是一种充满意义的实践，不仅仅是培养"政治人""经济人""伦理人"等单向度发展的人，更是教师、学生，甚至是教育文本的"精神"相遇或"诗意"

---

① 吕立杰. 教师学习理论对教师教育课程的启示. 教育发展研究，2010（22）：59-63.
② 王小明，吕智敏. 从工具理性到交往理性：教师专业发展研究范式转变之维. 基础教育，2015（1）：21-29.
③ 海德格尔. 人，诗意地安居：海德格尔语要. 郜元宝，译. 桂林：广西师范大学出版社，2000：73.
④ 亚伯拉罕·赫舍尔. 人是谁. 隗仁莲，安希孟，译. 贵阳：贵州人民出版社，1994：35.
⑤ 哈贝马斯. 哈贝马斯精粹. 曹卫东，选译. 南京：南京大学出版社，2004：229.

的相遇。"诗意的境界"是"自由的境界",是"自在的境界"。[①]因此,教师是教育价值与意义思考的觉醒者,而不只是知识的代言人和传声筒。教师对教育价值与意义的觉醒,是教师获得解放的关键,从而将教师从生存竞争的危机感、力不从心的焦虑感、否定自我的失落感和无所适从的茫然感之中解放出来。[②]维柯(Vico,G.)在其《新科学》(New Science)中强调了"诗性智慧"(poetic wisdom),认为人应该是充满敏锐的感觉和丰富的想象力的。[③]教师对教育的价值与意义的觉醒,也意味着教师对自己的语言、行为能否触动学生的道德、智慧、身体、精神、生活等诸多方面的成长具有清醒的意识和想象力。[④]

　　基于解放旨趣的价值取向、彻底性的反思便是教师对教育价值与意义理解和建构的重要路径,反思的目的便在于更有价值与意义的存在。通过反思能够对自我及所处环境有更充分的理性认识,目的是要解放自我。正如卡西尔所认为的,"反思应当是不断探究自身的存在物,一个在他生存的每时每刻都必须查问和审视他的生存状况的存在物。人类生活的真正价值,恰恰就存在于这种审视中,存在于这种对人类生活的批判态度中"[⑤]。杜威在《我们怎样思维·经验与教育》一书中,将反思视为一种专门的思维形式。反思源自对直接经验情境中所产生的质疑和困惑,结束于一个清晰的、确定的情境;反思往往会引起有目的的探究和解决问题的行动,具有连续性的特点。因此,教师的教育活动不是天马行空式的虚无与空想,而是在充满复杂与挑战的生活世界中"思考已知及价值判断"的活动。其责任就在于使其自我与那些深受影响的人,获得自身与他者的解放。[⑥]基于解放旨趣的职前教师教育课程不再把教师看成是被利用的工具,而是对自己的教育教学行为和价值具有批判、反思和判断的主体。因此,作为教育价值与意义的"觉醒者",教师时刻会理解和思考"什么是教育""为什么教育""教学是什么""为什么教学"等元问题,并对这些问题充满想象力、创造力和原创力等。

　　近年来,虽然教师教育领域在提倡将教师作为反思者,但更多依然还是技术层次上的反思。例如,一些师范院校十分崇尚的微格教学,过于强

---

① 叶秀山. 何谓"人诗意地居住在大地上". 读书, 1995(10): 44-49.
② 张培. 让教师诗意地栖居在教育中. 教育理论与实践, 2006(7): 34-38.
③ 转引自: 欧用生. 课程研究新视野. 台北: 师大书苑有限公司, 2010: 138.
④ 宁虹. 实践-意义取向的教师专业发展. 教育研究, 2005(8): 42-47.
⑤ 卡西尔. 人论. 甘阳, 译. 上海: 上海译文出版社, 1985: 8.
⑥ 苗学杰. 游子返乡:"教师是谁"的哲学省思——"教师作为陌生人"隐喻带来的启示. 湖南师范大学教育科学学报, 2014(5): 56-61.

调反思技巧的训练,容易将其窄化为一种解决问题的技术。正如马克斯·范梅南(van Manen, M.)所言:"与医生不同的是,教师似乎更加关注对某些体验的教育学意义和重要性的反思,而不是对解决问题的反思。"①基于解放旨趣的反思有别于技术性反思,更倾向于认为教师的行动应该是从道德的变通方案中谨慎地选择出来的,而非仅仅由技术效能决定的。范梅南在哈贝马斯、史蒂芬·凯米斯(Kemmis, S.)等的基础上,将教师的反思层次分为以下三个层次。

1) 技术层次,教师反思的问题在于如何有效地实现既定的教学目标,往往通过寻求行动的效果性和经济性来实现预定目标。因此,对技术和手段的精细钻研胜过对结果的价值追问。技术层次的反思者期望产生一系列与实践一致的原则、方法和技术。例如,有教师谈道:

> 一直以来,我在教学设计上下了许多功夫。例如,今天的课堂,通过结合课本的讲解和练习,让班上学生以同桌为单位,开展学习竞赛,并通过记分表随时反馈学生的合作学习情况(最优和最差),学生对知识点的掌握能力有了大幅度提升。②

上述案例中教师的反思明显陷入了技术性反思的困境,仅仅指向教学工作效率,这种反思往往会成为束缚自身和学生的新的枷锁。正如雅克·马里坦(Maritain, J.)所言,教育手段太"好"了,使得我们的教师看不到教育本身的目的。③

2) 实践层次,教师反思的问题在于质疑、分析行动中的假设、经验、倾向等。反思的对象不仅包括外在于实践者的知识如何有效地运用于实践,还包括对主体自身实践进行深入的理解、体验和诠释。反思是在具有价值承诺的诠释性框架中进行的,关注情境对实践的意义。例如,一位教师在反思日志中写道:

> 数学课堂总是充满枯燥无味的公式和方程,要走出这个"怪圈",就需要作为师者的我们,首先去探索和收集符合教学内容

---

① 马克斯·范梅南. 教学机智——教育智慧的意蕴. 李树英,译. 北京:教育科学出版社,2001:143.
② 赵明仁,陆春萍. 从教学反思的水平看教师专业成长——基于新课程实施中四位教师的个案研究. 课程·教材·教法,2007(2):83-88.
③ 雅克·马里坦. 教育在十字路口. 高旭平,译. 北京:首都师范大学出版社,2010:5.

的新鲜点在哪儿，然后选择数学任务来激发学生的兴趣。虽然这是一个漫长的过程，但是我认为这才是成功的数学教学。这需要我们做生活中的有心人，收集数学的各种特色，让每一节课充实且丰富。

上述案例中教师的反思关注的不再仅包括如何把知识有效地传递给学生，而且包括如何将教学和学生的兴趣联系起来，发现日常生活中的数学。这正如舍恩所认为的，实践性反思是对技术性反思的批判与超越，它使教师走上了通往解放与赋权的道路。

3）批判性层次，这是最高水平的一个层次，不仅仅关注目标、活动及其背后的假设，更加关注社会、文化、历史等更为广阔的背景。反思者将道德的、伦理的问题整合到实践情境中，对理所当然的教学假设进行经验的重建，对实践活动与行为进行更为彻底的反思。教育实践不仅蕴含了教育教学的知识和技术，还蕴含了很多人文、社会、伦理的价值与意义。例如，一位教师在反思日志中写道：

> 可能学生在某些方面有欠缺，但是"每个人都是天才"，要相信每个学生的能力，发现和鼓励每个学生身上的闪光点，不要仅凭一个方面就直接否定一个孩子，因为这对他的影响可能是一生的。在教学中，教师要善于发现"每个学生都是一个特别的人"。

以上三个层次的反思反映出教师对教育意义与价值不同程度的"觉醒"，从技术层次到实践层次再到批判性层次，反思越来越深入，而解放旨趣下的职前教师教育课程目标所追寻的便是未来教师对解放层面教育价值与意义的"觉醒"。对教育价值与意义的"觉醒"，最终使未来教师超越世俗的功利主义和被动的工具化存在状态，寻找合理化的生存方式，澄清被遮蔽的内在意义与价值。例如，一位教师谈道：

> 我的工作很繁琐，工资也不高，但是那群让人很"讨厌"的孩子每天都会给我一些意想不到的惊喜，这是其他职业所没有的。

二、返乡的陌生人：教育知识与方法的"研究者"

长期以来，我们始终无法摒弃传统的凯洛夫教育学的影响，其本质是通过自上而下、由外及内地传授现成知识以加工和塑造人的心灵的教育学。[1]在这种教育教学视野下，知识是情境之外的、由人创造的，教师并不参与知识的创造过程。如果教师仅仅是"教书匠"，那么我们培养的教师就不需要真正去探究、解决问题和进行知识创造了。但是，21世纪的知识社会对创新意识与能力的呼唤，迫切需要重新理解和定义"教育"。教育不应简单地等同于知识的传递，在创新时代的呼唤下，教育应更加凸显出其育人的根本性意义。换言之，时代的变革改变着我们对社会、教育的理解，甚至是重新理解人，因此，时代的发展对现行的教师教育和教师职业所受到的"历史的压抑"也产生了强有力的冲击。正如霍林斯沃思（Hollingsworth，S.）等发出的"以教师研究作为解放教师的武器……从一个否认个人的尊严和迷信外部权威的教育制度中把教师和学生解放出来"的强烈呼唤。[2]否则，教师长期浸润在忙碌的职业文化中，很容易陷入一种仪式化的生活，从而失去敏感性。

如果将职前教师教育课程的目标定位于培养"研究者"，那么"研究者"的内涵及其内容，是首先要澄清的问题。在实践中，教师对于"研究"的理解往往存在着诸多误解。例如，有研究者就指出，改革中存在着功利性的倾向，研究型教师在很多情况下已被当成一个标签，出现了大量为研究而研究的情况，如将"研究"等同于"科研"，即等同于教育教学第一线的中小学教师写论文、做课题等。[3]与之相比，基于解放旨趣培养作为"研究者"的教师的意蕴及内涵要深刻、丰富和广阔得多，实质上意味着一场教师教育理念上的根本性变革。关于教师成为研究者的思想由来已久。早在20世纪初，博克汉姆（Buckingham，B.）就提出了"教师作为研究工作者"的观点，并认为教师有研究的机会，如果抓住这个机会，教师不仅能有力而迅速地发展教学技巧，而且教师的个人工作将被赋予生命力和尊严。更为重要的是，他认为"教育研究不应该是专业人员的专属领域，它没有不同于教育自身的界限。实际上，研究不是一个领域，而是一种态度"[4]。另外，澳大利亚学者凯米斯基于对教师作为研究者的思想的长期深入的研究，强调实践上的变革需要观念上的改变作保证，通过思想上的批判和启蒙来协调理论与实践之间的关系。因此，他提倡教师由"实践性"

---

[1] 张华. 论教师发展的本质与价值取向. 教育发展研究，2014（22）：16-24.
[2] 转引自：宁虹. "教师成为研究者"的理解与可行途径. 比较教育研究，2002（1）：48-52.
[3] 田慧生. 时代呼唤教育智慧及智慧型教师. 教育研究，2005（2）：50-57.
[4] 转引自：Santa C M, Santa J L. Teacher as researcher. Journal of Reading Behavior, 1995, 27(3): 439.

的行动研究向"解放性"的行动研究过渡，教师应扮演实践者和研究者的双重角色。[1]20世纪70年代，斯滕豪斯（Stenhouse, L.）明确阐明了"教师即研究者"，并且认为教师即研究者的核心就在于"解放"，即教师在教育研究过程中实质上就是在解放自身、解放学校、解放学生。[2]教师首先就得从教科书的束缚中解放出来，进行积极主动的思考，根据学生的思维特点和差异性变换教学方式。教师作为研究者，也意味着教师不再是单纯的课程预期目标实现的执行者。职前教师教育课程的视野也不能仅仅局限于让师范生掌握教育内容和传授方法，而且要让师范生成为教育知识与方法的创生者，即"研究者"。

  基于解放旨趣，未来教师不仅要掌握工具性知识和技能，更要通过反思与内化，考察教育实践中似乎是理所当然的信念或不证自明的真理以及常识性的理解，从而获得"解放"。教师的工作不仅仅是一种中介性质的传递，而且具有研究、创造的性质。教师如同返乡的陌生人一般，当他走进教室，所面临的每个人、每种情境和每个时刻都是不一样的，永远充满了未知的因素，这就需要教师保持敏感和探究的态度。正如休伯纳（Huebner, D.E.）曾用"陌生人"和"异乡人"作为隐喻来形容课程所具有的超越性一样，他将教师与学生的相遇视为如同与异乡人的会见，通过想象走出已知、走出预定，从而使教育成为不断产生新鲜感、神奇感的旅程。在这样的旅程中，出乎意料的发现和新的视角将会时常出现，那些被排除和被压制的将会在不断寻求新意义的过程中获得解放。[3]教师和学生在通往未知的路上，重新界定自己的生活，成为共同旅程中的旅伴，共享生活和创造世界。如同美国当代存在现象学家马可欣·葛林妮（Greene, M.）在《教师作为陌生人：当代教育哲学》（Teacher as Stranger: Educational Philosophy for the Modern Age）中所期待的一样，"再次检视过去被视为理所当然的事物……以新奇的眼光看待自我、看待教学、看待学生，让自己的心灵漫步在教学生活的世俗之中，学会思考自我。进而，教师就会了解过去的自我限制，并在新的境遇中创制自我，成为一个充满无限可能的'存在的人'（existential man）"。[4]作为未来的教师，应该以崭新的观点重新

---

[1] 洪明. 教师教育的理论与实践. 福州：福建教育出版社，2002：160-161.
[2] Stenhouse L. What counts as research. British Journal of Education Studies, 1981(2): 103-114.
[3] Huebner D E, Kennedy W B, Little S, et al. From theory to practice: Curriculum. Religious Education. 1982, 77(4): 363-436.
[4] 转引自：苗学杰. 游子返乡："教师是谁"的哲学省思——"教师作为陌生人"隐喻带来的启示. 湖南师范大学教育科学学报，2014（5）：56-61.

审视那些被认为理所当然、顺理成章、习而不察、金科玉律的"日常世界"，去觉察未曾留意的细节和未加质疑的习俗，以新奇、探究、深邃的目光审视自己所存在的真切的"生活世界"，开启一场新的意义建构之旅。[①]

当教师以一种全新的眼光来看待教育的世界时，教师的工作就是一个充满意义的世界，教育就是在教师与学生之间发展着一系列的与生活联系的、动态的故事、体验和实践。教师工作总是在实现着不同文化和意义的建构，永远具有创造和研究的性质。而"研究"不仅是教师对待教育教学的一种态度，更是教师的一种生活方式。将教师视为研究者，并不是给教师增加新的工作任务，而是让教师在教育的生活世界里对所经历的保持敏感和探究的意识，在教育教学的日常生活中秉持研究的态度，并将研究完全融入日常的教育教学活动。同时，他们的教育教学活动也因为有了明确的、自觉的实现教育的意义而不再仅仅是知识的传递，其本身就是教育根本的价值和意义的体现。[②]当教师以这样的态度和方式工作时，他就会将教学、研究、生活融为一体，并作为自己日常的一种生活方式。有学者对教师作为研究者的变化及表现进行了探究，发现有以下变化：

教师对待职业技能和自身角色观念的变化；
教师在自我价值和自信心上的变化；
教师的发展阶段的变化；
教师对课堂事件意识的变化；
教师的教育信仰和价值观的变化；
教师的"实践理论"与实践之间更加合拍；
教师对自己实践理论意识的加强。

由此可见，基于解放旨趣的职前教师教育课程目标定位于培养作为"研究者"的未来教师，可以使未来教师以一种研究的方式行动，其改造的不仅仅是学生或外在的他者，更多的是教师自身。教师通过探究和创造，带来自身的变化和发展，实现改变环境和改变自身的统一，将教育教学工作与研究融为一体而获得内在的、根本的推动力量。也正如苏霍姆林斯基说的那样："如果你想让教师的劳动能给教师带来一些乐趣，使天天上课不至

---

① 苗学杰. 游子返乡："教师是谁"的哲学省思——"教师作为陌生人"隐喻带来的启示. 湖南师范大学教育科学学报，2014（5）：56-61.
② 宁虹. 教师成为研究者的现象学意识. 教育研究，2003（11）：64-68.

于变成一种单调乏味的义务，那么你就要引导每一位教师走上从事一些研究这条幸福的道路上来。"①

三、转化性知识分子：教育行动与实践的"引领者"

在中小学，传统的应试教育观念依然根深蒂固。高考、中考是我国基础教育的指挥棒，分数和升学率在一定程度上仍然是衡量基础教育成败的关键指标。中小学的课程体系、教学内容、教学方式往往都围绕着应试教育进行，特别是高中阶段，备考成为教师的主要专业生活方式。在各方力量的推动下，基础教育在不断地进行课程改革和教学改革，试图实现由应试教育向素质教育的转变，然而正如美国著名的经济学家道格拉斯·诺斯（North，D. C.）提出的路径依赖（path-dependence）那样，一种制度或文化一旦形成，不管是否合理或有效都将会影响其后的制度或文化的选择，并在很长一段时期内具有持久生命力而难以改变。虽然基础教育改革正在如火如荼地进行着，但是表现出一种严重的路径依赖倾向，应试教育以其固有的巨大惯性，使基础教育并未能完全或真正走出应试教育的樊篱，"穿新鞋走老路"的现象依然可见。

在当前以学生考试分数为标识的教师评价机制及考核办法等因素的影响下，教师教育的"顺应"趋势越来越明显。如果职前教师教育课程目标片面地或过分地强调大学教育与基础教育教学的直接衔接，那么教师教育就会演变成基础教育需要什么，师范院校就被动地教什么。这样一来，就容易将教师教育与教育教学技能、技巧的训练水平和熟练程度简单地联系在一起或等同。例如，我们经常会看到或听到，一些学校在招聘高中教师时，拿出一套高考试卷让应聘者当场做，以成绩为录取标准。因此，为了适应和满足基础教育的需求，教师教育往往也会围绕这一目标，培养适应应试教育的基础教育师资。②在这种教师教育培养模式下，未来的教师仍然接受着以教师为中心的灌输式教育，重专业知识的教学，轻人文素养；重书本知识的学习，轻实践素养和知识的创新。由此，传统的职前教师教育课程目标倾向于培养被动地适应基础教育的未来教师，即"被动适应型"或"顺应型"的教师。正如埃里希·弗罗姆（Fromm，E.）所言，"机械趋同"是现代社会里大多数人所采取的惯常方式。他认为，人们为这种惯

---

① 苏霍姆林斯基. 把整个心灵献给孩子. 唐其慈，毕淑芝，赵玮，译. 天津：天津人民出版社，1981：306.
② 周群. 基础教育课程改革与教师教育培养目标的重新定位. 教育探索，2004（2）：104-106.

常方式付出的沉重代价，便是失去了自我。[1]因此，传统的职前教师教育往往也是培养在这种趋同中满足于操作训练和技艺水平的盲目模仿者、消极旁观者、机械执行者，而很少有真正能够将教育教学作为一种生活方式的主动引领者、积极创造者、意义建构者。如果职前教师教育课程目标一味地强调未来教师对教学环境和现实的适应，那么这种适应就很容易在师范生入职后长期的教育教学生活中演化为"顺从"。当我们的教师变为了"顺从型"教师，就极有可能丧失独立思考与自我反省的能力，从而失去对教育本真意义的追寻，那么掌握一般化的程序、技术、原理，并把这种程序、技术、原理应用于课堂中也将成为师范生未来教学中积极追寻的目标。

基于解放旨趣的教师教育强调教师作为知识分子的角色担当和责任，正如吉鲁所强调的："教师应被视为具有自主知能、批判意识，以及负有教育使命的转化型知识分子和公众的知识分子，是能主动、负责地检视并改善学校的课程与教学实践，而不只是受过专业训练的高级技师，因此教师是有意识的教育工作者。"[2]就词源的角度来看，"教师"一词来源于希腊语"pedagogue"，蕴含了"引路人"的意思。苏格拉底认为，社会批判与责任是教师义不容辞的时代使命，教师应充分介入社会公共领域，引导社会大众成为具有民主精神和追求公正与真知的公民。[3]美国著名学者刘易斯·科塞（Coser，L.）在《理念人——一项社会学的考察》一书中将知识分子定义为"从来不对现状满意的人"，是"为思想而活，而不是靠思想生活"的群体，他们是"理念的守护者和意识形态的源头"[4]。由此，教师的教育教学活动不单纯是一种求知的活动，也兼具对意义和价值的追寻。作为转化性知识分子的"引领者"，意味着未来的教师应承担改变现状、促进教育进步的责任与使命，而教育也必须有社会担当。因此，以转化性知识分子作为培养目标的职前教师教育课程强调培养师范生要具有反思和批判的素养，并检视存在于教育教学日常生活中的技术性、道德性、伦理性等问题。职前教师教育课程目标不应仅仅停留在"适应型""教书匠"教师的培养上，职前教师教育也并不是与基础教育一一对应的关系。教师教育拥有自身的价值取向、任务、目的和规律等，而不应该处于"虚

---

[1] 埃里希·弗罗姆. 逃避自由. 刘林海, 译. 北京：国际文化出版公司，2000：126.

[2] Giroux H A. Teacher as Intellectuals: Toward a pedagogy of Learning. Massachusetts: Bergin & Garvey, 1988: 79.

[3] 转引自：祁东方. "转化性知识分子"：吉鲁批判教育视野中的教师角色探析. 比较教育研究，2016，38（11）：60-65.

[4] 刘易斯·科塞. 理念人——一项社会学的考察. 郭方等, 译. 北京：中央编译出版社，2004：1-3.

无"的状态，成为基础教育的附庸。教师教育对于基础教育既要适应，更要发挥引领价值的作用。因此，基于解放旨趣的职前教师教育课程的目标应指向师范生的高层次发展和个性解放，以使未来的教师能对自己的教育教学和专业生涯进行理性的认识、分析和规划，能在复杂多变的教育教学情境中具有发现问题、研究问题和创造性解决问题的能力，从而成为学校教育中的"引领者"、"创造者"和主动的"革新者"等。

当教师改变他们的行为、态度和信念并担当领导角色时，学校的变革才得以发生。正如迈克尔·富兰所言："教育改革的成败取决于教师的所思所为，事实就是如此简单，也是如此复杂。"[1]如果教师成为学校教育的引领者，教师将主动参与到学校的深刻变革过程之中，也会主动地采取相应的行动和实践。教师对其作为引领者或变革者的角色认同，是指教师在个人意识、对社会的理解、教育教学观念、学生观和工作方式方法等方面，主动求变，把追求变革和引领作为自己工作的基本准则。素质教育的目标是培养学生的创新精神和实践能力。要培养有创新精神的学生，教师自身的创新精神就显得更加重要。一味墨守成规的教师对于学生的创造性发展来说，无疑是一种近乎灾难的障碍。因此，传统师范院校被视为未来教师的"加工车间"的隐喻将受到人们的排斥，职前教师教育课程应引导未来教师自主与自觉地参与和研究基础教育改革，主动建构教育知识，创新教育教学模式，成为基础教育改革的引领者。

第二节　职前教师教育课程目标的生成维度

通过上述基于解放旨趣职前教师教育课程目标的愿景勾勒，我们可以发现，理想的职前教师教育对师范生的要求不能仅局限于对教育教学知识、技能的掌握，更多的还需要关注师范生的教师角色意识、生命关怀意识、实践智慧、专业自主意识等方面的养成。师范生在未来的教育教学中绝不能仅满足于扮演类似知识"传声筒"或教材"扬声器"的角色，而是应更具主体性和自觉性，将自身视为教育教学活动的觉醒者、引领者和创造者，不断地深思和践行对社会以及教育教学真、善、美的意义追求。具体而言，基于解放旨趣的职前教师教育课程目标，可以从伦理维度、理性维度、审美维度和实践维度来生成和构建。这四重生成维度具有内在的联系性和一

---

[1] 迈克尔·富兰. 教育变革新意义（第3版）. 赵中建，陈霞，李敏，译. 北京：教育科学出版社，2005：121.

致性，其中，伦理维度是理性维度构建的前提，理性维度是审美维度构建的支撑，而三者又共同为实践维度奠定了基础。

一、师范生教育情怀养成的伦理维度

批判、反思的动力正是源自"社会关怀"的驱动。无论是工具理性批判、意识形态批判还是集权主义批判，其目的都指向人的解放。杜威指出："一个人把事情办理得如何，主要取决于他是否具有高度的责任意识。"[1]因此，师范生的专业成长不仅仅涉及知识、技能等技术性维度，更涉及道德、文化和情感等伦理维度。只有教师内心有了强大的道德理想，才能不断催生出批判与反思的勇气和智慧。有研究者就提出，作为未来的教师，师范生在读书期间便应建构起源自内心的教师专业伦理信念与规范，即担当、责任和关怀意识。[2]职前教师教育课程目标之一就是要唤醒未来教师的生命感、价值感、责任感，激发未来教师对生命意义的深切关注，培养教师所应秉持的教育情怀。

首先，伦理维度是师范生成长的内在基础。黑格尔说过，人的本质是精神，教育就是对人的精神的延伸和拓展。[3]雅斯贝尔斯也认为，从根本上来说，教育过程首先是一个精神的成长过程，然后才是科学获知过程的一部分。[4]如果本末倒置，那么教育就会退变为一种与心灵相隔离的训练活动。因此，教师并不是普通意义上的专业人员，因为教师最大的特点就是他们面对的是人的心灵世界，直接影响所教学生的成长，而一个不尊重、不热爱自己专业的教师能够提高自己的专业水平，这是不可想象的。因此，教师只有通过内化自己的角色、行使相应的权利及履行相应的义务，才能意识到作为教师的使命，从而产生一种崇高、神圣的体验与情怀，并认同教育工作以及自身的价值。由此，教师的情感体验往往也是正向的和积极的，并且其成就的期望值也相对较高。这能帮助教师深刻地理解自身、教育、文化以及社会发展之间的关系，透彻地把握这些关系，这些关系可为其提供强大的信仰力量，引导他们把自身内在的力量集中于人生理性和教育理想的追求中[5]，教师不再将教育看成是一种谋生手段，而是超越自身

---

[1] 杜威. 我们怎样思维·经验与教育. 姜文闵，译. 北京：人民教育出版社，2005：36.
[2] 刘义兵. 论师范生的教师专业伦理建构与培养. 西南大学学报（社会科学版），2012（5）：48-55，174.
[3] 王运豪. 论黑格尔的精神教育观. 华中科技大学硕士学位论文，2018：8-9.
[4] 雅斯贝尔斯. 什么是教育. 邹进，译. 北京：生活·读书·新知三联书店，1991：30.
[5] 张建新. 高校师范生教育信仰研究. 湘潭：湘潭大学出版社，2012：56-57.

需要的精神追求。体验和感知到生命的价值与意义所在，这才是教师真正的幸福。正如联合国国际教育发展委员会原负责人库姆斯（Combs, A. W.）认为的，使师范生成为未来优秀教师的，不是他们所掌握的知识或者教学方法，而是他们对学生、自己的意图和对教学工作持有的信念。[①]

其次，教育情怀是师范生不断追求成为卓越教师的原动力之一。雅斯贝尔斯认为，教育需要有信仰，没有信仰就不成其为教育，而只是教学的技术罢了。也正如有研究者所言，教育家和"教书匠"最大的区别就在于，"教书匠"将教师视为谋生的手段，给多少薪酬就做多少活；而教育家往往做份额之外的事情，他们把教师视为人生所追求的事业来做。[②]帕尔默（Palmer, P. J.）在《教学勇气：漫步教师心灵》中认为，教师应该把教育工作看成是一项事业，而非职业或工作。戈登（Gordon, J.）、史密斯（Smith, R.）也认为，"成为一个教师，意味着教师既要使之成为被自己认为的教师，也要成为被他人认可的教师；它是一个不断争论并重新确定合乎社会要求的身份的过程"[③]。教师的教育情怀往往会产生较高的专业承诺，投入更多的热情、精力和情感，并对教育抱有浓厚的兴趣，对教育有一种独特的、深厚的感情。这也就是对教育的坚守和守望，从而把这份情感内化为学习与工作的激情，转化为一种主动发展、自主发展的内驱力。同时，在日常的教育教学生活中，教师就会愿意倾听学生的心声，愿意与学生进行心灵的碰撞，并对学生的发展产生一种发自内心的责任意识和期待。只有如此，师范生未来的教育活动才是真诚的、自然的、内源性的，才会多一些执着和投入，少一些应付与敷衍。美国国家年度教师勒诺尔·李（Lee, L.）曾这样描述她的工作：

> 教学是最有价值的工作。没有什么比看着孩子的心智成长更激动人心的了。在很多人看来，教学只是一件重复性的工作，但是我从不会让自己重复劳动。我总是在尝试新的东西，创造性地运用各种教学方法。[④]

[①] Combs A W. New assumptions for educational reform. Educational Leadership, 1988, 45(5): 38-40.
[②] 教育家型教师的标准是：智慧，有人格风范，把教育当作天职. 每日商报, 2011-11-12.
[③] Gordon J, Smith R. Active location in teachers' construction of their professional identities. Journal of Curriculum Studies, 1999(6): 711-726.
[④] 龚兵，王丛丛. 卓越教师之谜——聚焦"美国国家年度教师". 中国教育学刊, 2015（4）：92-95，100.

因此，好的教学不仅仅依赖于知识和技术，还来自对教师身份的认同与情感。教育是一门"仁而爱人"的事业，爱是教育的灵魂，没有爱就没有教育。正如赵汀阳所言："没有一个社会能够仅仅依靠高水平的物质生活，去长期维持人们的生活意义和兴趣，人终究要过的是精神生活，只有精神生活才具有无限丰富发展的空间。"①

清末的《奏定初级师范学堂章程》就指出，师范教育最为重要的任务在于变化学生气质，激发学生精神，砥砺学生志操。②职前教师教育课程必须用"成人"替代"成器"的教育目标。前者是将职前教师教育课程的目标定位于"完整的人"来培养师范生，即培养师范生的人文精神，引导师范生洞察人生，反思主体性的存在，追求人之为人所特有的价值与意义，真正地将成长作为目的，而不是手段。关注师范生的情怀追求与灵魂塑造，强调师范生精神生命的成长和精神境界的提升，引导师范生去认识人性，不断提升、扩展和建构师范生的意义世界，使师范生摆脱形而下的"物化"的束缚与羁绊，成为一种形而上的"超越性"和"应然性"存在。因此，对未来教师专业成长的关注，要求我们不是将师范生看作合格教师的"半成品"，而是将其看作处于专业成长的初始阶段，具有主动发展意识的个体。由此可见，伦理维度是一种蕴含着洞察人生、健全心智、完善人格和净化灵魂的活动，旨在促进人性的舒展和精神的解放，以促进师范生的个性发展和增强对师范生的人性关怀作为职前教师教育课程目标的导向和归宿。

二、师范生主体意识唤醒的理性维度

主体意识能够带来自我反思，即对我是谁、我可能成为什么、我应该成为什么的探索。苏格拉底把"认识你自己"作为人生的根本问题。人最难认识的就是自己，主体意识是对自己作为一个独特存在的个体的认识，是对作为主体的自己以及自己与周围事物、他人所面对问题的意识和理解，表现为独特和丰富的内在世界。主体意识的觉醒能够使教师不被日常教学生活中的惯习所左右，并时常审视自己在教育教学中的专业话语、行为。即教师在习以为常的专业生活工作中打破思维定式，面对教学中的各种现实困惑，能够觉察出其背后的根源并给予创造性的改善与转变。只有主体意识被唤醒，才会有主体性与自主性的发展。因此，作为未来的教师，师

---

① 赵汀阳. 美国梦·欧洲梦·中国梦. 新华航空，2011（10）：6.
② 转引自：王建平. 中国近代师范教育及启示. 职业时空，2007（3）：72-73.

范生要获得专业认同感、职业幸福感，必须明了"我是谁？""我要成为什么样的教师？""我的教学要怎么变革？"等问题。作为未来的教师，如果无法意识到自我意识的立场，那么他将深陷每日反复的教育活动中，将教育教学活动中出现的问题视为理所当然，并采取一种习以为常的消极态度。长此以往，未来教师将变得习惯化、保守化，在教育教学中缺乏进取精神，得过且过。现实中的教师往往受制于传统和惯习等固有存在的影响，将生动而丰富的教育生活世界视为一种"先在"的理性世界。面对业已形成的标准化、程序化的专业内容，教师往往习惯于被动接受公共的意识形态和盲从普遍认可的价值判断，而不去做过多的、深入性的思考，不去做突破规定的多维选择，即教师被制度化、规范化和固化程序化了。于是，教师在平日的教育活动中趋于惯性，而放弃了自觉性、能动性和自主性的超越。[①]教师没有清晰的自我认识和主体觉悟，所进行的教育实践，很难说是透彻地把握了教育教学本质并发挥了自身优势的教学。[②]保罗·弗莱雷认为，"教师意识觉醒是教师建立主体性，发展自主性，活出解放教育理想的重要关键。教师必须对自己以及所身处的实践世界有更多觉知、能够质疑、挑战习以为常的做法、现象"[③]。帕尔默认为，优秀教师需要自我的知识，这是隐蔽在朴实见解中的奥秘。在《教学勇气：漫步教师心灵》中，他写道：

> "认识你自己"的要求既不是自私，也不是自恋。作为教师，无论我们获得有关自我的哪方面的知识，都有益于更好地服务教学和学术。优秀教师需要关于自我的知识，这是隐藏在朴实见解中的奥秘。[④]

基于解放旨趣，师范生作为未来的教师不应该是没有自己思维的、盲目尊奉权威的人。在复杂多变的环境中工作，他们应该是问题的解决者和决策的制定者，他们必须有能力处理未预料的情况，并对后果承担责任。主体意识觉醒的价值在于它能把人单纯、盲目、冲动、率性的行动转化为

[①] 魏薇, 陈旭远. 从"自在"到"自为"：教师专业自主的内在超越. 教育发展研究, 2010 (24)：7-12.
[②] 姜勇. 关于教师专业意识的研究——从角色隐喻看教师专业意识的觉醒. 教师教育研究, 2006 (5)：7-11.
[③] Freire P. Education for Critical Consciousness. New York: Continuum, 1973: 107.
[④] 帕尔默. 教学勇气：漫步教师心灵. 吴国珍等, 译. 上海：华东师范大学出版社, 2014：2-3.

智慧的行动,使人的行动脱离心血来潮的简单冲动和一成不变的刻板。另外,主体意识觉醒使人们加深了对事物意义的理解。没有主体意识的觉醒,任何有形的事物和物体则不会被赋予更深刻的价值。因此,在职前教师教育阶段,师范生应逐渐养成独立思考和反思的习惯,让其主体性在思想观念中生根萌芽,能够能动性、创造性地思考、学习与实践。杜威希望"师范教育大纲应明确把培养批判反思能力作为主要部分,并把反思贯穿在整个师范课程体系尤其是实习中,而教育工作者必须运用各种方法和途径激起师范生在批判层面上进行反思"[1]。

具体而言,在职前教师教育阶段,师范生不仅要尝试反思教育活动中的常识性问题、技术性问题、实践性问题,更要对教育现象背后的社会意义、伦理责任、价值取向等进行反思,不断追问教育内在的价值与意义。只有在此基础上,师范生在未来的教育教学生活中才会有意识地对自身的教育行为进行深刻的审视与改进。只有这样的唤醒过程,师范生才能发展主体性和自主性,才能实现内在意义上的成长。因此,职前教师教育课程的终极旨归在于激发师范生的主体性和唤醒其自觉意识,使之能够在未来复杂的教育教学情境中,批判性地运用概念工具、认知图式去判断和决策。由此,师范生才能在未来的教育教学中不再仅仅根据外在要求定义自己,不再依赖外在的规程例行公事,不再简单地重复程序化的教学行为,最终做出专业判断和自我抉择,走向自主与自觉。

三、师范生个性风格彰显的审美维度

哈贝马斯认为,"人文社会科学的研究不能局限于狭义的理论理性的真理观,应当注重道德-实践观、审美判断和理论理性的统一"[2]。他在《论席勒的〈审美教育书简〉》一文中认为,"审美的创造冲动给人卸去了一切关系的枷锁,使人摆脱了一切称之为强制的东西"[3]。就审美维度而言,职前教师教育课程目标除了要符合专业发展理性层面的逻辑外,还要置于审美的关照下来审视。人本身是一个活生生的、丰富璀璨的生命体,潜存着欣赏美、创造美的能力,这就要求尊重人的需要、情感、想象。正如马克思所言,社会的进步就是人类对美的追求的结晶。感性是人性的重要内容,人从本质上而言不是思辨的抽象物,而是具体的、现实的感性存在物。

---

[1] 杜威. 我们怎样思维·经验与教育. 姜文闵,译. 北京:人民教育出版社,1991:156.
[2] 转引自:汪民安,陈永国,马海良. 后现代性的哲学话语——从福柯到赛义德. 杭州:浙江人民出版社,2000:141.
[3] 转引自:哈贝马斯. 哈贝马斯精粹. 曹卫东,选译. 南京:南京大学出版社,2004:412.

埃伦·迪萨纳亚克（Dissanayake，E.）在《审美的人：艺术来自何处及原因何在》中指出，"人类天生就是审美的和艺术性的动物，艺术是人性中的生物学进化因素"[①]。杜威也曾说过，"在现代社会里，一个生活成功的人，必然是一个不同程度上的'艺术家'"[②]。人类的审美活动是人的生命的需要，审美追求是人对生命的追求；审美体验是人对生命的体验；审美享受是人对生命的享受。以审美活动为中介实施的审美教育，就是人对这种生命活动所实施的教育，即对人的生命的教育。其宗旨是培养、塑造人的生命意识，引导受教育者用审美的态度对待生活。[③]审美的力量在某种程度上和范围内是我们保持生活平衡和精神自由的力量。在现代条件下，对美的向往往往是促使人在自身活动的各个领域，在更大程度上以无限的热忱追求丰富多样的审美价值。因此，从审美化的意义来看，完整的教师教育活动，就是通过认识和遵循美的规律，在与世界、自然、社会、历史和他者等密切的教育交往活动中，通过确立具有不同层次的审美性的教育行为和有助于实现师范生的全面发展的审美追求，来展示其本质和丰富其内涵。传统的职前教师教育课程培养的师范生盲守着旧有惯例、热衷于操作训练、满足于技艺水平的提高，而能够以审美的心态从职业生活中体会生命的价值、体验存在的意义、享受创造的乐趣的较少。[④]

苏联学者列·斯托洛维奇在其《审美价值的本质》一书中认为，人与现实的审美关系是完整的感性形象的和思想情感的关系，是人在现实中精神确证的关系。像我们所看到的那样，对世界的审美是认识与评价、创造与交流、互动与融通的关系，而审美最为重要的一个特征是产生最高的享受。[⑤]因此，专业化的培养目标不是降低师范生作为人的品位，而是为催生真正的教师提供保障。假如师范生对未来的教师职业缺乏一种自由和审美的愿景与追求，那么师范生在未来的教育教学生活中就难以感受到诗意与激情，难以体验其中内在的温馨与浪漫，也就难以真正地实现自我与超越自我。因此，职前教师教育更应该思考的是如何让师范生从内心感受与体验到，教师是美的感受者——教师从自身平凡的教育教学活动中体验着愉悦和崇高；教师是美的体现者——教师是学生心中的榜样与偶像，教师

---

① 埃伦·迪萨纳亚克. 审美的人：艺术来自何处及原因何在. 户晓辉，译. 北京：商务印书馆，2005：22.
② 转引自：李健. 论审美现代性的三重张力. 求是学刊，2006（1）：102-106.
③ 易健. 现代美育是一种感性的情感的生命教育. 湖南教育学院学报，1999（4）：15-20.
④ 王枬. 论教师职业的内在价值. 教育研究，2000（9）：60-65.
⑤ 列·斯托洛维奇. 审美价值的本质. 凌继尧，译. 北京：中国社会科学出版社，1984：156.

的人格、形象、言语无不给学生以深刻的印象甚至会影响学生的终身，而学生也从教师的教育教学活动中获得强烈的启迪和积极的审美体验；教师是美的创造者——教师的个性教学艺术、自由教学风格、卓越教育智慧都是教师在职业生涯中所创造的美，它不仅表明教师已经进入心灵的自由境界和精神愉悦的状态，而且这种生活已经成为教师的一种享受和内在需要；教师是美的维护者——教师的教育教学过程是一个追求人生真、善、美统一的过程，具有与之俱来的守护美的勇气与使命。在这些教师身上，教师的职业已经进入审美的自由境界，教师的职业已经艺术化了。他们在教育教学活动中不仅在感受美、鉴赏美，也在创造美；他们自身的美和诗意不仅成为学生审美观照的对象，而且引导着学生在审美活动中不断提升审美能力。由此，教师职业才真正是"太阳底下最光辉的职业"，才能真正焕发出智慧之美、德性之美、人格之美。[①]

职前教师教育课程所培养的师范生在未来工作中面对的是学生的心灵世界，因此，在职前教师教育阶段，教师教育者就理应为师范生在未来职业生活中彰显个性、风格与形成审美情趣的底蕴奠定基础，引导师范生逐渐走上一条具有诗意化的职业发展道路，并在其职业中不断地感受美、体现美、创造美和维护美。在职前教师教育课程中融入审美的视野，在师范生培养过程中充分使感性与理性、情感与理智得以和谐共融，唤起教师教育者和师范生潜在的审美意识，将这种审美意识融入课堂教学实践，能够激发受教育者辨别真、善、美的欲望和能力。只有在这样的关照下，职前教师教育课程才能引导师范生更为主动地洞察、感悟、理解和体验教育教学生活的本质，才能以审美的态度对待人生，形成积极向上的专业生活理念，才能从现实生活中获得超越功利的审美情感体验。

四、师范生实践智慧生成的实践维度

教育作为一项社会实践活动，本质上是"实践的"。师范生的反思、自觉、伦理、批判等只有与实践联系起来，才能避免空洞、玄虚；也只有通过教育实践，才能实现理解、追求与创造。因此，实践维度可以说是职前教师教育课程目标建构的核心和落脚点。未来教师在不确定和复杂多变的实践情境中，绝不是通过机械套用现成的理论规则对教育活动进行技术性应对与处理的，而是凭借自己对教育教学的理解和领悟，面对"低洼湿地"的"混乱"时，能够创造性地做出自主判断和个性化选择。因此，真

---

① 王枬. 论教师职业的内在价值. 教育研究, 2000（9）：60-65.

正意义上的教师专业发展不仅是面对"高地",教师使用理论和技术实现直线上升,而且是基于实践,教师在对自身的信念、课堂教学经验进行不断反思的基础上,重新概括、积极验证,不断生成、建构和丰富实践智慧的过程。在实践维度,职前教师教育课程目标旨在实现师范生实践智慧的生成,在实践中培养他们的体验能力、反思能力、决断能力和专业发展的自主性。实践智慧最早来源于亚里士多德建构的实践哲学,他认为,实践智慧是"就那些对人类有益或有害的事情采取行动的真实的、伴随着理性的能力状态"[1]。康德在《判断力批判》中将实践分为"技术性实践"(旨在改造自然、重塑或创造适合于人类生存的"实践")和"道德性实践"(着眼于自由和自律的人应当具备的"实践")。杜威认为,实践智慧就是能够深思熟虑,更为广泛、细致地观察正在发生的事情,并从中谨慎地选择指向将要发生的事情或因素。[2]这种深思熟虑,强调实践智慧追求行动的合理性。里夫(Reeve,C. D. C.)认为,实践智慧是对情境的感知、辨别和理解。[3]这种观点强调的是实践智慧的实践感知性。邓恩(Dunne,J.)认为,实践智慧是一种向善的行动,表征了知道怎样生活得更好。[4]这种观点强调的是实践智慧的道德品性。以上对实践智慧的诸种不同理解,从不同层面描述了实践智慧的内涵与特征。只有将其整合起来,才能更为准确地把握实践智慧的内涵。在此基础上,有研究者认为实践智慧既强调追求合理性,又强调对情境的感知、辨别与顿悟,还强调彰显实践的道德品性。[5]因此,在理解实践智慧的基础上,教师实践智慧是指在教育教学活动中,对教育教学情境的感知、辨别、反思与顿悟的能力,是对教育教学合理性和道德性的追求。

实践智慧主要表现为两方面:①善于抓住教育时机。日常的教育教学活动中经常会出现各种教育时机。范梅南认为,每个情境都富有教育的内容,我们期盼教师能做点什么,而这个主动的际遇就是教育的时机。[6]教师在面临复杂教育情境时所表现出的敏感、迅速、准确的判断能力,意味

---

[1] 亚里士多德. 尼各马科伦理学. 苗力田, 译. 北京: 中国社会科学出版社, 1990: 131.
[2] 杜威. 民主主义与教育. 王承绪, 译. 北京: 人民教育出版社, 1990: 155.
[3] Reeve C D C. Practices of Reason: Aristotle's Nicomachean Ethics. Oxford: Clarendon Press, 1992: 190-193.
[4] Dunne J. Back to the Rough Ground: Practical Judgment and the Lure of Technique. South Bend: University of Notre Dame Press, 1993: 244.
[5] 邓友超, 李小红. 论教师实践智慧. 教育研究, 2003(9): 32-36.
[6] 马克斯·范梅南. 教学机智——教育智慧的意蕴. 李树英, 译. 北京: 教育科学出版社, 2001: 55.

着教师在瞬息万变的教育情境中能够审时度势、随机应变，抓住最好的教育时机，及时地采取行动。②不拘泥于传统的教学常规。具有实践智慧的教师不仅仅满足于对现有的教学经验的重复，而是不断对自己的教学经验进行深入的反思，不断地改进和创新教育教学。舒尔曼认为，教师对一致性和简单性的追求是愚蠢和被误导的，教师和教师教育者必须学会处理教育自身所存在的必要不确定性和复杂性。[①]

教师的专业成长过程是职前教育、入职培训和职后继续教育各阶段诸因素综合作用的产物，是长期、连续的过程，其中，职前教育是基础。智慧的形成既不是一蹴而就的，也不是一劳永逸的。教师的实践智慧也是如此，它是一个长期不断积累和积淀的过程，而这种积淀恰恰来源于职前教师教育对师范生的理性思考、反思、研究等发展性能力的激活。职前教师教育作为整个教师教育的"奠基"和"源头"，加强对师范生实践智慧的培育理应成为其目标和追求。但是在教师教育领域普遍存在着一种误解，即教师的实践智慧是职后教师的专利，即教师的实践智慧是教师入职后，置身于具体的、真实的情境中经过长期的积累而形成的。因此，职前教育阶段忽视了对师范生实践智慧的关注，从而导致传统的职前教师教育向社会输送的往往仅是"半成品"的教师，把理应职前阶段解决的一些问题推到了职后。由于缺乏相应的基础，师范生入职后实践智慧的培养也成为空中楼阁而无法实现，在一定程度上阻碍了教师的成长。因此，对实践智慧的培养和重视不应只发生在职后教师身上。作为未来教师的师范生也应被视为真正教师中的一员，在职前阶段为其日后专业素养的养成奠定基础。一般而言，师范生的实践智慧具有以下特征：①动态生成性。杜威认为，"智慧并不是一劳永逸可以长期保存的，而往往是处于形成的进程中，要保持它就要随时戒备着，观察它的结果，而且要存着虚心学习的意志和重新调整的勇气"[②]。师范生的实践智慧也是如此，它源于对教育教学情境持续的感知、反思，处于一种发展状态和生成的过程之中。②个别性。师范生的实践智慧在很大程度上受其教育理念、实践经历、生活经验等方面的影响，综合体现教师个体的知识结构、能力、思维特点，因此，具有鲜明的个体独特性，并体现了其对教育教学的见解和思想。③创造性。师范生的实践智慧是师范生在知识和经验习得的基础上，形成的一种综合能力系

[①] 舒尔曼. 实践智慧——论教学、学习与学会教学. 王艳玲等，译. 上海：华东师范大学出版社，2014：318.

[②] 杜威. 哲学的改造. 许崇清，译. 北京：商务印书馆，1958：52.

统和实践品性。这种实践品性超越了教学经验的肤浅性，其并非一味地模仿，而是具有一定的创造性，即师范生对感性的、表面化的经验进行凝练、反思和提升，从而内化为自身的实践能力。

在解放旨趣下，职前教师教育课程目标的设计是一项极具创造性的工作。美国著名的后现代课程专家舒伯特（Schubert，W. H.）将课程目标形式取向归纳为四种类型：普遍性目标（universal objectives）取向、行为目标（behavioral objectives）取向、生成性目标（evolving objectives）取向和表现性目标（expressive objectives）取向。其中，普遍性目标取向是指根据国家政治的需要或者伦理观念以及意识形态等，推演出普遍的或具有一般性质的教育宗旨，对课程进行总括性和原则性的规范与指导的目标。一般而言，这种形式取向的课程目标的含义比较模糊且带有一定的随意性和指令性。行为目标取向主要是以课程行为结果描述的方式对课程进行规范和指导的目标。这种形式取向的课程目标明确地指出了课程学习后的行为效果，即以学生行为的改变为指向，因此具有较强的操作性，且易于评估。但是，这种形式取向的课程目标容易忽视学习者的情感意志领域，破坏学习者行为的整体性，有控制本位和技术理性的倾向。生成性目标取向往往又被称为形成性目标取向或者生长性目标取向，其将课程目标视为动态的过程，强调在学习者与问题情境的交互作用过程中不断地产生出新的目标。表现性目标取向追求课程目标的多元性，旨在培养学生的创造性。根据这四种形式取向的课程目标的实质可以发现：普遍性目标取向、行为目标取向追求的是控制本位和工具理性，体现的是唯科学的教育价值观和取向；而生成性目标取向追求的是关注过程的实践旨趣，将课程的重点放在学生的认知过程和解决问题上，旨在通过课程学习过程培养学生以知识体系为支持的反思性和批判性的思维能力；表现性目标取向追求的是解放旨趣，体现了人文教育价值观和取向，具有很强的唤起性和开放性。当前，我国职前教师教育课程往往以"知识本位""技能本位"为课程目标，通常采用普遍性目标取向和行为目标取向。例如，一些职前教师教育课程目标表述为"具备先进的教育思想和高尚的道德修养"，"掌握现代教育技术，适应基础教育需求"，"能从事基础教育的有关管理工作"等。诚然，普遍性目标取向和行为目标取向在培养未来教师掌握教育学科知识以及教育教学技能方面能够发挥巨大的作用，但因其往往忽视师范生作为主体的完整性和发展性，故师范生的实践性知识和反思性、创造性的专业品质的形成难以得到保障。

基于哈贝马斯对三种认识旨趣的理解，从普遍性目标取向、行为目标取向到生成性目标取向再到表现性目标取向,并不意味着后者对前者的否定,而是一种更高层次的价值追求,是对前者的完善和超越。因此,职前教师教育课程目标应整合这四种形式取向,突出课程目标的生成性取向和表现性取向,将控制本位中被动的"具有""使学生"转换为"成长""创生""生成"等,突出目标的"可能性"。这一过程正是师范生不断生成、建构、转换自己的认知结构、知识经验系统和人格特征的过程,以及不断将普遍形态的理论转换成基于个体经验系统的实践理论的过程,从而逐渐养成独立分析、判断与批判、创新的能力。

第五章 解放旨趣下职前教师教育课程内容的重构

我国职前教师教育课程内容往往被诟病存在过于"理论化"、"学科化"或"技术化"的倾向。[①]前面对职前教师教育课程目标的愿景勾勒以及四重生成维度的构建，为职前教师教育课程内容的构建给予了相应的支撑。具体而言，基于解放旨趣的内蕴，在形而上层面，职前教师教育课程内容的重构离不开思维范式的转换，需要从根本上改变过去那种线性思维的模式，即要从实体性思维走向生成性思维，从学科化逻辑走向教师生活逻辑；在形而中层面，职前教师教育课程内容的选择与组织要回归与师范生的意义、理解、主体间性相关的教师生活世界，进行一种生成性的课程资源统合；在形而下层面，职前教师教育课程内容的重构并不是全盘否认已有课程内容的合理性，而是在原有内容基础上展开一种新的价值关怀和澄清。

第一节 职前教师教育课程内容建构的思维转换

职前教师教育课程内容的重构关键在于思维范式的转换，已有的、定型化了的课程内容构建的思维方法往往是课程内容僵化的重要根源之一。因此，在解放旨趣下，职前教师教育课程内容的重构首先要突破已有的思维范式的束缚。

一、从实体性思维走向生成性思维

从实体性思维走向生成性思维，既是使职前教师教育课程内容形态处于常新和与时俱进之中的必然选择，也是当代职前教师教育课程内容重构的必然选择。"实体"作为西方哲学发展史上的一个重要范畴，一直是西方哲学研究的旨归。从古希腊哲学产生之日起，人们便开始探寻和追问"本原"问题，实体思维一直渗透在人们对世界终极本原的追寻和探求中。实

---

① 王艳玲. 培养"反思性实践者"的教师教育课程. 华东师范大学博士学位论文，2008：91.

体思维认为，事物的质和属性是事物本身所固有的，与该事物直接同一，其思维逻辑是：存在=实体=固有质。简言之，认识事物的本质属性，只需要将其自身作为根据，而不需要依赖于他物。这也正如笛卡儿对实体的解释，即"所谓实体，我们只能看作能自己存在，而其存在并不需要别的事物的一种事物"[①]。因此，实体是自足的、封闭的、孤立的。既然实体与自身的固有质同一，那么，事物的质就是既定的、本来的、预成的。有某物即有某质，事物、质不存在生成的问题，不是在过程中"成为"它的。[②]由此可见，实体思维是一种预设世界有其终极性本原或"始基"，并以探寻这种终极性本原作为研究旨归，以普遍的理性抽象为研究范式，以终极性、封闭性、简单性、静止性为特征的二元对立的思维方式。[③]在实体思维的影响下，一旦把客观规律当成了某种外在于人的、纯粹的客观存在，那么对这种客观存在的追求与渴望便成为一切活动的动机。如此一来，人与世界之间应有的原始性关联也就被割裂了，人也相应地成为被封闭起来的"实体"，其本质是对生活或现实的人的简化、遗忘和抽象。这种实体思维体现在职前教师教育课程内容中，就是相信"教学规律""教学本质""教学模式"等普遍适用的解读的存在，并将其作为范本和终极目标进行追求。这样，职前教师教育课程内容就会忽视甚至是排斥对教育教学生活中现实的、个人的、具体的、偶然的情境的关注，而更多地将教育教学中的抽象概念、逻辑原则、原理推演奉为圭臬。由此，这些具有普适性的教学规律、教学本质等在帮助师范生认识和理解教育教学生活时，会因不顾现实性、复杂性和人为性等而显现出盲目还原的倾向。职前教师教育课程内容对各种本质、规律的追求，在某种意义上来讲是有必要的，因为知识内容的相对确定性是确实存在的。要是因为对这些所谓的"永恒的""普适的"规律和本质的执着追求而放弃了那些现实的、个人的、具体的、偶然的事件，其最终所得到的根本不会是真实的教学生活，甚至极为可能会对师范生形成一种新的"奴役"和"压迫"。

另外，在实体思维下，职前教师教育课程内容是封闭的、预先设计好的，等待着师范生去接受和掌握。其过程仅"表现为一系列僵化、肤浅的刺激—反应—强化活动"，"教的标准在于有效的刺激与强化，学的目的在于

---

① 笛卡尔. 哲学原理. 关文运，译. 北京：商务印书馆，1958：20.
② 孙美堂. 从实体思维到实践思维——兼谈对存在的诠释. 哲学动态，2003（9）：6-11.
③ 赵秀文，巩曰光. 实体思维的桎梏——当代教学论研究的困境. 现代教育管理，2009（7）：27-29.

机械而精准的反应"[1]。因此，实体思维使职前教师教育课程内容表现出某种机械性和肤浅性。实体思维往往将师范生的专业素质预设为客观存在的实体，或是静态的理论知识、学科知识，或是固化的教学知识、技能知识，以此来诠释教师的专业成长，从而忽视师范生发展的过程及具有深刻丰富意义的"教育意蕴"。这种思维方式对未来教师的学习和发展过程与学生学习知识的过程进行了简单的线性对应，即学生需要学习哪些知识，未来教师就必须相应掌握哪些知识。这就是前面提到过的"要给学生一碗水，教师自己要有一桶水"。在这种认识下，职前教师教育课程内容就重在对师范生需要的知识进行一种静态的和固化的分析，而往往忽视师范生发展的过程及其深刻意义。[2]正如海德格尔所言，追求存在者而忘记存在本身，对职前教师教育课程内容做简单"加法运算"的现象就是例证。然而，事实上事物并不是孤立的实体，而是由实体与其周围的环境要素所组成的一种复杂性和交织性的组织模式。正如埃德加·莫兰（Morin, E.）所言："必须把信息和资料放置在它们的背景中以使它们获得意义。为了获得含义，词语需要构成它们的背景的文本，而文本需要它们在其中被宣读的背景。"[3]

因此，师范生所学习的内容并不是纯粹的实体世界，构成内容的各种元素以及它本身都处在复杂的关系网络之中，教育教学往往是意向性的、发生性的、情境性的、伦理性的、经验性的、智慧性的、反思性的。这意味着将教师教育课程内容的构成元素及其本身孤立起来考察和认识是远远不够的。生成性思维是具有情境思考、多元思考、语脉思考、构架重建等特征的思考方式。生成性思维把人的能动的和动态的实践当作事物本质、关系和过程的"显现项"，只有在主客体互动关系中，才能确认其本质；离开主体及其实践来描述事物"自在的"是不完整的。生成性思维重过程而非本质，重关系而非实体，重创造而反预定，重个性、差异而反中心、同一，重非理性而反工具理性，重具体而反抽象主义。[4]它的特点是突出主体及其实践在"关系"中的主体地位，把"关系"理解为由主体能动地实践不断澄明的动态系列。生成性思维不是提出某一种新思想，而是改变我们看待事物、思考存在的方式或维度。生成性思维不再抽象地、孤立地考察物质实体或精神，而是把人的生活、实践以及相关因素等作为一个整体来考察。存在不只是"实体"，更是"关系"；不只是"关系"，更是

---

[1] 郝德永. 课程：走向自觉与自律. 合肥：安徽教育出版社，2009：19.
[2] 姜勇. 从实体思维到实践思维：国外教师专业发展新取向. 外国教育研究，2005（3）：1-4.
[3] 埃德加·莫兰. 复杂思想：自觉的科学. 陈一壮，译. 北京：北京大学出版社，2001：151.
[4] 李文阁. 生成性思维：现代哲学的思维方式. 中国社会科学，2000（6）：45-53.

"过程";不是纯客观的过程,而是以主体及其实践为轴心不断被创造和显现的过程,是主客体相互作用、双向深化的动态系列。[①]一切都是"未完成的",是"生成的",都需要在建构活动过程中"生成"自己。由此,生成性思维不是先验地以某种概念、原则去规范和评判现实、事实,而是研究事实在现实的实践中如何"成为"的。实践、生活就成了哲学思维不断回归的原点,成了基本的参考系。如果基于生成性思维构建职前教师教育课程内容,那么主观和客观、本质和现象、关系和过程就被视为主客体互动中不可分割的动态整体,进而真正理解与把握师范生的成长。

吉恩·克兰迪宁(Clandinin, J.)描绘了职前教师教育课程知识开发的新图景,认为"教师知识"不能等同于"给教师的知识"。[②]学校和政府部门在职前教师教育课程开发时倾向于讨论"给教师的知识",即教师应该有什么样的知识。在这种教师教育知识观下,知识被视为商品,是某种可以被打包并通过训练等渠道交给教师的物品。教师教育者关注的问题就是"我们想让未来的教师掌握哪些新知识"。而"教师知识"是根植于教师生活,通过生活获得知识的形式。以"教师知识"的理念理解职前教师教育课程开发,教师教育者则会像肖恩一样思考,"成为专业人士意味着什么?""我们能够做什么来帮助你以自己独特的方式改进你的实践?"[③]由此,职前教师教育课程内容的建构,应该从一种静态的、情境隔离式和价值无涉式的实体思维走向一种过程性、情境性、复杂性的生成性思维。

二、从学科逻辑走向教师生活逻辑

课程逻辑是任何课程内容与结构体系建构的逻辑起点。长期以来,由于近现代的主客二分认识论以及由此发展起来的科学实证主义研究范式的影响,课程内容往往建立在科学学科知识基础之上,按照系统的学科知识分门别类地开设课程。在基于效率取向和学术化取向的高校课程改革中,以学科知识为基础构建的学术性课程备受重视。例如,我国职前教师教育课程内容的构建模式是按照苏联师范院校的学科模式建构起来的,按照基础教育学科分类及标准对口设置专业,即按学科专业教学模式来培养教师;而职前教师教育课程内容与知识体系按照教育学和心理学的学科逻辑来建构,其中以依据教育学、心理学的学科体系为主。由此,形成了以教育学、

---

① 孙美堂. 从实体思维到实践思维——兼谈对存在的诠释. 哲学动态, 2003(9): 6-11.
② 吉恩·克兰迪宁. 知识与课程开发: 教师教育的新图景. 鞠玉翠, 译. 教育研究, 2009(4): 48-54.
③ Schön D. Educating the Reflective Practitioner. San Francisco: Jossey-Bass, 1987: 75.

心理学、学科教学法为主的课程内容体系，并预设师范生必须学习这个学科的知识才能获得预设的教育教学能力。在现代性大学教育实践运行方式下，学习职前教师教育课程内容的过程事实上也就构成了这三门专业学科规训的过程。由此，无论这种学科知识对于师范生未来从事教师职业活动是否真正发挥作用，教师教育者都更愿意严格参照这种传统的学科化、结构化的逻辑体系。在传统的职前教师教育课程中，教师教育者只需要按照划定的课程内容讲授并组织考试即完成教的任务，而师范生只需获得相应的学分就完成了课程学习，并成为潜在的未来教师。

就目前而言，无论是师范院校还是综合性院校的职前教师教育课程设置，无一例外都是按照各学科规训制度运行的，进行教育学、心理学、学科教学法等学科的教育。在学科规训的现代大学体制下，教师教育自身没有形成独立的专业学科，而只能从已经成熟的教育学或心理学专业中"借调"学科来拼凑成一套课程内容体系。以学科教学法为例，学科教学法不仅应该有自己的知识结构，而且应该有学习者进行建构式学习的进路。然而，一些院校开设的学科教学法实质上并没有凸显出其特有内容，往往是简单移植教育学或课程教学论的内容，导致学科教学法的课堂犹如在复习教育学和课程教学论。[①]因此，职前教师教育在课程运行阶段，就只能交由各个学科知识领域来处理课程的内容和教学的方式。由于专业学科的界限往往是相对清晰的，从事各学科研究和教学的人员基本上都是按照自己领域内学科体系的范式来展开，而对于师范生来说，课程的学习不过是多了解一些知识，往往难以顾及是否对教育教学有用，只要修完教育学科的学分，也就足够了。正如有研究者描述的事实：学习教育学相关知识的目的仅仅是通过考试。[②]

教师教育同教育学的区别在于它们的研究对象不同、研究范围不同、理论构建不同。虽然都直接涉及教育，但是由于视角不同，所建立的经验和知识往往也是不同的。例如，教师教育要以心理学为基础，但并不等同于能直接用心理学来代替。教师教育研究如何把人类积累的知识和一定的社会思想、道德转化成学生个体的认识与力量，而这种转化是在外部影响下，个体内部心理机制运动与发展的结果，这的确离不开心理学的指导。但是，教师教育者不仅要解决上述"转化"问题，而且要根据职前教师教育培养目标，

---

① 李舒波，李焕武．"3+X"教师教育课程的反思与重建．毕节学院学报（综合版），2014（10）：97-101．

② 金美福．学科化的教师教育课程与教学形成原理——解析埃德蒙·金对比较教育作为教师教育课程的描述．外国教育研究，2007（10）：19-22，32．

让师范生也能理解和体认这种"转化"机制，以便做好未来的教师工作。①每一门学科发展往往遵循体系化和理论化的建构逻辑，因此，概念、原理、规则、理论等都是学科知识建构的基本元素，以此逻辑建构的职前教师教育课程内容存在理论化、空洞化在所难免，并难以与师范生未来的教育教学生活建立联系。由此，导致职前教师教育课程的典型特征就是把教育学、心理学的基本概念、原理和学科逻辑体系灌输给师范生。同时，按照教育学学科逻辑构建的职前教师教育课程内容存在知识按学科逻辑被条块化分割的现象，缺乏指向教育教学实践领域的内部整合。特别是在学科专业化日益凸显的背景下，教育学科各子学科都在自有领地按各自学科逻辑发展，缺乏交流与整合，由此容易造成部分知识的低水平重复。另外，这种与教育教学实践相割裂的知识碎片难以"以心契心"，难以对师范生真正有所触发，也就容易造成师范生内在精神世界的单调与贫乏。如此的职前教师教育课程内容所蕴含的思想观念在很大程度上就难以转化为未来教师的精神财富、思维方式和行为方式的一部分，更难以成为实践变革的内生资源和内在力量。②

哈贝马斯在《交往行动理论》（第一卷）中认为，引导认识的旨趣形成于生活世界。他认为那种单纯地将理论陈述与事实联系起来的看法是客观主义的，这种看法将理论陈述所展示的各种经验之间的联系当作自在之物，忽略了赋予这类陈述以意义的先验框架。③师范生未来是要从事关于人心灵的工作，教会学生学习、育人和服务是其专业发展的内涵。然而，占据了大量职前教师教育课程课时和教师教育者精力的教育学，理想中所期望的是师范生通过对教育的概念、教育的起源、学校教育体系、课程与教学、师生关系等的学习，能够真正理解教育的内涵，充满教育情怀。然而，在教育学学科逻辑思维范式下，这样的"课"基本上很难实现这个目标，多数师范生认为，学习这门"课"的价值并不是很大。④由于职前教师教育课程内容过于重视原理的普适性和工具性，往往纠结于概念的演绎和逻辑的推理，更多地关注概念与概念、范畴与范畴之间的逻辑关系，从而忽视了师范生未来教学生活的丰富性和鲜活性。因此，职前教师教育课程内容需要从转型的角度，基于师范生未来的教师生活逻辑来建构。例如，新加

---

① 王健. 我国教师教育学的逻辑起点研究及学科体系构建. 华东师范大学博士学位论文, 2009: 135.
② 李政涛. 我们时代的教育学教育——以教师的教育学教育为例. 高等教育研究, 2008 (2): 35-39.
③ 德特勒夫·霍斯特. 哈贝马斯. 鲁路, 译. 北京: 中国人民大学出版社, 2010: 18-19.
④ 朱旭东, 李琼. 论我国教师教育的二次转型. 教育学报, 2014 (5): 98-104, 112.

坡开设的教与学的理论及运用、教育的批判性观点、有意义学习的信息技术运用、教与学的社会情境等课程，这些课程都是紧紧围绕师范生未来的教师生活逻辑而展开的。在当前大学的学科规训制度下，职前教师教育课程内容改革最合理的和可能的逻辑就在自身领域内，即在教师教育领域内探寻。由此可见，要走出当前职前教师教育课程内容构建的现实困境，就应该改变课程设置的学科逻辑，以教师生活逻辑来建构新的职前教师教育课程内容体系。

　　以教师生活逻辑来建构职前教师教育课程内容体系，必须明确教师生活的复杂性和非线性，特别要明确教育教学工作绝非简单的技术问题解决，它要求教师既要拥有"智慧的判断"，又要拥有"情感的关怀"。这说明并不是任何人都能成功扮演教师的角色的，即使是教育学专家，也不一定能成为教育专家。以教师生活逻辑来建构职前教师教育课程内容，意味着要凸显教师生活的独特性，在某种程度上来讲也就是教师专业的独特性。专业区别于一般职业则在于它非同寻常的知识逻辑和复杂技能。例如，凯露（Kyro, P.）提出，一个专业的科学知识体系应该具有"为这一专业"（for the profession）和"关于这一专业"（about the profession）的特点。[1]杜威也曾经指出，一个教师的学科知识与一个科学家的学科知识的区别就在于教师关注的是"他自己拥有的学科知识如何能帮助理解儿童的需要和行为，并决定该以哪种媒介给予学生恰当的指导"[2]。"作为专业的教师"是教师教育实践的起点，意味着当人们意识到教师是专业时，培养这种"专业意义上的教师"的教师教育活动随之开始。布朗德士（Brandeis, B.）认为，"专业是一个正式的职业；为了从事这一职业，必要的上岗前的训练是以智能为特质，卷入知识和某些扩充的学问，它们不同于纯粹的技能；专业主要供人从事于为他人服务而不是从业者单纯的谋生工具，因此，从业者获得经济回报不是衡量他（她）职业成功的主要标准"[3]。那么，教师作为一门专业，就应该有其专业操守，以追寻教育的意义、促进学生成长为其职责所在；就应该有其专业决策与判断，凸显其作为教育者的灵魂；就应该有其专业自觉，凸显自由与责任的融合。因此，职前教师教育课程内容转向教师生活逻辑，可以使师范生像教师一样去行动与生活，唤醒师范生个人教育意识和培育师范生的教育智慧。

---

[1] Kyro P. The management consulting industry described by using the concept of "profession". Helsinki: Department of Education, University of Helsinki, 1995.
[2] 转引自：王娜. 学科教学法知识的概念、内涵及价值. 当代教育论坛（综合版），2011（3）：53-54.
[3] 转引自：赵康. 专业、专业属性及判断成熟专业的六条标准——一个社会学角度的分析. 社会学研究，2000（5）：30-39.

第二节 职前教师教育课程内容的选择与组织

从理想层面来讲，人类的教育往往抱有将所有科学知识以及各种生活经验都教给学生的期望，但是由于学校课程时间的限制及知识、社会更新速度的日益加快，这期望是不可能实现的。[1]以学科体系为基础的课程建构，在科学性、逻辑性、系统性等方面具有很强的优势，虽然科学知识对于未来教师而言也极为重要，但其并不是全部。否则，在实际运用的过程中，课程内容往往会远离现实，所学的知识容易与人相割裂，且一些本真的东西也容易被忽略。由此，课程内容的选择与组织就显得尤为重要，它不仅仅是简单的知识安排与遴选问题，更是涉及深层次课程哲学、价值观、意识形态等的问题。职前教师教育课程内容的选择与组织是以教师教育的价值观念及相应的课程目标为根据的。以解放旨趣为价值关怀的职前教师教育课程的目的不在于向师范生灌输概念、定义、理论和事实，造就"会走路的百科全书"。职前教师教育课程内容不是师范生必须全盘接受的对象，而是能够唤起师范生认知、思考、分析和理解并进行反思、意义构建的中介。

一、内容选择：回归生活世界的课程资源

以胡塞尔为代表的现象学哲学流派通过对科学世界的反思与批判，将"生活世界"这一重要概念引入了哲学理论。他认为，近代科学已经丧失了它的"生活意义"或"生命价值"，忽视了存在的意义。在胡塞尔看来，"生活世界"是以价值为根本的，从本质上讲，生活世界是科学世界的基础和最终依据。只有建立以理解意义、评估价值为核心的知识与内容，教育才能完整地理解和诠释这个生活世界。[2]哈贝马斯认为，"生活世界"是主体与主体交往互动的背景，是人们交往活动的结果，即认识是主体对客体的反映、认知和概括，而理解与互动则是主体与主体在生活场域中的沟通、体验、评价和共识。基于解放旨趣的职前教师教育课程内容的选择应依托于师范生过去、现在以及将来的"生活世界"，并且关心师范生作为人的内在需求和整体发展。师范生个体的认知、情感、理解、行动总是在

---

[1] 钟启泉. 课程论. 北京：教育科学出版社，2007：146-154.
[2] 埃德蒙德·胡塞尔. 欧洲科学的危机与超越论的现象学. 王炳文，译. 北京：商务印书馆，2001：16.

对现实文化、环境的感受和领悟中生成的,即使没有亲身参与其中的经历过程,也是建立在对自我人生阅历或他人体验的基础之上的,不存在没有现实生活依据的完全凭空的情感。①正如派纳提出的"回溯—前瞻—分析—综合"四种方法论维度,职前教师教育课程内容只有回归师范生的生活世界,才能帮助师范生"回溯"过往的经历,"前瞻"未来可能的方向,"分析"当前感受与过去、未来之间的联系,从而在未来的行动中实现自我的重建。因此,解放旨趣下的职前教师教育课程内容的选择强调回归教育的生活世界,是对以往职前教师教育课程内容与生活世界的严重剥离以及师范生主体性失落的反思与批判。

(一)基于原生主题的课程内容选择

职前教师教育课程内容的选择向"生活世界"的转变,意味着职前教师教育课程内容不再仅仅局限于"科学世界",而是打破"科学世界"这一单极格局,并将课程从中解放出来,转而从师范生的"生活世界"中提取养料,也就是要从抽象化、符号化、结构性的科学概念、定义、体系中解放出来,转向与自身息息相关的生活际遇和人生感受。在课程内容的选择上,弗莱雷提出了一种基于"原生主题"的课程内容,通过这种方式促使学习者发现问题、提出问题,进而从这种无意识的束缚中"解放"出来。这也是弗莱雷解放教育思想的重要载体。所谓"原生主题"意味着通过提供一种与现实生活相似的情境,促使人们在这种情境中寻找出与他们的生活密切相关的一些主题,从这些主题出发,可以产生出更多有意义的生成主题,从而建构新的课程。②而这种课程内容的统合并非由教育者独自选择的,也并非将原有的文化模式和社会规范当作现成的、不加任何改变的内容加以接受和使用,而是通过一种类似于"集体审议"的方式共同寻求、探索和改造的过程,实质上就是一个提问、批判、解释、对话、"解放"的过程。职前教师教育课程内容要回归"生活世界",在某种程度上意味着原生主题课程内容的选择与建构,因此,在考虑理论体系内在逻辑相对完整的基础上,职前教师教育课程内容的重构应该与师范生的生活世界建立起联系,使师范生既有的教育教学认知图式与教育理论知识进行互动与融合,并内化成基于师范生自身的、有意义的认知图式与行为方式。

例如,在职前教师教育课程内容选择时,重视"生活史"课程资源的

---

① 胡春明. 论"生活世界"理论视野中的教师教育. 江苏高教, 2006 (6): 48-50.
② 黄志成. 弗莱雷解放教育课程建构论述评. 全球教育展望, 2003 (2): 58-61.

挖掘。正如迈克尔·康纳利（Connelly，F. M.）教授指出的，教师教育的过程是对历史的回顾和重新体验，并在体验的基础上改造自己的教育观念；教师教育不是"注入"，而是"重建"。[①]"生活史"是个人在一定社会、文化和历史情境中的生活经历和体验。在职前教师教育课程内容的构建中，面向教育事实、透过师范生成长中的生活资源展现真实的教育生活，并从"事实"本身寻找教育意义，是师范生生命自觉和主体意识觉醒的重要方式之一。基于解放旨趣，这些生活资源往往成为职前教师教育课程内容更为关注的焦点，正如前面所谈到的吉鲁的"解放记忆"，也就是要关注师范生已有的认知和记忆。职前教师教育课程资源场域中的"生活史"包括师范生的生活史和教师教育者的生活史。其中，师范生的生活史包含了师范生作为"学生"的受教育史以及作为"准教师"的师范教育阶段的生活史；教师教育者和师范生在生活经历中遇到的关键事件、关键情境、关键人物都是职前教师教育课程的重要内容和资源之一。虽然师范生在职前教师教育期间还较少有扮演教师角色的实践体验，但是并不缺乏对教育的相应思考和知识。他们在曾经的受教育过程中遇到的教师、所接受的学校文化等，都直接影响他们对教育、学校、教师、学生等教育因素的认识和理解。在课程内容选择时，要着重挖掘和利用师范生作为学生时的教育生活及经验，重视从师范生已有的知识经验和教学实际出发，通过创设真实的学习情境，结合鲜活的现实案例，引导师范生批判性地反思自己对教育、教学的缄默知识，改组自我原有的认识与行动框架。另外，教师教育者本身也拥有独特而丰富的课程资源。将这些生活经验转化成丰富的课程资源，利于引起师生的关注和共鸣。

（二）基于问题情境的课程内容选择

师范生作为成人学习者，具有成人学习的独特性。马尔科姆·诺尔斯（Knowles，M. S.）的成人自我导向学习理论认为，由于成人的身心状况与儿童大不相同，他们的学习方式也有所差异，成人的学习取向不是学科中心，而是问题中心。[②]成人更关心学习什么和为什么学习，以及学习对于未来工作、生活、发展的意义，这与儿童学习者具有鲜明的差异。杜威认为，思维是由直接经验的情境引起的。[③]情境化的课程内容往往是激发反

[①] 转引自：杨跃. 生活史：一种重要的教师教育课程资源. 课程·教材·教法，2009（10）：84-88，93.

[②] 凌玲. 成人学习基本理论——诺尔斯的观点. 成人教育，2017，37（8）：11-14.

[③] 约翰·杜威. 我们怎样思维·经验与教育. 姜文闵，译. 北京：人民教育出版社，1991：262.

思的源泉。师范生已经具有较为清晰的自我概念，拥有强烈的认知需求。在职前教师教育课程内容中合理创设问题情境是顺应师范生再创造与意义建构的需要。问题情境在一定程度上可以让师范生置身于教育教学实践的情形中，激发师范生的问题意识和探究兴趣，有利于实现师范生对教育教学的再创造。通过情境呈现问题，然后从中提取概念或原理，实际上是对教育理论学术形态的淡化，是对概念和原理本质的注重。改变传统的纯理论知识选择取向，以再现教育情境、关注教育现实、解决教育问题的方式鲜明、生动地呈现教育理论，突破教育理论知识与教育行动知识的界限，在某种程度上有利于引导师范生形成学习教育理论课程的积极的行动心向。[1]例如，为帮助预备教师获得核心经验，美国的教师教育机构在不同场所开发出了不同类型的课程，如表5-1所示。

表5-1 基于核心经验的美国教师教育课程设置[2]

核心经验	实施场所
行动研究	课程
儿童案例研究	临床讨论
课例研究	教学实习
教学分析	社区实习
学生工作分析	工作岗位
课程开发	学校研究小组
自传与叙事	
研读与读者讲堂	

注：核心经验与其实施场所之间是交叉的关系，并非一一对应。

另外，诸如教师专业伦理或专业认同类的课程，在内容选择时，应该充分彰显未来教师的立场，从"第一人称"的视角来帮助师范生建构对教师职业的责任感和认同感。正如哈贝马斯谈到的，在平等的关系网络中，每个人应站在第一人称的参与者视角，而不是仅仅站在以各自成就为取向的观察者或行动者的视角。[3]以教师职业道德课程为例，课程内容的选择应站在师范生或教师参与者的角度来解读教师的道德生活的应然性、可能性和理想状态，实现感情的"共鸣"、思维的"共振"，引导师范生追求

---

[1] 陈威. 从教育实践意蕴的转型看小学教师教育的实践取向. 黑龙江高教研究, 2013(7): 84-86.
[2] 转引自: 龙宝新. 论当代美国教师教育课程改革的走向. 现代基础教育研究, 2015(2): 59-65.
[3] 哈贝马斯. 哈贝马斯精粹. 曹卫东, 选译. 南京: 南京大学出版社, 2004: 257.

和实现幸福的教育生活。

因此，职前教师教育课程内容不仅仅来自教材和讲义，也来自师范生与教师教育者、环境、同学之间的交往以及各种媒介，即凡是能让师范生获得促进教师专业发展的知识、信息、经验、感受等及其多样化的载体与渠道，都可以是教师教育的课程资源。与过去那种只"静态化"地关心知识教学中的考试重点与难点的学习过程相比，在基于问题情境的课程内容选择中，师范生的问题与困惑、体验受到重视，师范生的经验、感受、见解、智慧、问题、困惑等都成为重要的"动态性"课程资源；教学由教师教育者控制的预设过程变成了师生共同参与和建构、共同发展的生成过程，原来的线性模式变成了一个动态性、不完全确定性的过程。[①]

二、内容组织：课程资源的生成性统合

对学科本位的职前教师教育课程内容的反思与重构，并不是反对和排斥知识，而是反思应该选择什么样的知识以及如何组织。基于传统知识取向的课程观往往将课程视为对客观知识的组织、传播与评价的过程。在这种课程观下，课程往往是一套封闭和预设的体系，是一套固定的、静态的知识体系的编制与传递。[②]长期以来，传统的职前教师教育课程体系在内容开发和利用上往往局限于教材、讲义层面的"照本宣科"，其中以教育学、心理学最为突出，在课程内容方面体现出来的更多的是静态的、既成的。这不仅在一定程度上阻碍了职前教师教育课程体系自身的自我完善和运行，同时也使职前教师教育课程体系建构本身缺乏生机和活力，失去了可持续性的发展前景。例如，有师范生就谈道：

> 在和已毕业的师兄师姐聊起 Z 老师的教育学概论课时，我们发现，Z 老师每学年上课的内容基本上没有变化，很少会有更新。很多时候，就连上课的 PPT 或列举的案例都是一模一样的。

基于解放旨趣的职前教师教育课程内容的组织应秉持一种生成性的、发展性的及非线性的视角，系统地去认识蕴藏在教师教育系统内部和外部的各种资源，并发挥各种资源的潜在效能。职前教师教育课程所强调的知

---

① 徐佳，吴刚平. 教师教育课程资源建设的问题与策略. 高等教育研究，2007（9）：49-53.
② 余文森. 个体知识与公共知识——课程变革的知识基础研究. 北京：教育科学出版社，2010：205.

识已经不再局限于书本知识,而更加侧重于内隐性知识和体验性知识,这些知识是师范生在教学情境(大学课堂情境)、生活情境以及教育实习情境(中小学教育教学情境)中获得的。课程内容不再是一种"作为事实"的存在,而是一种"作为关系、过程和价值"的实践样式。静态的学科背景、知识体系、教学材料等是职前教师教育课程内容的一部分,但不是全部,师范生的文化、经验、个人知识等都不应被排斥于课程之外。职前教师教育课程内容本身就应该是一个开放的、动态的系统。其开放性就是要将师范生置于广阔的背景之中,对存在于社会、学校等的多种资源进行有效利用,帮助师范生不断扩展对周围社会各种教育现象的认识和体验,丰富师范生的个人知识以及增强对教育的感受和意义建构。另外,职前教师教育课程内容应注重非正式化的、专题化的、即时性的课程形式。通过对这些生成性内容的把握,将时代、社会以及基础教育的新情况、新问题及时有效地反映到教育教学中来,将新的教育教学理念以及国际科学研究的新成果不断吸纳到教学中来。由此,职前教师教育课程内容将从封闭的"书本知识""学校知识""公共知识"走向开放的"实践知识""社会知识""个人知识"。

  在具体的职前教师教育课程内容组织中,知识无疑是其中的核心。在以学科逻辑体系为依据的职前教师教育课程内容组织中,课程知识的主要来源是学术性知识,其呈现方式往往表现为学术形态。以教育学为例,宏大的、学术化的教育学话语掩盖了教育起源于"生活世界"的事实,鲜活的教育世界尚未真正进入教育学的课堂。[1]课程体系习惯于用科学概念来描述教育,遮蔽了教育的本来面目,即忘记了教育过程中教师和学生的真实存在。并且,课程内容过于追求教育学学科体系的完整性,导致课程内容陈旧、与实际脱节等问题的出现。因此,师范生感受不到课程知识的意义及其学习的价值,更无法发挥教育学作为思想基础、价值基础、道德基础和情感基础的价值引领作用。以美国学者奥恩斯坦(Ornstein, A. C.)主编的《美国教育学基础》为例,其主要包括对教育职业的理解、历史基础与哲学基础、政治基础、经济基础和法律基础、社会基础、变革社会中的学校等内容。其中以讨论教育问题为主,着重提供教育学的基础知识。从形式上看,其是比我们传统的教育学更"大"的教育学;而深入分析可以发现,其与我们传统的教育学的区别在于,其更倾向于将教育现状、结

---

[1] 朱晓宏. 经验、体验与公共教育学——现象学视野中的高师公共教育学教学改革. 教师教育研究,2007(6):43-46.

构、规范作为教育事实加以动态化和生动性的描述与分析，既追求视野广度，也寻求细腻而深入的感染，而我们传统的教育学则更偏重于对现行教育应有规范的解释。

因此，职前教师教育课程内容的组织应在恰当保持学科知识自身的内在逻辑关系和课程的系统完整性的前提下，根据师范生发展的现实，汇聚主题架构模块课程，力求通过即时性、小型化、专题化、案例化的模块内容，为师范生呈现真实的教育教学情境，使师范生在进入真实的教育情境前，理解并内化其中的教育教学原理，使教育教学理论获得真实的意义。例如，南京师范大学在职前教师教育课程内容的组织上，尝试突破传统的以学科逻辑体系组织的分科课程形态，增强课程内容的融洽性及其与教育现实的关联度。以其教师领导力课程内容的建设为例，该门课程探索将教育学、社会学、管理学、领导学等相融合，淡化不同学科门类间的相对独立性和某一门学科体系的逻辑完整性，而是以当代新型教师在教育教学实践工作中需要发挥领导力（或者说其领导力得以彰显）的实践工作领域为中心，将教师课程领导力、教学领导力、班级领导力、科研领导力、同伴领导力、社会关系领导力等作为组织课程内容的主线，带领师范生将教育基本理论、课程与教学论、教育社会学、教育管理学、教育领导学等众多教育分支学科领域的知识联系起来，融会贯通，加以整合，并紧密结合教师真实教育生活中可能遭遇的复杂问题进行研究和探讨。另外，学科教学论、教育研究方法、现代教育技术等这些侧重于实践情境的课程，在介绍概念、原理等知识时，应更多地关注这些知识的形成过程及探索的途径，而不是科学概念的静态集合。以教育研究方法的教材内容组织方式为例，如表 5-2 所示。

表 5-2 教育研究方法的教材内容组织方式的对比

章节	内容
第一章　教育研究概述	专题一　科研为何而做？——辨清学校科研的取向
一、教育研究及其特征	一、学校教育科研的价值辨析
二、教育研究的分类	二、学校教育科研的特殊之处
三、教育研究方法的历史发展	三、学校教育科研的一般过程
第二章　教育研究方法	专题二　问题从何而来？——发现有用的研究问题
一、观察法	一、教师个人发现问题的策略
二、调查法	二、科研团队发现问题的策略
三、实验法	三、提高问题发现能力的策略
四、行动研究法	
……	……

对于一些技能型课程，可以采用专题化或微型化、精品化的课程群形式，各个专题应"形散"而"神聚"，通过清晰的脉络促进师范生的反思以及灵活运用。正如有研究者指出的，当职前教师教育课程中的各种知识以主题或议题来组织时，师范生更容易，也更倾向于去关注和理解，往往更能够帮助师范生形成一种具有实践指向性的理论思维。例如，丹麦奥尔堡大学（Aalborg University）倡导"以问题为中心"（problem-centered）和"由课题来组织"（project-organized）的新课程体系，并突破了以讲授为主、按学科组织教学的封闭式体系。这一新模式力图实现四个目标：减少由课程安排不当等因素造成的教育资源浪费；增强学生的自信力、灵活性和创造性，以及交流和共事的能力；训练学生在同时考虑社会、经济、政治和技术因素下全面解决复杂问题的能力；培养新教师，使其不仅会讲课，还会提出问题和解决问题。丹麦奥尔堡大学通过长期的实践发现，开放式体系通过以问题为中心，由课题来组织的教学，使学生学会了用批判性、建设性的方式讨论观点和建议，以及如何运用不断掌握的技能和知识。有研究者对这种模式进行了总结，认为其具有以下明显的优点：①具有很强的内部适应性，师生可以较容易地调整教学计划，以适应技术进步和经济发展的需要；②具有很强的外部适应性，学生通过大量的小组课题研究工作，接受了类似于工作条件下的专业训练，从而具有了较强的共事能力、解决能力和应变能力。[①]

第三节　职前教师教育课程体系建构的核心内容

职前教师教育课程内容体系的重构并不是另起炉灶，而是在以往的基础上进行一种新的意义上的理解与澄清。正如有研究者所言："教育改革创新不是如同造房子那样，必须把旧房子推倒，把基地清除干净，在空地上盖起新的房子；恰恰相反，必须在既有的教育基地上逐步进行改造，怕麻烦，想干脆利索是不行的。"[②]将解放旨趣作为职前教师教育课程的价值选择，更重要的是价值理念层面的转变，不应是决裂意义上的革命或全盘否定，必须依托自身的传统来改造、完善自身。正如哈贝马斯所强调的，解放旨趣并非对技术旨趣和实践旨趣的否定，而是在这两者基础上的一种价值关照。职前教师教育课程内容要进行改革，建立适应社会发展需求的

---

① 刘春惠. 整合课程内容：国外高校课程改革的一种趋势. 江苏高教，2000（1）：87-89.
② 佚名. 关于"轻视知识"的争论. 上海教育，2005（Z2）：34-44.

课程体系早已成为研究者的共识。许多研究者针对传统职前教师教育课程设置的弊端提出了诸多建议，大多数的建议最终可归结为，为师范生开出一张新的课程表。本书认为这种做法有待于进一步斟酌：首先，这种做法容易增加师范生的负担。职前教师教育课程在教师培养课程体系中发挥着不可代替的作用，但这并不意味着职前教师教育课程的门类越多、比重越大，其效果就越佳。其次，职前教师教育课程并非固化的。在不同的地域、不同的文化背景下，一张课程表往往会固化职前教师教育课程的灵活性和前沿性。不同区域、不同层级以及不同定位下的职前教师教育课程并非标准化、统一化的，更应该体现出多样化和丰富性的特色。因此，本书认为职前教师教育课程的核心内容并非要为各院校提供一张可操作的课程表，而是要对职前教师教育课程内容价值层面进行更多的思考。哈贝马斯认为，"就是科学、道德与艺术这些价值领域的彼此分离才导致的生活世界在文化上的贫困化"[1]。因此，应当指出的是，指向于目标各生成维度的内容也并非一一对应的线性关系或相互隔离的关系，而是一种交叉融合、相互支撑的关系。

一、指向于伦理维度的专业信念课程

职前教师教育课程要唤醒师范生的自主与自觉，凸显师范生作为人本身的价值与意义，那么对师范生内在信念与精神的关注便是其根本的旨归。诚如爱因斯坦所言："我们切莫忘记，仅凭知识和技巧并不能给人类的生活带来幸福和尊严。人类完全有理由把高尚的道德标准和价值观的宣道士置于客观真理的发现者之上。"[2]然而，正如帕尔默所描述的现实状况：

> 我们大多数人要共同问询的"是什么"的问题——我们应该教什么学科？然后讨论更深入一点，问询"如何教"的问题——教学需要什么样的方法和技巧？偶尔会再深入一步问询"为什么"的问题——我们教学为了什么目的？但是很少问询到"谁"的问题——教师的自我是什么样的？自我的品质是如何形成或缺失变形的？如何因我联系于我的学生、我的学科、我的同事以

---

[1] 转引自：德特勒夫·霍斯特. 哈贝马斯. 鲁路, 译. 北京：中国人民大学出版社, 2010：91.
[2] 转引自：海伦·杜卡斯, 巴纳希·霍夫曼. 爱因斯坦谈人生. 高志凯, 译. 北京：世界知识出版社, 1984：61.

及我的整个世界的方式而形成或缺失变形的？教育制度如何能够支持和增强孕育着优秀教学的自我？[①]

基于解放旨趣的职前教师教育课程不仅包括教学知识和操作性技能训练，还包括信念、情感、认同等方面的内容，并由此产生一种具有动力源作用的专业态度和价值。从国际教师教育发展的新趋势看，那种仅仅倾力于教学技能训练的能力本位取向的教师教育，正逐步被着眼于教师全面培养的情感性、伦理性教师教育所代替。正如美国著名学者拉莫斯（Ramos, A.）所言，如果教师教育只注重专业角色的知识和能力的培养，而不把道德、精神的培养作为主要的和本质性的部分，则在师范生没有接触教师专业的全部含义时，就对之做出体认和判断，那么这种教师教育是残缺的。[②]因此，对于师范生伦理关怀的价值诉求是职前教师教育课程内容重构的一个基点，也是最为核心的。

师范生正处于职业信念树立和发展的关键期，作为"准教师"，相比在职教师而言，还缺乏对教育教学实践的深刻体验和感悟，但是作为师范生的经历和体验是其职业认同形成的重要基础，具有明显的专业定向的性质。如果在职前教师教育阶段不能引导师范生建构积极和正向的价值信念，必然会严重影响其未来的专业成长，使其失去持续性发展的内源性动力。因此，除了从制度等层面对师范生进行教师特质测验加以选拔外，更多的是需要从职前教师教育课程层面对师范生的专业伦理和专业精神加以引导，为师范生未来的成长指引方向、提供动力。对教师专业伦理的关注绝不可能在无意识中去完成，它需要系统的伦理价值观念的逐步建构，也就是要通过系统的专业伦理的相关课程的设置及教学，来促使和引导师范生逐步确立自己的专业信念准则，并逐步从外在的要求内化为自己内心的准则，从而形成相应的专业信念与精神。[③]因此，职前教师教育课程的设计应该充分考虑到使教师的人文品性和专业精神得以发展和培育，专业信念领域理应成为职前教师教育课程内容建构的核心领域之一，并且专业信念领域应该贯穿于整个职前教师教育课程之中，既应包括显性课程，诸如教师职业道德等课程的开设，也应包括渗透于各个层面的隐性课程。

---

① 帕尔默. 教学勇气：漫步教师心灵. 吴国珍等, 译. 上海：华东师范大学出版社, 2014：4.
② 转引自：王枬. 教育基本理论与实践. 桂林：广西师范大学出版社, 1999：217.
③ 张凌洋, 易连云. 专业化发展视域下师范生专业伦理培养研究. 教育研究, 2012（3）：110-113.

（一）专业信念领域的显性课程

基于认知评价理论，只有当主体有了一定的认知，才能引起其情绪和情感的产生。师范生只有对教育事业和教师职业有相对比较全面的认知，才能对其产生兴趣，才能将未来要从事的教育教学工作作为自己的事业来追求，即师范生只有在对教育和教师职业产生深刻认识的基础上，才能将从事教育教学的工作逐渐升华为一种自我实现和发展的内在需求与追求。只有师范生建立起对教师职业与生活的合理的概念之后，重新认识和确立自己的角色，才能走向一种自觉的专业认同。之所以部分师范生缺失专业信念，往往是由于其尚未深入了解教师职业的深刻内涵与魅力所在。因此，高校应开设专门领域的课程来引导师范生了解教师职业的内涵及魅力，特别是在师范生一入校，就应及时关注其对教师职业及教育事业的认知和了解。在访谈中，有师范生就动情地说：

> 如果将自己的大学生活重新来过一次，我希望能够在刚入学时就让我们明白未来的教师职业是什么样子的，而不是到了大三、大四才知道。这样很多时候都是在迷茫中度过大学的。

基于前面对当前职前教师教育课程设置现状的分析，只有少数院校开设了诸如教师职业道德、教师职业发展规划、教师专业发展等课程，且大多数为选修课。按照这种课程设置，师范生很难真正认识和理解教师职业，包括其性质、价值、特点，也就很难树立正确的态度，难以认同教师职业的社会价值。因此，职前教师教育课程可以设置类似教育人物传记、教育经典名著阅读、教师专业发展等模块的课程，从而帮助师范生内化自己的角色，觉知教师的使命，对教师职业产生一种崇高、神圣的情感，赋予教育工作以价值、意义，并认同自己作为教师的内在意义与价值。对此，不少师范大学进行了积极的探索。例如，华东师范大学为全校师范生开展赠送校长签名信仪式，鼓励师范生为追寻教育的梦想而奋斗，促使师范生增强对教师职业的认同感。另外，开设"名师讲坛"，通过一些名师的以身示范分享教师职业发展的体验与价值，组织参观学习活动，让师范生感受优秀或模范教师的教育教学生活，激励师范生坚定职业信念。[①]也有学校专门开展了以"光荣的人民教师"为主题的"12·1"系列活动，具体包括：

---

① 姚云. 师范生免费教育：部属师大发展的机遇与挑战. 现代大学教育，2008（5）：93-96.

开展为期一个学期的专项入学教育活动；编印一本《免费教育师范生学习手册》；举办一场以"光荣的人民教师"为主题的报告会；开展一次免费师范生思想状况调研；组织一系列主题导航讲座；观看一部主题电影；阅读一本关于教师的书籍；创办一份内部刊物；举办一次以"我为何选择师范，如何学好专业"为主题的交流会；组织一次赴中小学的实地学习考察；撰写一篇入学教育感悟。①

芝加哥教育学院的"城市教师教育计划"（Urban Teacher Education Program）要求师范生通过阅读小说、传记和看电影等，探讨教师地位、教育公平等问题，理解种族、阶级、性别和文化等对教师和学生产生影响的机制，真正体会教育的理念和精神，并重新审视自己的职业选择，从而了解教师职业的意义，学会与学生、家长和同事建立良好的关系。②

（二）专业信念领域的隐性课程

师范生的专业情意与信念的养成是一个长期的、渐进的过程。正如美国知名学者大卫·汉森（Hansen，D. T.）认为的，真正的道德教育往往是发生于"道德隐匿"（in the moral dark）③之时，也就是要过有道德的生活，才能产生真正意义上的道德学习。同样，专业信念与师德教育是否真正融入职前教师教育课程，取决于师范生能否过上一种真正意义上的道德生活。在以往的教师教育中，师范生的专业情意、信念、认同等具有丰富内涵的层面往往被窄化为教师道德修养，仅仅通过开设一门师德课程来培养，显然是不足的。因为开设的显性课程，仅仅是一种外在的、单向的规定。师范生的专业情意、信念的形成并非仅仅在课堂中简单地规约教师该做什么、不该做什么和知识灌输就能内化的。正如前面在论述派纳的存在经验课程时提到的，师范生的专业情意与信念需要师范生在日常的生活中，对周边的生活世界有所想、所感、所思，从而透过师范生个体的生命自觉来体验和创造的。例如，教师教育者将自身对教学的崇敬与敬畏融合到课程中去，

---

① 陈时见，潘洵，张勇华. 西南大学师范生免费教育的实施. 大学（研究与评价），2007（10）：5-8.
② The University of Chicago Urban Teacher Education Program. Foundations of Education. http://utep.uchicago.edu/,2020-09-28.
③ Hansen D T. Teaching and the moral life of classrooms. Journal for A Just and Caring Education, 1995, 2(1): 59-74.

从而促使师范生孕育其作为未来教师的激情与同情[①]，而并不是将这种激情或同情作为一种操作方式和手段。否则，师范生的这种激情与同情并非发自内心的爱，而仅仅是一种为了达到某种目的的手段而已。因此，基于情感的内隐性特点，要将这一领域融入所有的职前教师教育课程中，需着眼于师范生内在经验、动机和情感的激发。

首先，师范生专业信念的养成是一个不断体验的过程。例如，英国著名的社会学家安东尼·吉登斯（Giddens, A.）认为，认同是"个体依据个人的经历所反思性地理解到的自我"[②]。师范生教育教学能力的获得并非仅仅获得一种技能或体验，更重要的是分享教育教学的共同价值、语言和技巧。因此，职前教师教育课程理论与实践的内容应该超越学科知识和教学技能的局限而拓展到理解、反思与批判的思想层面和专业生活范畴。例如，在教育见习和教育实习等实践课程中，为师范生提供真实的身份体验场域，促使师范生在实践层面上真正体验到教师之感，增强对教师职业的理解和教育意义的认识与理解。

其次，师范生专业信念的养成是一个自然渗透的过程。学校师生的精神风貌以及各种建筑、标语等都对师范生的价值观念、理想等产生重要的影响。另外，教师教育者对师范生专业信念的养成是一种"非权力性"却充满无限张力的熏陶，包括诸如和谐的师生关系，只有"亲其师"，才会"信其道"，以及榜样效应等。例如，加拿大安大略省的教师教育营造了一种基于关怀、支持和有意义教学的文化氛围，要求教师教育者满足师范生的多样化需求，并能有效沟通，在思维和行动两方面超越课堂。[③]

二、指向于理性维度的理论自觉课程

在工具理性主义思想的影响下，师范生往往将掌握具体的教学技能作为教师教育课程的唯一学习目标，从而未能充分认识到教育理论课程的学习对教育教学工作的价值和对自身发展的重要性。[④]正因为如此，现实中教师的理论主体意识常常处于缺失的状态，主要表现为两方面：①教师缺乏理论建构的自信，对于绝大多数一线教师而言，理论往往意味着一种宏

[①] 朱成科, 郭少英. 我国职前教师教育课程"静态化"发展样态的价值透视与建构. 当代教师教育, 2013（3）：44-49.

[②] 吉登斯. 现代性与自我认同：现代晚期的自我与社会. 赵旭东, 方文, 译. 北京：生活·读书·新知三联书店, 1998：275.

[③] 付光槐, 刘义兵. 中加职前教师教育实习课程比较——RLTESECC 项目交换生实习经历的启示. 比较教育研究, 2016（4）：93-99.

[④] 耿文侠. 影响师范生教育理论课学习兴趣的因素分析. 教育研究, 2009（12）：80-84.

大的勾画和叙事方式,是一种只能远观而无法靠近且具有几分神秘色彩的事物;②拒斥理论对其专业发展的意义和作用,认为理论没有价值。[①]然而,如果缺乏理性的自觉,师范生未来的日常教育教学容易成为经验模仿的习惯性运作,而逐渐丧失对自己的教育教学生活予以反省、批判的意识和能力,很少或几乎不对其所遭遇的专业生活进行理性的审查和思考。

哈贝马斯认为,现实中的这种实践主义思维已经逐渐演化为一种压迫人们的意识形态,其中蕴含了一种排斥一切其他旨趣的技术认识旨趣;并且他认为,与这种实践主义相联系的任何理论都将表现为一种独断论。[②]因此,基于解放旨趣的教育理论应由原来的实证主义认识论和简约主义所推崇的科学理论应用取向逐渐走向解释与批判取向,即对传统的理论应用型模式提出批判,因其忽视了教师在知识创造中的主体性,也忽视了教学知识蕴藏于日常教学实践活动及其教学情境复杂性的客观事实。批判取向的教育理论观认为,教师教育为师范生提供的教育学规则、程序和技术虽然不是一无是处,但用处不大。基于解放旨趣的职前教师教育课程强调为师范生提供更多能够持续性反思和批判分析的机会,使他们更好地理解发生在课堂中的、师生之间的"个人遭遇"的意义,从而获得一种体验和主体意识的觉醒。正如学者埃德加·斯通(Stone,E.)所强调的:"教学过程并非是一个单行道,是建立在人类交往的基础上,高水平的教学包括学习者环境的重构。"[③]职前教师教育课程内容中的教育理论应该充分考虑社会文化背景、体验、情境以及人际互动交往对师范生学习与教学的影响意义,也就是要从强调关注过程和结果两端转向于关注过程。

首先,从本质上说,教育教学活动是思想的载体与呈现,而远非技术操作层面的产物。[④]杜威在《教育理论与实践的关系》中充分阐述了教育理论学习在教师培养中的作用。他指出,包含了认识方法的教育理论学习可以转化为教师在实践中进行独立探究和反思的能力,师范生的理论学习可以培养他们在未来教育教学实践中进行独立探究的精神和能力。这种体验可以帮助师范生在未来的教育教学中敏锐地发现学生思维发展的活动,这样的教师才能成为"教学的学习者",从而在教学实践中获得持续的专

[①] 程良宏. 教师的理论自觉:意涵与价值. 教育发展研究,2011(4):54-58.
[②] 尤尔根·哈贝马斯. 理论与实践,郭官义,李黎,译. 北京:社会科学文献出版社,2010:340-342.
[③] 转引自:苗学杰. 美国融合型教师教育模式的结构特征分析——以恩伯利亚州立大学和夏威夷大学为例. 河北师范大学学报(教育科学版),2013(2):60-66.
[④] 张勇,姬建锋. 教师教育思想的价值与生成. 中国教育学刊,2012(3):90-92.

业发展。因此，师范生可以在理论学习的过程中体验思维发展的内在过程，而不仅仅流于对技巧的掌握，避免在实践中仅仅是对教育教学技巧的盲目模仿。美国的著名学者布鲁克菲尔德（Brookfield，S.D.）认为，理论学习对于教师而言有两点帮助：①能够帮助教师打破常规的束缚，认识自己的实践。实践者自己的实践就是一个封闭圈，只有通过对圈子之外的观点、理论等的学习，才能更好地理解自己的工作。②可以避免形成"集体共识"和理解上的停滞。如果不进行深刻的理论学习，教师往往会沉浸于实践的困惑之中，在问题中苦苦挣扎。[①]

其次，在一定意义上，理论学习其实是一种独立思想精神和批判态度的倡导，是作为主体的个体对其所遭遇的现实生活的理性反思与批判。[②]正如研究者所言，教育学基础类课程的教育目标应当是"激发教育之趣，引发教育之需，形成教育之养，培养教育之觉"[③]。因此，教育学课程的目的不仅仅在于教育理论知识的传授和教育教学技能的培养，更在于促进师范生的主体性觉醒与"灵魂转向"。若职前教师教育课程只注重师范生获得教育教学是什么的陈述性知识和模仿别人怎么做的、机械的程序性知识，而忽视了师范生对教育本质及意义问题的思考，是无法培养出作为"觉醒者"、"研究者"和"引领者"的未来教师的。如果教师不想成为"盲目的执行者"，首先就必须对"什么是教育""什么是学校""教育与人性的关系""什么是学生"等涉及教育本质与意义的问题进行追问和探寻，这些问题直接关涉师范生作为未来教师的存在状态。通过理论自觉课程，师范生会对教育本身及其所处世界产生深刻的理解。例如，以"什么是学校"为例，我们并非要给予师范生一个明确、清晰的学校的概念，而是寻求一种解放师范生想象力，同时又给予师范生智慧，从而使师范生以较为广阔的眼界来看待和理解学校的方法。由此可见，教师教育理论课程，首先应该使师范生形成一种对教育世界的洞察力与理解力，从而对教育、从教的个人价值和社会意义有明晰的觉察和体悟。因此，教师教育者要在全面、准确、深刻把握教育理论的基础上，努力引导师范生进入这种"思"、"觉"与"感"的状态中去，以使师范生参与到理论诞生的这一过程中；而师范生本人则要努力地通过迈向"思"的状态而激发起理论学习与分析的

---

① 布鲁克菲尔德. 批判反思型教师ABC. 张伟，译. 北京：中国轻工业出版社，2002：228-232.
② 程良宏. 论教师的理论自觉及其养成. 全球教育展望，2011（10）：48-53，71.
③ 李政涛. 我们时代的教育学教育——以教师的教育学教育为例. 高等教育研究，2008（2）：35-39.

兴趣。[1]职前教师教育理论课程内容应凸显师范生内在价值的主体性、过程性和生成性。教师教育者不是对师范生进行价值传输，而是以价值启蒙者的身份，有效地启迪和敞开师范生的价值世界，从而提高师范生的价值判断、选择的意识和能力。让师范生在面对开放的、无限沟通的教育教学生活时，能从容、自主地建构个人的价值世界，成为教学生活的主体。因此，教师教育的相关价值理论知识只是一个引子，它需要在理解的视域中与师范生的现实生活发生意义关联，促进知识与人的相遇、相知、相通，实现师范生的精神成长，形成内在于人自身的、有意义的价值世界。[2]

因此，理论学习与理论反思应该贯穿于整个职前教师教育阶段，以唤醒师范生对自身日常专业生活场域中"最一般的""最熟知的"教育现象问题，寻求澄清与解蔽的理论主体自觉意识。这也是师范生在未来的教育教学中减轻教学麻木感，获得专业生活的激情与满足主体性的客观需求，以及作为一个具有理论构建潜质，即具有学习理论和构建理论能力的主体。[3]在课程内容设置方面，可以借鉴其他一些国家的经验。例如，新加坡的职前教师教育课程包括 20%的教育研究、50%的课程研究、25%的教育实习以及 5%的语言与书写技能。其中，教育研究模块主要开设了教育的批判性观点、教与学的社会情境等一些课程，帮助师范生学习基本的教育教学观点，使师范生养成在未来的复杂教育教学生活中，对那些习以为常的教育教学事件有意识地进行"是否如此"和"为何如此"的追问与反思，从而在更深刻、更本质、更理性的层面上描述、领会、把握并解决教育问题。另外，职前教师教育课程可以适当增加哲学方面的内容，通过对哲学根本问题的思考，促进师范生心灵成长与自我觉醒，帮助师范生养成思考的习惯并突破其外在束缚，从而扩宽自身的存在空间。由此，职前教师教育课程内容不仅要思考认识论层面的知识和识察，还要思考本体论层面的认同和存在，说明和解释隐藏于实践事务之下的假设和条件，评价行动所导致的教育结果，考虑达成教育目标采取的行动所承载的教育价值。[4]也只有如此，职前教师教育课程内容才能真正唤起师范生的主体性，唤醒师范生的意识觉醒。

---

[1] 易凌云. 论教师的教育理论意识. 教师教育研究，2007（4）：12，13-17.
[2] 唐凯麟，刘铁芳. 价值启蒙与生活养成——开放社会中的德性养成教育. 教育科学研究，2005（2）：53-55，58.
[3] 程良宏. 论教师的理论自觉及其养成. 全球教育展望，2011（10）：48-53，71.
[4] 苗学杰. 再论教师教育的实践属性——基于科际比较的视野. 教育理论与实践，2013（10）：42-46.

三、指向于审美维度的核心素养课程

师范生作为未来的教师，必须具备一定的专业知识和能力，这也是教师开展教育教学的必要条件，是区别于其他专业人员的重要特征。解放旨趣强调未来教师的主体性意识的觉醒、伦理关怀的实现，但并不排斥知识和技能。恰恰这种批判反思意识和主体性正是在获得知识和技能的基础上才形成的。正如哈贝马斯认为的："真正的问题不是在于技术理性本身，而是在工具理性的普遍化，也就是为了科学和技术思想的唯一有效性，而丧失了一个全面多样性的理性概念，即实践被化约为技艺。"[1]基础教育改革呼唤能积极抒发自己对教育教学的意见和看法、积极参与教育改革、在教学课程方面有更多自主权和责任感的教师。那么，在职前教师教育课程内容的设置上，师范生专业能力不应仅被局限于传统的"三字一话"和信息技术等操作性技能上，而应拓展为一种更为广阔的核心素养，为师范生个性风格的彰显提供基础。

当前，"素养"一词已经成为国际教育中的热门词汇，逐渐取代传统使用的"基本技能"。在国际上，经济合作与发展组织（Organization for Economic Co-operation and Development，OECD）认为，"素养"较之技能、能力，更为上位和更具包容性，涉及了人的内在品质和外部行为，可以理解为素养=技能+知识+态度/性向，或者是素养=（知识+技能）态度。OECD认为，核心素养涵盖了六方面的内容：①它是一种高度综合且复杂的解决问题的能力；②能够满足个体和社会的重要需要；③既与特定的情境关联，又在多样化的情境中具有广泛迁移性；④具有道德性，能给个体和社会带来负责任的、有价值的结果；⑤具有民主性，对所有人都重要；⑥具有21世纪信息时代的基本特征。[2]而在21世纪之初，欧盟为应对全球化浪潮和知识经济的挑战，将21世纪素养分为三类：①学习与创新素养，诸如批判性思考和解决问题能力、沟通与协作能力、创造与革新能力；②数字化素养，诸如信息素养、媒体素养、信息与通信技术素养；③职业和生活技能，诸如灵活性与适应能力、主动性与自我导向、社交与跨文化交流能力、高效的生产力、责任感、领导力等。[3]2016年，我国也对学生发展

---

[1] 转引自：托马斯·麦卡锡. 哈贝马斯的批判理论. 王江涛，译. 上海：华东师范大学出版社，2010：29.

[2] 张华. 核心素养与我国基础教育课程改革"再出发". 华东师范大学学报（教育科学版），2016（1）：7-9.

[3] 裴新宁，刘新阳. 为21世纪重建教育——欧盟"核心素养"框架的确立. 全球教育展望，2013（12）：89-102.

的核心素养进行了意见征求，主要包括社会责任、国家认同、国际理解、人文底蕴、科学精神、审美情趣、身心健康、学会学习、实践创新等九项。同年9月，《中国学生发展核心素养》发布，规定学生发展核心素养以科学性、时代性和民族性为基本原则，以培养"全面发展的人"为核心，分为文化基础、自主发展、社会参与三个方面，综合表现为人文底蕴、科学精神、学会学习、健康生活、责任担当、实践创新六大素养。基于解放旨趣的职前教师教育课程也应突出师范生"核心素养"的课程观念和内容，即凸显每位师范生个性发展的独特性，尊重其个性选择的自由。指向于审美维度的核心素养课程，旨在发展师范生批判性思维和问题解决能力与创造性，实现师范生学习的素养化。例如，教育家的意识、创新精神和改革意识、教育科学研究的能力以及健康的心理素质、获取和处理信息的能力和法律意识等。[①]

以新加坡21世纪教师教育的指南为例，为了改变传统教师教育的技术取向和实践取向，新加坡提出了教师教育改革的改造取向。[②]说明其认识到了道德、品质培养在教师培养过程中的重要性。教师被期望成为价值观、思维、学习和激励的典范，让教学回归它本来的初衷——道德行为，让教师具备奉献、忠诚、正直的个人品格，关心爱护学生。新加坡国立教育学院构建了教师培育的"价值观、技能和知识模式"（values, skills and knowledge model，简称 V^3SK 模式），强调21世纪教师的知识技能需求（图5-1）。[③]新加坡的职前教师教育包括学习者中心价值观、教师身份认同、服务于职业和社区等价值层面的内容，以及支撑价值层面的知识与技能。技能方面的内容非常广泛，包括反思与分析能力、教学的技能、人员管理、自我管理、行政管理、交流、激励技巧等。除了教学技能和管理能力是原先"态度、技能、知识模式"中规定的能力，其他各方面能力都是应时代变化而新要求教师所具备的技能。知识方面的内容涉及自我、学生、社区、学科内容、教学法、教育基础和教育政策、课程、多元文化素养、全球意识与环境意识等方面的内容，其中社区、教育基础和教育政策、多元文化素养、全球意识与环境意识是新增的内容，更加符合国际文化知识的潮流趋势。

[①] 明庆华，程斯辉. 论作为"人"的教师. 课程·教材·教法，2004（11）：83-86.

[②] Deng Z Y, Gopinathan S. Continuity and change in conceptual orientations for teacher preparation in Singapore: Challenging teacher preparation as training. Asia-Pacific Journal of Teacher Education, 2003, 31(1): 51-65.

[③] 潘娟. 回应21世纪的挑战：新加坡教师教育模式研究. 首都师范大学硕士学位论文，2011：30-31.

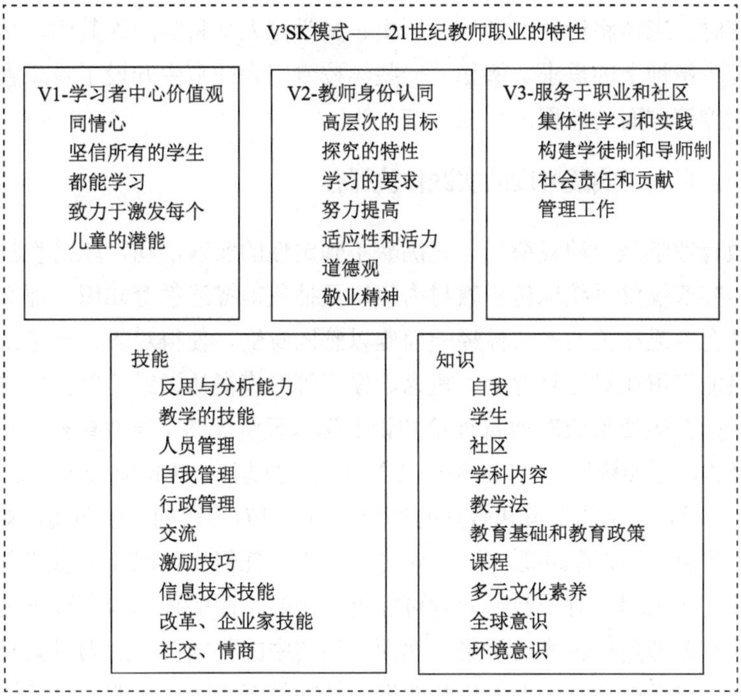

```
┌─────────────────────────────────────────────────────────┐
│            V³SK模式——21世纪教师职业的特性                │
│  ┌──────────────┐ ┌──────────────┐ ┌──────────────┐   │
│  │V1-学习者中心价值观│ │V2-教师身份认同│ │V3-服务于职业和社区│
│  │ 同情心       │ │ 高层次的目标 │ │ 集体性学习和实践│   │
│  │ 坚信所有的学生│ │ 探究的特性   │ │ 构建学徒制和导师制│ │
│  │ 都能学习     │ │ 学习的要求   │ │ 社会责任和贡献│   │
│  │ 致力于激发每个│ │ 努力提高     │ │ 管理工作     │   │
│  │ 儿童的潜能   │ │ 适应性和活力 │ └──────────────┘   │
│  │              │ │ 道德观       │                     │
│  │              │ │ 敬业精神     │                     │
│  └──────────────┘ └──────────────┘                     │
│         ┌──────────────┐   ┌──────────────┐             │
│         │ 技能         │   │ 知识         │             │
│         │ 反思与分析能力│   │ 自我         │             │
│         │ 教学的技能   │   │ 学生         │             │
│         │ 人员管理     │   │ 社区         │             │
│         │ 自我管理     │   │ 学科内容     │             │
│         │ 行政管理     │   │ 教学法       │             │
│         │ 交流         │   │ 教育基础和教育政策│        │
│         │ 激励技巧     │   │ 课程         │             │
│         │ 信息技术技能 │   │ 多元文化素养 │             │
│         │ 改革、企业家技能│ │ 全球意识     │             │
│         │ 社交、情商   │   │ 环境意识     │             │
│         └──────────────┘   └──────────────┘             │
└─────────────────────────────────────────────────────────┘
```

图 5-1 新加坡教师教育 V³SK 模式

同样，加拿大安大略省的教师教育项目也强调尊重和接纳不同种族的文化和价值观，注重平等性，给每个人提供平等的发展机会；尊重差异性，尊重不同种族、不同文化之间的差异；注意多样性，让不同层次的师范生都能得到充分的发展。[①]因此，其职前教师教育课程内容，除了有发展一般性的实践操作技能课程外，还有发展洞识与理解力、反思与批判力、沟通协调与执行力、审美与创造力等的相关课程，从而将师范生从一般性的、单纯的技能训练的规训与束缚中解放出来，而更具主体性觉醒的力量与激情。

另外，在职前教师教育课程内容层面，应关注师范生审美素养的培养。前面已经阐述了师范生审美素养的重要性，在此不做赘述。早在 20 世纪 30 年代，我国著名的美术与音乐教育家丰子恺先生就认识到了师范生的审美素养的价值及意义。当时他在桂林师范高等专科学校所有的班级均开设了艺术类课程，以培养师范生的审美素养。因此，在设置职前教师教育课

---

① 付光槐，刘义兵. 中加职前教师教育实习课程比较——RLTESECC 项目交换生实习经历的启示. 比较教育研究，2016（4）：93-99.

程内容时,应该将诗歌、音乐、历史、文学等人文科学融入其中,从而满足师范生精神上的需求。例如,一些学校专门为师范生开设了音乐素养、美术素养等方面的课程。[1]

四、指向于实践维度的实践体验课程

教育教学是一种复杂的、充满着不确定性的实践活动,职前教师教育课程内容若仅仅系统地传授教材内容以及抽象地描述教育知识,那么师范生往往会缺乏相关的参与性经验而难以感同身受,使得对教育理论知识的学习只能停留在对符号意义、概念、原则等的模糊认识或简单记忆层面。因此,师范生要形成对教育理论知识的深入理解,离不开教育教学实践的感知经验。正如费斯勒(Fessler, R.)和克里斯坦森(Christensen, C. M.)所言:"尽管学生的课桌和教师的讲台之间,只有很短的一段距离,却可能是一段特别长的心理距离。"[2]从学生身份进入任何一种职业都意味着剧烈的心理变化过程,对于教师职业可能更为明显,而实践体验课程正是师范生身份和教师角色转变的桥梁。然而,现实中的实践要么沦为对某些理论的应用,要么被功利化地简化和改造。教师教育实践体验课程仅仅停留在教学技能训练层面,仅仅让师范生简单熟悉现场常规的工作方式、掌握课堂管理等一系列教学技能。那么,无论实践体验课程比重占多大以及课时有多长,师范生都停留在满足于掌握狭隘的技艺性经验层面上,从而影响其对教育问题的深入理解与思考,甚至会出现与课程理念相违背的负面的、非专业的课程经验。[3]例如,访谈中有师范生谈道:

> 实习学校的指导教师告诉我,平时在班里对学生要求严格一点儿,这样才能"镇住"那些小家伙。
> 我实习的时候担任副班主任,有一天,我在办公室里面改卷子,刚好那会儿班主任在隔壁上课。过了一会儿,有一个学生跑过来哭着对我说:"老师,我错了,以后上课的时候不敢再说话了。"一会儿又有一个学生跑过来向我道歉,就这样陆陆续续大概有一半的学生跑过来边哭边跟我道歉,当时把我吓了一大跳。后来,我问班主任,班主任说是他觉得我上课的时候学生有点儿

---

[1] 刘义兵. 教师专业能力训练的体系构建与教学探索. 教育研究, 2013(8): 156-158.
[2] 费斯勒, 克里斯坦森. 教师职业生涯周期——教师专业发展指导. 董丽敏等, 译. 北京: 中国轻工业出版社, 2005: 60.
[3] 苏贵民, 林克松. 论教育实习中"反教育"的潜课程. 继续教育研究, 2010(4): 167-169.

"吵",觉得我"控制"不住他们,就批评了他们,要求他们过来跟我道歉。

上述案例是实习中常见的现象,部分中小学教师由于长期习惯于在教育教学中"控制"和规训学生,他们常以"善意"的口吻提醒师范生应当树立高高在上的教师权威,应当学会"冷酷无情"。如果师范生在实习过程中仅仅是通过表面的观察、模仿和重复练习,师范生也会迷信起所谓的"教师权威"来,而怀疑甚至摒弃自身原有的对教育理想的追求。这便是实践理性所批判的"在实践中遗忘了实践本身",即人们只关心如何去实践,却忘了关心实践本身是否有问题,这在某种程度上是对自己行为持一种"无知无思"的状态。师范生与这样的实践课程相遇,在未来的教育教学实践中可能使自己成为无意识的"坏的目的"的合谋者,这正是解放旨趣所批判和厌弃的。

首先,解放旨趣下的职前教师教育实践体验课程要超越实践主义,反对一种浅层次的经验或仅仅的"在场"。因此,职前教师教育实践体验课程并不仅仅是师范生直接地将教育理论和教育实践进行线性的、一一对应的过程,也并不是在教育实践中去验证教育理论是否正确的过程,更不是单纯意义上置身于教育教学现场感受真实的教育情境的过程。康德提出了实践理性,将其比作"灵魂的眼睛",是走向美好实践的行为律令。[1]实践理性是对实践在理论上、道德上的一种前提性反思。也就是说,教师要对实践活动进行细致的洞察和审思,对流行或熟知的教育实践范型进行一种前提性的道德考察,是否是美好正当的行为,是否是服务于人性的卓越和生活幸福的行为等。因此,教师必须成为一个善于思考的教师,而不是一个盲目而精明的模仿者,自觉地使自己的行为复归到为了人的自我完善和幸福生活上来。[2]因此,基于解放旨趣,实践不再是一种理论支配下的实践,不再是一种机械的活动。职前教师教育实践体验课程应该是师范生理论学习与实践体验有机整合的一种主体性觉醒意义上的学习方式。哈贝马斯在《交往行动理论》(第一卷)中举过一个例子:

上学时,我利用假期到建筑工地干活。有一次早上我刚到,

---

[1] 康德. 实践理性批判. 邓晓芒,译. 北京:人民出版社,2004:220-221.
[2] 曹永国. 从实践主义到实践理性——教师自我专业发展的一个现代取向. 南京社会科学,2014(7):122-127.

工头就将篮子递给我,让我去给大家取啤酒。我比较诧异地问道:"为什么让我去?""吃早饭要喝啤酒?"后来我才明白,最后来工地干活的人负责取啤酒,这是理所当然的。在建筑工地,早餐就喝啤酒也是理所当然的。人们称之为建筑工地文化。[①]

哈贝马斯认为,这一生活世界性的背景从未受到质疑,而是被当作理所当然的,只有受到质疑时,才会发现有问题。师范生的实习不仅仅是师范生的"在场",更多的是一种"相遇"。师范生"浸入实践",即在各种教育实践活动中展开观察、体验和反思,实现与教育教学情境的"对话"。因此,职前教师教育实践体验课程并不能被狭隘地理解为以训练师范生的动作技能为任务。职前教师教育实践体验课程不仅要重视师范生外在活动的参与,更要重视师范生内在思维活动的参与,在发展师范生实践能力的基础上,为师范生增加对教师职业的价值与意义的领悟、了解自身的特长与不足以更好地规划自己的职业发展方向而提供开放、真实的教育现场。更为重要的是,在真实的情境中增强师范生对社会文化多样性以及教育问题的敏感性和理解力,从而为提升师范生的教育使命感和社会责任感创设环境,促使其对自身的教育教学行为进行实践性和批判性反思。[②]因此,职前教师教育实践体验课程蕴含着师范生对教育教学行为目的合理性、道德性的省察。

其次,解放旨趣实质上表达了理论与实践之间的互动与反思关系。理论与实践的脱节是工具理性或技术主义倾向的外在显现。在传统的职前教师教育课程中,教师教育理论课程的内容总是倾向于学理化和抽象化,从而体现其理论深度;而教师教育实践课程的内容则倾向于操作性和可见性,从而体现其操作特质。知识本位、技能本位或实践本位的职前教师教育课程的问题症结就表现为理论与实践的脱节。职前教师教育课程的理论课程不应是空泛概念的文字游戏,而教育教学实践课程也不应当是尝试错误的技术性活动。因此,职前教师教育课程既要消除"理论优位""理论第一"的偏执,也要消除"反理论"的纯操作化心态。正如有研究者断言,向师范生头脑中注入教育理论的嵌入型传统教师教育形态必将退场,取而代之的是一种以教育理论与教育实践交互作用为特征的互动型教师教育新形态。因此,职前教师教育实践课程必须与理论课程有机地融合起来,超越

---

① 德特勒夫·霍斯特. 哈贝马斯. 鲁路,译. 北京:中国人民大学出版社,2010:46-47.
② 杨跃. 师范生教育实习反思. 高等教育研究,2011(7):63-67.

学徒观念。职前教师教育实践体验课程要以理论研究的态度对待实践，以使师范生的教育实践成为研究性实践和反思性实践。例如，加拿大安大略省的教师教育项目将理论课程学习与教育体验交替穿插进行，并开发了自我研究、课例研究、预测—观察—解释法、档案袋等方法。通过以上方法，反思成为师范生的一种连续性的日常行为习惯。[①]另外，美国的范德堡大学（Vanderbilt University）规定，每位师范生至少要经历 30 个小时的教学观察，其中包括 3 个小时的中小学班级实地观察以及 27 个小时的独立研修时段，并且在实地考察时需要完成 7 个反思报告。报告主题采用自选和指定相结合的方式，包括"个人对差异性教学的理解"、"对所在见习机构的期望与思考"、"教师访谈报告"（合作教师的知识、技能、理念及其对学生的影响）、"回顾性反思"（对第一次反思进行回顾，并说明自己的差异性教学理念如何在见习中得到应用）和三个自由命题的反思报告。[②]具体的实习课程内容安排如下。

第一部分　教育观察——体验校园

1. 校园的建筑与文化
2. 教室的环境与设计
3. 班级学习风气与氛围
4. 学校的组织结构
5. 我的札记（校园的一天、班级的一天、教师的一天、学生的一天）

……

第二部分　教育观察——感悟课堂

1. 教学各环节的教师语言
2. 教师的提问方式与内容
3. 教师的激励方法与手段
4. 课堂中的表扬与批评
5. 教师的教学机智

[①] 付光槐，刘义兵. 中加职前教师教育实习课程比较——RLTESECC 项目交换生实习经历的启示. 比较教育研究，2016（4）：93-99.
[②] 骆玎. 中美教师教育实践课程比较研究. 华东师范大学博士学位论文，2009：119.

6. 师生冲突与解决策略

7. 我的札记（教师的一段精彩语言、一种有效的激励方法、一个机智处理问题的场景）

......

第三部分　教育观察——体悟教师

1. 教师的形象

2. 教师的一节课

3. 教师的一个教案

4. 教师与学生的一次谈话

5. 教师组织的一次班级活动

6. 教师的一次家访

7. 教师与家长的一次谈话

8. 教师的一次班主任工作

9. 我的札记（教师最吸引学生的一个举动、教师最精彩的一个教学片断）

......

第四部分　教育观察——体悟学生

1. 学生最爱玩儿的一个游戏

2. 学生班级群体的一次调查

3. 学生最爱参加的一项社会活动

4. 我的札记（我最想了解的一个学生，学生的一本课外书、一节课、一个游戏、一份作业）

......

第五部分　教育观察——历练教学

1. 教师的课堂管理

2. 学生的课堂行为

3. 我的札记（印象最深刻的一次互动、教师最机智的一种做法、印象最深刻的一名学生）

......

第六部分　教育观察——观察反思

1. 假如我是教师
2. 假如我是班主任
3. 假如我是学生
4. 假如我上这节课
5. 假如我主持这次主题班会
6. 假如我来设计这次活动
7. 我的札记（我最喜欢的一种教学方式、我最擅长的学生管理策略）

……

第六章　解放旨趣下职前教师教育课程实施与评价的路向

在传统价值取向下，职前教师教育课程的实施与评价陷入了灌输与记忆、传递与模仿等的泥潭之中，师范生成为被动的接受者、消费者和执行者，师范生的个体经验、认知等受到"压迫"，无法体会到真实自我的存在，其主体性也受到压抑。[1]基于解放旨趣的职前教师教育课程将使灌输与机械训练失去合法性，并从时间、空间、对象、语言等多维角度出发，实现教育教学的创生。师范生作为自由、平等、自主、全面发展的主体而存在，在对话与交往中形成反思性自我，最大限度地从确定性知识和程序性技能的束缚中获得解放，从而使其主体性、创造力及责任感得以激发。由此，职前教师教育课程评价也将倾向于作为一种"鉴赏"、"解释"和"存在"，而被视为理性与非理性统一的审美性和意义诠释过程。

第一节　职前教师教育课程实施的理念重返

解放旨趣强调师范生要摆脱确定性知识和程序性技能的束缚，从而获得解放，自由与个性得以张扬，并且在教育中，人的需要、潜力及自我意识将备受关注，职前教师教育要摒弃那种封闭式的指导与规训，推崇师生共同营造的一种情感、思想、内心更加自由的课程环境。因此，在职前教师教育课程实施中，更多应该思考的是如何唤醒师范生的自主与自觉意识，释放师范生的内在动力与创造力，从而实现师范生主体性的回归。

一、赋权与赋责：师范生的主体性自觉

赋权与赋责是师范生主体性自觉的先决条件。批判教育学认为，教师要形成综合判断能力、批判精神以及专业自觉思维等，最为重要的是拥有自由的家园。[2]在教师成长的过程中，赋权与赋责尤其重要。同样，在职前教师教育课程实施过程中，师范生的学习与发展不应该是被动或被迫的，

---

[1] 郭晓明. 课程知识与个体精神自由. 北京：教育科学出版社，2005：47.
[2] 江世勇，代礼胜. 从自为到自觉：教师意识的觉醒与教师专业发展的内涵重构. 教育理论与实践，2012（26）：30-33.

而应该是自觉主动建构的过程。因此,需要通过赋权与赋责来给予师范生更多的自由空间,激发师范生的主体性,增强师范生的自我意识,使师范生感知自身存在的意义。如前所述,职前教师教育课程在现代社会迅速发展的形势下,仍旧固守着传统的、强制性的"说教"法则。教学的运行过程处于封闭的垂直体系中,教师处于权力架构的上位,师范生除了完成既定的学习任务外,被"悬置"于组织空间中,并不具有参与课程的框架结构、内容范围、评价方式、考核标准的制定等环节的必要性和正当性。由此,在课程实施过程中,师范生的学习依然是由外在主导的,遵循着一种"师范生应当如何"的逻辑,从而导致出现内容单一、单向灌输以及形式僵化等问题。在职前教师教育课程实施过程中,师范生作为学习主体的价值和意志很难得到真正体现,而且职前教师教育课程实施效果较差、效率较低,大多数师范生对职前教师教育课程现状的满意率都比较低且排斥心理比较严重。导致这种情况的原因在某种程度上是职前教师教育课程的实施尚未与社会快速发展的现实以及当代大学生的身心发展特点相适应。随着我国社会的转型,工业化、城市化、市场化、全球化、信息化等得到快速发展,使得当代的师范生日益成为一个复杂和多元化的群体,其价值观念和取向都发生了转变。师范生在这一时期的自我意识、自主性、独立性和自尊心等逐渐增强。如果仍将其视为"白板"或"黑箱",师范生将陷于一种附庸和被压抑的境地,必然导致其主体性与主动性的阙如,从而产生抗拒心理。因此,在职前教师教育课程实施过程中,要充分相信师范生,赋予师范生选择、决策及创造的权利和责任,使师范生在学习中获得满足感、信任感以及成就感。

(一)激活师范生学习的主体性

基于解放旨趣的职前教师教育课程应赋予学习者自主选择与对行为后果承担责任的能力,为师范生成为一个积极的政治、道德主体自我赋权(self-empowerment)和自我组织(self-constitution)创造条件[①],从而唤醒师范生的历史意识、主体意识、价值意识和创造意识。赋权与赋责是对选择与行动自由的拓展,意味着一种自主参与的过程,是师范生通过在场体验,而不断获取和把握与自身相关事务的内在力量,从而提升生活品质。如卡西尔所言:"人只有在创造文化的活动中才能成为真正意义上的人,也只有在文化活动中,人才能获得真正的'自由';人的本质是永远处在

---

① 周险峰. 文化政治:批判教育理论视域中的教师教育. 教师教育研究,2009(4):13-17,26.

创造之中的，所谓人性并不是一种实体性的东西，而是人自我塑造的一种过程，真正的人性无非就是人的无限的创造活动。"①由此，教师教育应将师范生视为有生活体验、专业经验与梦想的主体，能够进行自主发展的人，鼓励师范生积极地参与专业生活的建构，在从边缘到中心的参与过程中获得建构知识的意义，并且在参与过程中形成被认可感、被尊重感和主体感，完成对自我身份的建构。简言之，在职前教师教育课程实施中要激活师范生的潜能、价值和独立人格，鼓励师范生自觉自由的选择，使师范生对自身的能力与责任产生高度的信心，加深对教师专业身份的理解与建构，以成长为自主、自觉和理性的主体。

英国学者约翰·麦克贝斯（MacBeath，J.）、麦克唐纳（MacDonald，A.）展示了不同类型的学习者在面对决策与采取行动时的状态（图6-1）②，其中横轴表示学习者的"知识"，纵轴表示学习者的"意识"，每个象限表示学习者的"态度"。

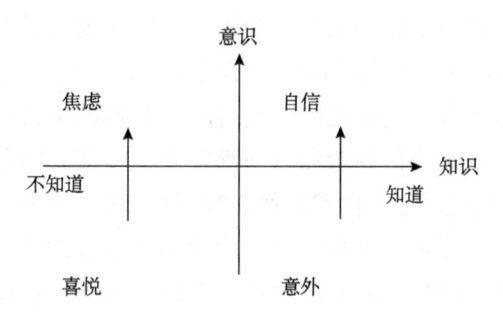

图 6-1　学习者的知识与态度

通过图 6-1 可以发现，师范生在学习以及未来的工作中可能产生四种基本的学习或工作态度：第一象限表现出来的是"自信"；第二象限表现出来的是"焦虑"；第三象限表现出来的是"喜悦"；第四象限表现出来的是"意外"。这四种态度是动态转换的，根据箭头的方向，如果师范生对自己拥有的知识和能力保持清醒的认识，"意外"就可能上升为"自信"；如果师范生对自己的无知也能够有清醒的认识，盲目的"喜悦"就可能上升为"焦虑"。由此可见，四种态度转换的关键在于师范生能对自己的知识和能力有清晰准确的认识与判断。在职前教师教育课程实施中，赋权与赋责的实质是师范生"主体性"的彰显，促使师范生成为自我发展的主人，

---

① 恩斯特·卡西尔. 人论. 甘阳，译. 上海：上海译文出版社，1985：5.
② MacBeath J, Macdonald A. Four dilemmas, three heresies and a matrix// Riley K A, Louis K S(Eds.). Leadership for Change and School Reform. London: Routledge, 2000: 13-29.

随时保持对自身发展的关注与批判性的参与,并通过自我评价、自我控制获得持续发展的能力,来弥补师范生作为主体在职前教师教育课程实施中"不在场"或迷失的不足,恢复其已有的价值,使其内心产生责任感和效能感。通过赋权与赋责,师范生不再是旁观者与被动接受者,其学习和生活都是一种自我建构、自我塑造与自我追寻甚至是自我超越的积极过程。

(二)激发师范生的专业自觉意识

从另外一个层面来看,赋权与赋责也意味着师范生通过自主反省,激发专业自觉和自主意识,并在建构自我知识和能力的过程中获得一种权利意识和批判能力。长期以来,教师的角色无意识地被固化为"上所定,下所行"的忠实执行者,导致教师在教育教学中随波逐流、盲目顺从的现象较为普遍。如果在职前培养阶段师范生就缺乏参与课程决策方面的权利与责任,课程意识淡薄,那么在未来的工作中,其专业自主意识的式微也成为必然。在职前教师教育课程实施中,赋权与赋责使师范生获得了一种参与和权利意识,并逐步形成具有独立思考、勇于创新的思考能力和决策能力。由此,师范生在未来的教育教学生活中将勇于突破传统课程计划和教学活动程序的限制,不再盲从于简单模仿和机械照搬技术的层面,而是表现出自主性与自觉性,从而实现多元性、差异性和创造性发展。

值得注意的是,这里所说的赋权与赋责不是简单的"扔出"权利,也不是"放任",即不是让教师教育者将责任完全推给师范生。赋权、赋责与授权、授责是有本质差异的,"赋"意味着帮助对方获得权利,提升对方行使这一权利的责任感和能力。在职前教师教育课程实施中,赋权与赋责实质上在于重构教师教育者与师范生、师范生与课程学习、师范生与课程管理等诸多层面之间的关系,形成相对平等的地位。例如,以教师教育者与师范生二者之间的关系而言,教师教育者应该善于了解师范生的内在需求,尊重师范生的差异性及其选择权利,为其拓展发展空间创造条件,激发师范生的主动性和创造性。

二、对话与交往:师范生主体间的视域融合

对话与交往是师范生主体间视域融合的核心基点。"交往理性"是哈贝马斯为对抗工具理性而提出的走出主体哲学的新途径。哈贝马斯认为,理性应包括工具理性和交往理性两方面,韦伯的出发点是一种着眼于孤立的行为主体的目的论行为模式,即工具理性;而交往理性不是个体的独白,

而是一种主体间的符号化的协调和理解关系。[①]交往理性使人从内在自然的强制中摆脱出来从而获得真正的解放。哈贝马斯认为，"解放旨趣"根深蒂固地存在于人类的交往行为之中。[②]美国当代思想家罗蒂（Rorty，R.）的社会知识论也是通过恢复知识与社会、知识与群体的互动、协商维度，进而使知识问题成为人与社会、人与他者或群体的交往、对话、创造与生成的过程。在这个意义上，"对话是一种创造行为（act of creation），旨在解放取向"[③]。协商、交往、对话这一系列概念本身都在消解传统知识的单子式、孤立式的私人性、个体性、个人性，并在某种程度上获得了重新阐释。[④]在这些互动、交往、协商等逻辑下，"主体间性意味着清醒的、合情理的，意味着一系列道德德性；容忍、尊敬别人的观点，乐于倾听而并非压服"[⑤]。也就是说，知识诞生于个人与社会共同体内部的彼此交往、互动与协商中。与此同时，将知识生产与知识的确证纳入人与社会、他者之间的实践中来考察，从而在个人与他人、与共同体以及与社会彼此对话、协商的社会实践中进行知识创造和生成。通过对话引起个体的反思，使其意识到具有不同文化、背景和境遇的他者的视域特点，从而形成不同主体间的视域融合。

因此，建立基于解放旨趣的交往模式，正是走出当前职前教师教育课程实施中的现代性困境的重要出路之一。缺少情境支撑、关系建构以及意义生成的灌输式课程是难以培养出具有自觉、批判和反思意识的未来教师的，而基于解放旨趣的职前教师教育课程的实施是一个动态的、变化的、开放的系统体系。在这个体系中，教师教育者和师范生并不是孤立的个人，而是处于公共、经验和环境框架之中的个体，其关系应该是平等交流、解释与对话的关系，即相互理解、共享知识、彼此信任且相互依存。教师教育者与师范生之间的关系并不是简单的"功能性的关系"。对话与交往蕴含着在对话的状态中展开对文本、他者以及自我探索式理解的生存场域，不能被简化说服和压制，即一种观点反对另一种观点或强加于另一种观点。正如哈贝马斯所言："交往理性将言语理解模式作为出发点，并揭示出了自我意识、自我决定、自我实现等自我身上所具备的相互渗透的视角和相互承认的结构，从而克服了主体哲学。"[⑥]对话与交往具有其内在的未完

[①] 尤尔根·哈贝马斯. 交往与社会进化. 张博树，译. 重庆：重庆出版社，1989：3.
[②] 黄瑞祺. 社会理论与社会世界. 北京：北京大学出版社，2005：125.
[③] 理查德·罗蒂. 后哲学文化. 黄勇，编译. 上海：上海译文出版社，2004：76.
[④] 张良. 课程知识观研究. 华东师范大学博士学位论文，2015：116.
[⑤] 理查德·罗蒂. 哲学和自然之境. 李幼蒸，译. 北京：商务印书馆，2003：415.
[⑥] 哈贝马斯. 哈贝马斯精粹. 曹卫东，选译. 南京：南京大学出版社，2004：419.

成性和自由开放性，通过不断汇聚、融合的过程形成新的意义。在对话中产生的知识不是趋于静态的，而是指向于不断变化的、发展的、动态的对话者存在场域的意义建构。

在对话与交往的理念下，职前教师教育课程将学习共同体的构建作为实践场域。在现实情境中，每一位教师教育者与师范生都生活在"共同体"之中。让·莱夫（Lave，J.）和爱丁纳·温格（Wenger，E.）等认为，"共同体"是所有成员聚焦于共同的关注点，共同投入热情，在持续不断的相互作用与共生中发展自我。[①]哈贝马斯认为，"人生长于共同体之中，以共同体中的他人取向，发展出自身的身份，因而人依赖于共同体"[②]。共同体作为一种合作性组织，强调基于共同信念与价值追求，聚焦共同的问题与现象，进行对话、共享和实践。因此，这种共同体区别于"所有普遍的共同体"，而是"生存共同体"。[③]其根本特质在于反思性，只有通过对话与反思，主体才能觉悟，才能在交往中认识自我并改变自我，从而彰显"自由"和"解放"。因此，我们需要将职前教师教育课程实施中的各种普遍意义上的"关系共同体"深化为具有"生存共同体"意义的共同体，为课程实施构建对话与交往的实践场域。在此场域中，共享目标、分享决策、支持与合作、协作活动是多维主体之间的外在构架或显现，而通过反思来构建愿景、动机、理解与实践是不同个体的内在向度，如图 6-2 所示。

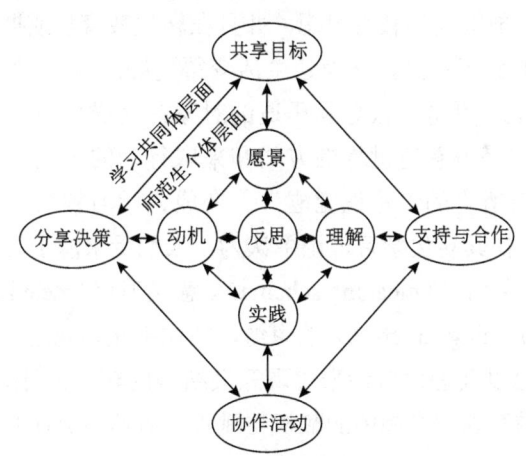

图 6-2 学习共同体的实践场域

---

① 转引自：张志旻等. 共同体的界定、内涵及其生成——共同体研究综述. 科学学与科学技术管理，2010（10）：14-20.
② 转引自：德特勒夫·霍斯特. 哈贝马斯. 鲁路，译. 北京：中国人民大学出版社，2010：103.
③ 尤尔根·哈贝马斯. 作为"意识形态"的技术与科学. 李黎，郭官义，译. 上海：学林出版社，1999：126.

学习共同体实践场域的构建实质上是对师范生学习内蕴的重构,将师范生放置于文化性、社会性和伦理性的学习场域中,为师范生构建活动性、形成性和交往性的学习共同体场所,以使各种理解、观点以及困惑融合在文化交往的交叉点和反思性理解的焦点上。由此,师范生在共同体的学习情境中、在意义建构的对话言语中以及在心灵共通的理解中实现精神意义的共生共享与视域融合,即在对话与交往中,师范生通过共享知识、共享经验、共享智慧、共享人生的意义和价值,能够从不同的参照框架和视角来思考问题、解读问题、澄清观点,从而拓宽或形成共同的视野。

三、转化与创生:师范生的个体知识建构

转化与创生是师范生个体知识建构的重要机制。著名的批判教育学家琼·温克(Wink, J.)在《批判教育学:来自真实世界的笔记》中将教育实施分为了三个视角或三种思想:传输模式、生成模式和转化模式。[①]传输模式认为,教师拥有知识,学生接受知识,教师控制着什么人应该知道什么,权力始终是教育教学中的一部分;生成模式认为,学生应该积极地参与到学习过程中,构建自己的知识;而转化模式源自传输模式和生成模式,但是其所反映的不仅是正在千变万化的世界,还是我们对有意义的教与学更加复杂的理解。因此,他认为批判教育学也即转化教育学,转化教育学是指向于解放旨趣的教育思想,并且在转化教育学或批判教育学中,教育从教室延伸到了社区,从而让生活变得更好。[②]在弗莱雷看来,在转化学习中,学生不再是被教导和压迫的对象,而成为主体,通过对周围世界进行反思,获得看待世界的方式和采取行动的勇气。"转化"实质上意味着弗莱雷所言的"意识觉醒"。在成人学习领域,杰克·麦基罗(Mezirow, J.)在其转化学习理论中认为,人们受来源于习以为常、未被质疑、惯习的意义图式(meaning schema)、意义观点(meaning perspective)和意义结构(meaning structure)的束缚,往往不能客观地对待事物,必须通过批判性反思以及理性对话来实现意义结构的转化。[③]因此,解放旨趣下的职前教师教育课程实施中的赋权与赋责、对话与交往并未到达终点,

---

① 琼·温克. 批判教育学:来自真实世界的笔记. 路旦俊,译. 长沙:湖南教育出版社,2008: 99-104.
② 琼·温克. 批判教育学:来自真实世界的笔记. 路旦俊,译. 长沙:湖南教育出版社,2008: 101.
③ Mezirow J. A critical theory of adult learning and education. Adult Education Quarterly, 1981, 32(1): 3-24.

还必须通过转化与创生来实现师范生最为深层次的意义结构的变化。

在当前职前教师教育课程改革中，课堂教学的方式、方法等都在发生变化，然而更多的仅仅是形式上的变化，并没有触及根本。师范生仍然受知识和技能的"奴役"，外在于师范生的主体维度，成为控制和剥夺师范生话语权的力量，异化了师范生作为主体的人格。解放旨趣追求自我理解以及意义生成，即师范生应该是作为主体的知识转化者与创生者，从而由一种外在"认识"与"理解"向度的公共知识走向一种内在"转化"与"创生"向度的个体知识。人是意义的诠释者和创造者，知识对于人的意义，不是知识本身作为语词、命题的含义，而是只有融入个体的认知结构与内在精神世界，才能凸显其意义。正如爱德华·斯普朗格（Spranger, E.）指出的："与人的生活和个体精神没有关联的知识是无生命的知识，知识必须转向人的内在精神才有意义。"①因此，他认为教育的最终目的不是传授已有的知识，而是将人的创造力量诱导出来，唤醒人的价值感和生命感。

解放旨趣下，师范生通过转化与创生，实现知识的建构，不是将"占有知识"作为目的，而是出于对生活意义的追寻或为了意义世界的充实而与知识交往。波兰尼就认为，个体知识就是客观性与个体性的结合，这种知识是一种信念，是一种寄托。②由此，职前教师教育课程实施并不是一种外在的、机械的反映过程，而是一种内在的、存在的和积极的主体性建构过程。

第二节 职前教师教育课程实施的有效路径

基于解放旨趣的职前教师教育课程的重构的真正生命力在于教学环节，因此，变革教师教育课程教学模式是职前教师教育课程重构的关键。马可欣·葛林妮认为，在传统的教学活动中，学生处于非常被动的地位，"他们只是旁观者，而不是洞察者；只是旁听者，而不是领悟者"③。因此，在课程实施过程中，教师应提供机会，帮助学习者在日益开放的世界里获得意义。长期以来，我国教师教育课程采用的是定型化的教学方式，在这种"技术理性"的支配下，教师只重"教"而不重"学"，只见"知识"而不见"人"，导致教学缺乏新鲜感和活力，从而影响师范生学习的兴趣

---

① 转引自：邹进. 现代德国文化教育学. 太原：山西教育出版社，1992：70.
② 波兰尼. 个人知识：迈向后批判哲学. 许泽民，译. 贵阳：贵州人民出版社，2000：7.
③ Greene M. The artistic-aesthetic and curriculum. Curriculum Inquiry, 1977, 6(4): 283-296.

和积极性。另外，教学情境的单一使课程内容剥离了情境而存在，从而变得孤立、缺乏附着性，师范生难以获得真正的意义建构。在解放旨趣下，职前教师教育课程实施要突破传统的学科教学模式，唤醒师范生的批判性思维和主体性自觉意识。因此，在职前教师教育课程的教学方式上，除了传统的理论讲授模式外，还要倡导以自主、参与、研讨、实践为特征的多元教学方式的融合与创新。本书在此主要从教、学以及师范生自我反思等三个维度来探讨解放旨趣下的职前教师教育课程实施的有效路径。

一、基于师范生教育生活的案例式教学

如前所述，"解放旨趣"是与"生活世界"密切联系的。哈贝马斯结合胡塞尔的观点认为，"我们同胡塞尔一样，称一种单纯地将理论陈述与事实联系起来的看法是客观主义的"[①]。在职前教师教育课程实施中，师范生所学习的知识与获得的能力并不是独立于情境以外的符号，这些内容只有存在于具体的、情境性的和可感知的活动之中，才能真正与师范生"相遇"。教师教育必须与教育生活世界建立联系，而不仅仅是抽象与概括性的束之高阁的理论框架。正如有研究者所言，一个学习做教师的人，必须能够成功地建立起他与教育经验世界的联系。[②]因此，师范生的学习不能脱离教育教学情境而抽象地存在，必须与情境化的教育教学实践活动联系起来。在美国、英国和挪威等国家，职前教师教育课程中最为常见的就是案例式教学，许多培养师范生的大学还开发了专门适用于教师教育的在线教学案例。案例式教学独特的互动与多元等特征，在教师教育领域中有着独特的价值。在教师教育中，案例式教学的适切性就在于教师知识具有缄默性与情境性等特征。一般而言，教师教育中的教学案例，首先要具有较强的叙事性，能够真实有效地反映出教育教学生活世界的实然境遇；其次要含有两难问题，能够激发师范生对其进行价值与意义上的反思与批判。

解放旨趣下的职前教师教育课程的核心在于拓宽师范生的视域，丰富师范生的知识生活经验。正如前面所述，教师的教育生活情境是十分复杂的"低洼地"，师范生在未来的教育教学生活中将持续地面临各种新的问题、新的情境或新的挑战。此时，师范生的判断与决策、自主与自觉意识的重要性便凸显出来了，而案例式教学中的案例便是来源于现实生活情境中的第一手事例，真实、有发生背景、有情节。原理是有价值的，案例是

[①] 转引自：德特勒夫·霍斯特. 哈贝马斯. 鲁路, 译. 北京：中国人民大学出版社，2010：18.
[②] 许立新. 案例教学：当代中国教师教育模式的新视野. 中小学教师培训，2004（1）：17-19.

难忘的。案例的意义与价值就在于能够提供一种教育生活中的典型情境，在这些情境中，教师教育者与师范生运用已有的认知图式、实践性知识应对和思考教育困惑与难题，将宏观的理论以及知识或技能内蕴于教育生活情境之中。基于教育生活的案例，师范生或以观摩者或以参与者的视角来观察、理解、判断教育教学生活中的典型行为、思想、感情，从而将师范生卷入教育教学生活中来思考问题。

首先，基于师范生教育生活的案例式教学是一种情境式、体验式、交往式的活动。基于师范生教育生活的案例式教学中的案例是教育教学生活世界中真实发生的典型事件，描述的是教学过程中意料之外、情理之中的事，包含了一个或多个疑难问题[1]，能够将现实教育生活世界中的两难问题或典型问题引入职前教师教育课程之中，将师范生置于真实的、有意义的问题情境或矛盾冲突之中。如此一来，便可以引发师范生对那些教育生活世界中的"剪影"或理所当然的境遇进行思考，促使师范生理解隐藏于问题情境背后的意义与价值，从而提高师范生的专业决策和自觉能力。同时，师范生在案例中通过自身的观察、对话、感悟、反思等来学习职前教师教育课程知识，凸显课程知识的经验性和体验性，让其真正走进师范生的心灵，内化为师范生自身的内在品质。

其次，基于师范生教育生活的案例式教学拓展了师范生的视域和眼界。就具体的实践而言，师范生通过独立地对教育教学生活案例进行分析和在课堂上的共同讨论，可以觉察出一个看似极其微小的课堂决断中所蕴含的重要意义与价值。运用案例式教学，可以让师范生在教育教学生活中学会如何从不同的角度或不同的角色去思考问题，如何富有成效地联系具体的教育经验。这在某种程度上也提高了师范生从自我与他人的经验中学习的能力，但是这种学习并不是简单的模仿，而是一种对话与交往中的视域融合。因此，在职前教师教育的过程中，案例式教学为师范生提供了真实的、具体的教育教学生活情境，让师范生学会分析与思考，为学生在教育理论学习和教学实践之间架起了一座桥梁，是一种极具价值的教师教育教学模式。

值得注意的是，基于师范生教育生活的案例式教学不仅应该是一种教学方法，更应该是一种职前教师教育课程回归生活世界的理念，这就涉及教师教育观念的更新、教师教育者以及师范生角色与案例学习的转变等多个层面。因此，在解放旨趣下，基于师范生教育生活的案例式教学并非在

---

[1] 郑金洲. 案例教学指南. 上海：华东师范大学出版社，2000：1.

课堂中融入几个案例那么简单,或是在课堂中为师范生讲几个故事就结束了,而是要能够真正触及师范生的意义世界及其自我意识。也就是说,案例式教学要能够引起师范生的共鸣,挖掘其深层次的记忆或内在的情感。通过教育生活案例促使师范生"解放记忆",也只有这样的案例式教学,才能真正触动师范生的内在精神世界。

二、基于师范生个体知识生成的探究式学习

解放旨趣下的职前教师教育课程的实施是一个激发主体意义学习的过程,能够唤起师范生作为未来教师的主体意识,促进师范生的积极性、自主性和创造性的发展。师范生的主体性意识和精神世界是自主的、能动生成的、建构的,而不仅仅是外部力量单向作用的结果。师范生的个体知识才是真正具有力量的知识。正如有研究者所言,知识不仅仅是外部实在的反映,更是自我取向的,它指向于批判性理解和"解放"。[1]建构主义认为,知识不是外在客体的简单模仿,也不是主体内容预先的认知结构展现,而是主体与外在世界相互作用过程中"发展创造性"的结果。正如墨菲(Murphy, G.)所言:"假如教师只是为学习者翻转 1000 块石头,那他的任务还没有完成。他还要使学习者看到更多的东西,让这些石头激起学习者对这个世界的历史的兴趣,激起学习者对水、大气、土壤和岩石的进化过程的兴趣,并引导学习者窥探这些东西背后的更深层的意义。"[2]

因此,解放旨趣强调师范生的反思与觉醒,并不是指教师教育者在职前教师教育课程中试图去讲授如何反思或者要求师范生如何反思,而是指教师教育者和师范生都应该作为知识生成的主体。教师知识不同于一般职业的专业知识,与医生、律师相比,教师知识更具有缄默性、情境性、体验性等特点,师范生在教师教育中必须是深度参与的。因此,职前教师教育课程知识的学习更应该是一个内在理解与意义性的个体知识的生成过程,师范生要经过一系列的捕捉、质疑、判断、比较、选择、修正等,以及相应的分析、综合、概括等,而不仅仅是处于一种简单的认识状态,即如果没有多样化的思维过程和认知方式,没有多种观点的碰撞、论争和比较,则师范生难以真正理解和认识。更重要的是,没有以多样性、丰富性为前提的学习过程,师范生的认同情感和主体意识就不可能培养起来。

具体而言,就是要改变目前职前教师教育课程中普遍存在的师范生被

---

[1] 李海. 从现代走向后现代:知识论对课程理念的影响. 江苏高教, 2004 (3): 86-89.
[2] 转引自:帕梅拉·博洛廷·约瑟夫等. 课程文化. 余强, 译. 杭州:浙江教育出版社, 2008: 96.

动地接受知识的学习方式，由静态的知识传授向动态的、基于师范生个体知识生成的探究式学习转变，使师范生在学习过程中获得亲自参与研究探索的积极情感体验，成长的内在动机得到唤醒，逐步培养一种在日常生活与学习中大胆质疑、乐于探究、努力求知的心理倾向和主体性人格，激发探究创新的欲望，从而实现自我价值。因此，探究精神是职前教师教育课程教学的灵魂，只有通过对话与探究，才能培养思想者和批判者，没有探究的教学往往仅仅是训练。在访谈中，有师范生也谈道：

> 知识要活学活用，我希望有更多的能够让我们自己思考、自由表达的课堂出现，不要总是老师的"一言堂"。传统的传授式教学方式虽然也有好的方面，但我更喜欢能引发人思考和表达的课堂。

相对于传统的接受式教学，基于师范生个体知识创生的探究式教学具有较为明显的优点。其旨在通过合作、探究、体验等方式凸显师范生学习过程的主体性、交往性、互动性与分享性，这在某种程度上就是指向于解放旨趣的，能够激发师范生成长的自主与自觉的内在动机以及促进批判反思意识的形成。另外，解放旨趣下的职前教师教育课程教学需要教师教育者持有一种探究本位的态度，以激发师范生积极反思的兴趣，同时在探究过程中，营造积极讨论的氛围，改变师范生的思维惰性，促使其独立地、批判性地、探索性地获取知识。通过探究式学习，师范生能够在批判性阅读、操作和思考中发现问题、提出问题，并从不同维度分析问题和解决问题，思考与建构真正属于自身的缄默知识，逐渐形成自身独特的教育教学理解和意义，而形成理解与意义的过程其实就是"一种创造性地重新表述（re-expression）和重构（reconstruction）过程"[①]。在基于个体知识生成的探究式学习过程中，教师教育者的作用主要是启发和引导、组织和参与，给师范生提供创造性思维活动的机会，让师范生在参与和探究中进行思维的碰撞。教师教育者首先应对师范生充满热情，对知识不懈追求，努力激发每一位师范生身上的潜能，并能敏锐地察觉和回应师范生的各种需要。通过"启发性""主体式""互动式""探索式"等不同教学方式，让师范生发散思维、拓宽思路、发表意见、交换看法、相互切磋、取长补短，引导师范生在教育教学中勇于质疑、发现和探究。例如，澳大利亚蒙纳士

---

① 洪汉鼎. 诠释学——它的历史和当代发展. 北京：人民出版社，2001：72.

大学（Monash University）教育学院的爱德华（Edward, S.）教授和海默（Hammer, M.）教授十分重视教师教育中的探究式教学，他们在师范生的儿童发展课程中，用一个（虚构的）小女孩劳拉 4—9 岁成长过程中的一系列问题设置问题情境，若干师范生为一组，分别扮演劳拉的父母、亲人、伙伴等角色，应用儿童发展的理论知识，协同解决问题。[1]这实质上就是一种合作性、参与性的探究过程，师范生融入这个过程中，以主体者的方式来进行探究，必然会创生出属于自身独特的个体知识或认知。

三、基于师范生自我性反思的自传体式叙事

哈贝马斯认为，"仅当生活世界的剪影关联我们的境遇时，我们才看到文化当中那些理所当然之事，但也仅仅是看到剪影而已"[2]。因此，解放旨趣还必须以自我反思性为核心特征。那么在解放旨趣下，职前教师教育课程该如何实现师范生的自我反思呢？在前述中，本书对派纳的存在经验课程进行了阐释，他提出的自传课程其实就是指向于"个体的解放"，秉持着解放旨趣的。[3]在派纳看来，自传体式叙事是个体理解自我存在方式和认识自我的重要途径，而过度地模仿他人或依赖于他人，容易导致自我迷失和自主性受到禁锢，个体通过对"生活经验"的解释，能够提升自我意识，并将自我从对象化的依附中解放出来。[4]自 20 世纪 80 年代开始，叙事研究（narrative inquiry）逐渐从文学理论领域被引入教育领域。教育叙事被认为是对教育实践中的经验、体验以及知识等进行诠释的重要途径。[5]教育叙事更多的是作为一种质性研究的方法论，即将研究者本人作为研究工具，在自然情境中采用多种资料收集方法对社会现象进行"解释性理解"。[6]

在解放旨趣下，师范生的自传体式叙事不是简单地记录对自己或别人司空见惯的故事，而是对那些被认为理所当然或预定的假设以及那些看似没有问题的教育教学理念或行为进行洞察，摆脱传统的禁锢，获得一种内在的启蒙和解放的力量。实质上，自传体式叙事是诱导师范生发起元对话，通过自我反思，唤起自我意识的觉醒，从而从身处的环境中获得解放。叙

---

[1] Edwards S, Hammer M. Laura's story: Using problem based learning in early childhood and primary teacher education. Teaching and Teacher Education, 2006, 22(4): 465-477.
[2] 转引自：德特勒夫·霍斯特. 哈贝马斯. 鲁冬, 译. 北京：中国人民大学出版社, 2010：46.
[3] 冯加渔. 自传课程研究. 华东师范大学博士学位论文, 2015：167.
[4] 时延辉. 威廉·派纳的自传式课程理论研究. 西南大学硕士学位论文, 2006：18.
[5] 丁钢. 教育叙事的理论探究. 高等教育研究, 2008（1）：32-37, 64.
[6] 陈向明. 质的研究方法与社会科学研究. 北京：教育科学出版社, 2000：13.

事过程本身是一个通过反思、认同、获得意义，从而达到内心世界改变的过程。诺尔斯指出，成人的经验更具有直接性、丰富性与多样性。[①]成人在学习过程中不仅重视经验的运用，还十分重视经验对"自我身份"的意义，是自我认同的源泉。因此，"经验"或"记忆"具有达到促进意义观点变革的力量。另外，成人学习理论专家杰克·麦基罗也十分注重学习者的经验，认为成人学习是运用先前解释去诠释对个体经验意义的新的或修正过的解释以引导未来行动的过程。[②]师范生作为成人学习者，对每个问题具体的情境都具有自身的生活体验、情感、态度。每位师范生本身所蕴藏的经历和记忆是十分丰富和复杂的，而且其中可能隐藏着诸多问题和矛盾，正如吉鲁所说的"压迫性记忆"。有研究者认为，有必要通过教师讲述或聆听其他教师的教育故事，帮助教师完成对个人经验的建构与重构，以此来关注教师的专业成长。基于师范生自我性反思的自传体式叙事包括诸如撰写反思日志、写传记以及同伴经验交流、讲故事等多种方式。其中，撰写反思日志是师范生自我性反思的最常见的方式，在此以撰写反思日志为例进行表述。

笔者有幸参与了"加拿大和中国教师教育和学校教育互惠学习"项目（Reciprocal Learning in Teacher Education and School Education between Canada and China，RLTESECC）。[③]在这个项目中，加拿大的温莎大学和中国的西南大学每年都互派20名左右师范生进行跨文化学习，从2014年开始，每期交换生都将持续3个月的交换学习时间。在温莎大学学习的过程中，每位交换生都会有一个自己的文件夹，像写自传一样记录在学习场域中发生的大小事件，并对自己经历的文化、生活进行批判性的解构。

日志1：

课后，学生Laura向Allen老师请教了三位数减法计算的问题，首先，老师让她列举出三个数字，并分别在黑板上写下减法的式子，计算出结果。Laura不明白，当我差点儿脱口而出时，老师转过

[①] 转引自：蔡俊. 诺尔斯成人学习思想及其对教师培训的启示. 继续教育研究，2011（10）：172-173.
[②] 转引自：雪伦·B. 梅里安，罗斯玛丽·S. 凯弗瑞拉. 成人学习的综合研究与实践指导（第2版）. 黄健等，译. 北京：中国人民大学出版社，2011：291.
[③] 该项目由迈克尔·康纳利（Connelly, F. M.）教授和许世静教授等联合负责，旨在探索不同地区、文化和国家学校教育发展的基本经验，通过相互学习促使学校之间共生发展。

来示意我停下，而后继续讨论，让她列出更多的情况。当她发现最终结果时，所有人都为她鼓掌。神奇的数学！

通过这件事我也反思到，以我自身带补习班的经历而言，我通常采用直接灌输式的教学，只是让学生知道答案，懂得怎么去做，就以为达到了教学目的。引导学生思考仅仅只有一小部分，甚至直接忽略。应试教育下，学生为好成绩而学，老师为好的教学成果而教，全部的落脚点都在最终的分数上。家长、领导、社会，所有的人都在关注最终结果，所以很多时候老师都采取"题海战术"去训练学生，这是快速提高成绩的方法。我们不能说结果不重要，这是一个衡量标准，但是我不愿意课堂上只有概念、题目、计算。所以我想要探索一种双赢的教学模式：①适当改变传统的传授式教学，采取特别的教学方法，目的是加深学生对知识的理解，并且能够做到举一反三；②提高数学课堂的活跃度和趣味性，让学生喜欢数学，从而愿意学习数学。这样的教学才是充实的，既达到教学要求，又有特色。

日志 2：

温莎的中小学课堂给我的第一感觉就是教师与学生之间的平等关系。教师的上课方式以及态度就是完全地把自己融入学生中，跟学生做同样的事情。例如，教师坐在椅子上讲课，跟学生之间平等互动……学生也很平等地跟教师进行交流，告诉教师他们自己的想法，也会在课堂上适当地开玩笑。我认为就是这种平等的观念，才让学生在课堂上那么活泼，那么敢于去质疑教师的权威，有自己的想法和疑问，并且愿意和教师沟通交流，因为交流是建立在平等的基础上的。在这样的课堂上，我看到的师生互动并不是教师刻意引导的，而是自然发生的。我在思考：一个好的老师应该是什么样的？

- 让学生去尝试。
- 辅导学生的功课。
- 对学生友好说话。
- 备课。
- 帮助学生有趣地理解知识。
- 公平。

- 不贬低学生。
- 尊重学生。

日志 3：

> （温莎中小学）教学楼的走廊上挂着学生填写的资料牌，上面写有姓名、生日、年龄以及自己最喜欢的事物（如食物、颜色、学科）和长大后想成为什么人等；而我们国内的教学楼、教室墙上一般都是贴一些立志的话语，尤其高三的时候，教学楼、教室墙上会贴一些"书山有路勤为径，学海无涯苦作舟"之类的名言。来到实习学校后，我发现这边的海报主题非常丰富，涉及学生学习、生活的方方面面。我认为要有一种意识，学生在学校，真的不仅仅是在学习，学校是学生成长的重要场所，学习是塑造其人格的一个过程，我们的学校应该多一些人文关怀。

上述日志中的故事都源自师范生的日常生活，在叙事过程中，不仅仅局限于对教育现象的描述，还融入了师范生个人独特的体验与感受，并由此带给了他们独特的思考与想象。师范生在学习过程中经历的许多偶然的和不可重复的经验，如果得不到及时的表达、总结和注意，往往就如过眼云烟一样被忽视和埋没。通过自传的方式，师范生通过文字记录、讲述等方式对教育过程进行整理和总结，对自身所接触的理论、所持有的信念以及所面对的问题进行深入的梳理与反省，从而实现教育经验的澄清、保存、交流和分享。因此，通过自我的叙事与反思，不仅有助于师范生在入职前培养教育教学意识、情感，也有助于师范生缄默性知识的获得，从而形成教育实践智慧。在访谈中，有交换生谈道：

> 平时，我会把每天所见记录在 word 里，实习结束后把它们做成 PPT 或者其他格式的成品。在加拿大实习时，我学习了很多类似这样前沿的观点和意识，并养成了良好的习惯，如记录、反思、分享等。[1]

---

[1] 付光槐，刘义兵. 中加职前教师教育实习课程比较——RLTESECC 项目交换生实习经历的启示. 比较教育研究，2016（4）：93-99.

美国心理学家波斯纳（Posner, G. J.）认为，没有反思的经验是狭隘的经验，至多只能形成肤浅的知识。[1]如果师范生能够有意识地撰写自传或日志，思考甚至怀疑自己已有的经验，并将对这种经验的反思用于自己教育教学生活的改进上，则师范生可获得能够促进自己持续成长的经验。在职前教师教育课程中，教师教育者也要引导师范生对自身日常教育教学中的生活故事保持内在的自觉与深层的体验，并通过增加对故事进行多重诠释和多维理解的可能性，帮助师范生利用"自传"或"故事"构建自身的教育信念与个人理论体系。[2]通过这样的方式鼓励师范生进行自我反思，并使反思成为师范生一个连续性的行为和日常习惯，有利于培养他们对教育问题的敏感性，保持内在的觉解与自我澄明，有利于使师范生的行动成为"充满思想的行动"，即不断地通过反思来调整自己的教育教学行为，从而成为一名思考型、专业自觉的教师。[3]

第三节 职前教师教育课程评价的实现向度

对未来教师形象的不同理解，在一定程度上决定了职前教师教育课程评价的不同标准与方式。我国职前教师教育课程长期以知识本位和技能本位为取向，往往不自觉地将师范生的发展置于其对学科内容知识以及教育学、心理学等科学原理和技能掌握的成熟度上。例如，将教师喻为"一桶水"的知识灌输者或"工程师"的技术熟练者等形象。因此，教师教育往往将师范生所掌握学科知识的深度、广度以及传授这些知识的熟练度作为专业发展的程度。与之相对应的职前教师教育课程评价范式便是基于知识的评价，即仅局限于一种寻求知识的评价活动。[4]基于知识的评价的出发点是检测未来教师对职前教师教育课程内容的相关概念、原理等知识的掌握程度和运用能力。一般而言，基于知识的职前教师教育课程评价，往往都是将统一的、绝对化的评价标准作为评价指标，评价方法也主要采用自上而下、单一化的量化考试。这种评价方式有其积极意义，如能够引导未来教师掌握扎实的理论知识，为其后续的发展奠定基础，但是也容易导

---

[1] Posner G J. Field Experience: Methods of Reflective Teaching. New York: Longman, 1989: 22.
[2] 邓素文. 从旁观者认识论到经验认识论：教师教育课程的认识论转向. 教师教育研究，2016（1）：21-25.
[3] 付光槐，刘义兵. 中加职前教师教育实习课程比较——RLTESECC 项目交换生实习经历的启示. 比较教育研究，2016（4）：93-99.
[4] 周文叶. 职前教师教育课程评价：范式、理念与方法. 教师教育研究，2014（2）：72-77.

致未来教师对知识的掌握与运用徘徊在低水平，缺乏反思与觉醒意识。传统的职前教师教育课程评价倾向于预测控制、科学量化，只重结果，而基于解放旨趣的职前教师教育课程是一种生成的、开放的、在特定情境框架内的教师教育者与师范生进行对话的意义建构系统。在解放旨趣的意蕴下，职前教师教育课程的评价也同样具有生成性、情境性、多元性和非线性等特征，课程评价不再以单维、线性、机械的方式进行，更多的是一种"鉴赏"、"解释"或"存在"。因此，职前教师教育课程评价更加强调多元化、质性化和主体性，即从注重师范生对课程知识的机械记忆、掌握、理解转移到注重师范生对课程知识的独特理解、诠释、质疑、批判上来，从而促进师范生能够真正地对知识与技能进行意义建构和生成，成为具有批判反思和自觉意识的未来教师。

一、作为"鉴赏"的多元化评价

美国著名的美育与课程学家艾略特·W. 艾斯纳（Eisner, E. W.）认为，课程评价由于过分强调认知性评价而缺乏一种美感，特别是现实中的认知性评价标准又出现了偏差，过分强调逻辑标准、推论等量化评价，从而忽略了与美学相关的"隐喻和诗意"以及运用视觉、听觉等多重感觉的思维形式。正是这些思维形式的缺失，导致学习者思想的刻板，妨碍了学习者鉴赏课程中那些最具隐喻性思维模式的事物或观念。因此，他认为评价需要考察学习者是如何在经验中建构意义的，并将评价理解为一种鉴赏。[1]鉴赏是一个理性与非理性相统一的审美性和意义诠释的过程。解放旨趣下的职前教师教育课程评价更加倾向于作为"鉴赏"一种多元化的评价，反对将师范生置于一个共同的标准或常模之下，按照某一种价值观来要求师范生。对教师专业能力的理解不能仅仅停留在所规定的科学技术、理论知识以及技能上，而要融合在基于对问题情境所展开的反思以及针对问题情境的价值判断上。这种反思或价值判断是具有缄默性和个体性、情境性的，需要师范生重新解读、选择、取舍、融合，从而构建属于自身的一种个体化知识，不同的师范生所表现出来的气质具有差异性。要将对师范生的评价视为一种艺术欣赏的过程，以鉴赏的态度、渗透审美的视角，通过敏锐的洞察力和丰富的想象力来寻找师范生发展中的细微变化。因此，这也决定了职前教师教育课程评价标准的多元化和弹性化。

首先，职前教师教育课程评价应立足于师范生的差异性。我们不能否

---

[1] 转引自：安超. 艾斯纳质性评价理论述评. 教育测量与评价（理论版），2015（8）：4-10.

认，在教育教学中存在着一些最基本的规范和统一要求，这样可以使未来教师在以后的教育教学过程中能够"有章可循""有规可依"，如果仅仅将这些作为课程评价的标准的话，那我们最终看到的是统一化生产线的批量性教师培养，而差异仅仅表现在分数上和等级上。解放旨趣下的职前教师教育强调充分尊重师范生的个性差异，反对将未来教师培养成统一化、标准化的"技术工人"。根据皮亚杰的认知发展理论，不同学习者的认知图式具有极大的差异性。[①]因此，学习者对职前教师教育课程内容的内化、新信息的加工途径以及生成结果的图式都存在千差万别。这意味着职前教师教育课程评价不存在唯一的、统一的或固化的标准，而应该确定适合于不同评价对象的多重标准，反映出知识的不确定性和主体建构性。另外，不同的师范生个体对知识或教育教学理念、情境都有属于自己的认知和见解，有一千个读者就有一千个哈姆雷特，而有一千个教师就有一千种教学。例如，不同师范生所教学科、学习经历、认知风格等都存在差异，具有明显的个体特征，因此，职前教师教育课程的评价在遵循基本标准的前提下，应该更多地关注和尊重未来教师教学个性的培育和发展。如果课程评价能够反映教学的创造性，强调师范生的参与性，杜绝结论的绝对性，将有利于未来教师的智慧彰显和属于自身教学风格的形成。

其次，职前教师教育课程评价应立足于师范生发展的完整性。现实中，对师范生理念、情感、价值、责任、能力等方面的评价通常被忽视，而主要将师范生的考试成绩作为标准。师范生往往迫于考试压力而战战兢兢，为了分数而学习，最终导致"背完、考完、忘完"现象的发生。解放旨趣下的职前教师教育课程评价应该基于师范生发展的完整性，多维度地考察师范生的教育生活、综合性体验、视域融合、主张的重新建构等，而不仅仅是师范生对基本概念和基本技能识记程度的考察。例如，有研究者就认为，除了应该从教育维度考察未来教师所应具备的基本素质、表现外，还应该从学习维度，即教师作为学习者的维度，考察师范生的终身学习意识与能力，从创造维度考察师范生的创新精神与才能等。本书认为，解放旨趣下的职前教师教育应防止课程评价陷入"见物不见人"的境地，突出评价对人本身价值的判断。因此，职前教师教育课程评价除了应该关注师范生知识与技能的获得之外，更应该关注师范生的自我概念的建构、觉醒意识，从理念、情感、价值、责任等多个层面来完整地解释师范生的收获。值得注意的是，作为"鉴赏"的职前教师教育课程评价并不是盲目的欣赏。

---

① 俞丽萍. 基于变构模型的深度学习研究. 中国教育学刊，2015（11）：38-41.

正如艾斯纳所言，艺术鉴赏也需要做出客观的判断，这也是其中的重要部分之一，完全没有批评就不会产生美。因此，解放旨趣下的职前教师教育课程评价也需要进行适当的"批评"，包括对师范生的发展状态提出改进建议，引起师范生的反思，为师范生的持续发展提供动力。

二、作为"解释"的质性化评价

传统的职前教师教育课程评价单纯采用量化的评价方法，试图将复杂的教育过程用一个准确的数据来进行分析、比较，据此判断师范生的学习成效，而忽视了对师范生学习与成长过程的价值以及创造性的考察。它所衡量的价值本质上是一种工具价值，即通过一种工具性的行为来判断某种外在价值。

杜威在《我们怎样思维·经验与教育》中提到，教室生活往往是复杂的、不可预期的，远比系统分类及科学管理所想象的更为参差不齐。弗雷克（Fleck，C. L.）指出："人类行为中许多不可测量的成分可能具有更大的意义，而我们却如此地热衷于测量可测量的事物，以致遗漏了那些更加重要的不可测量的事物。"[1]解放旨趣必然是反对将职前教师教育课程评价完全视为一种工具理性的行为，杜绝将师范生的知识掌握情况和技术上的娴熟作为课程评价的唯一标准，而更倾向于将职前教师教育课程评价视为对师范生发展状况与方向的一种解释。这种解释涵盖了师范生内在的心理、情感、观念、审美、态度等难以测量的维度。作为"解释"的职前教师教育课程评价是对师范生的成长经历进行细微化、个性化的观察与记录，教师教育者以一种专业的视角对这种观察与记录进行意义诠释与批判。

如前所述，师范生的发展具有很强的实践性、缄默性等特征，师范生通过对知识的理解与内化，通过与情境的对话，运用经验中的缄默知识或实践性知识展开对教育教学问题的反思与建构。因此，师范生获得的知识往往产生于一定的情境中，并且是难以言传的，只有通过真实情境中的行动、反思与互动，才能得以展现。例如，师范生是否进行了反思、认同、自我觉醒是体现在讨论、角色扮演、班级发言、口头辩论、立场申明以及探究性活动中的。职前教师教育课程的特性决定了其评价更应将基于真实情境的质性评价作为主要的课程评价方法，而很难用割裂的、单独的、静态式的评价来反映师范生的发展。质性评价并不是用精确的数学语言和量

---

[1] Fleck C L. Holistic Education: Principles, Perspectives and Practices. Brandon: Holistic Education Press, 1993: 37.

化指标体系进行评价，而是寻求能反映学习者内在价值、主观感受与心智结构并能为评价对象的发展提供支持和解释的方式。①从根本上讲，质性评价是为了更好地反映复杂的教育生活现象，更好地体现对师范生的内在发展的终极关怀的评价手段，其内在要旨与解放旨趣是一致的。例如，美国威斯康星州密尔沃基市阿文诺学院（Alverno College）的职前教师教育课程评价，该学院采用持续性的表现性评价方法，考察和记录每位师范生在真实情境中的交流、分析、解决问题、决策评估、社交互动、全球视野、强烈的公民意识和审美情趣等方面的发展。②

三、作为"存在"的主体性评价

师范生是职前教师教育课程的主体，而不是被动的知识接受者和技能模仿者，因此，忽视师范生的自我意识和创造性的"知识旁观者理论"是不具辩护性的。解放旨趣下的职前教师教育课程评价倡导师范生作为主体之一参与到课程评价的生成过程之中，为情境性的对话提供一个重要的起点，即突出师范生的主体性自我评价，从而促进师范生自觉对学习过程、学习结果等进行价值判断。海德格尔曾尖锐地批判了"存在的遗忘"（the forgotten existence），而在职前教师教育课程评价中，"存在的遗忘"现象也是较常见的。传统的职前教师教育课程评价关注外部规定、控制，追求社会服务和社会效率。在此情形下，知识来自外部，不动地、不变地存在于自然法则之中，知识可以被发现，但不能被创造。学习者是容器，是不具个性和思想的被动接受者。课程评价的目的被狭隘地理解为甄别、比较，以做出"区分"或者"分级"。

解放旨趣下的职前教师教育课程评价倡导的是一种发展性与主体性的自我评价，即对师范生"存在"的追寻；关注师范生个体的体验、经验和判断，将师范生的自由与解放作为评价的根本目的，强调师范生作为主体对自己行为的反省意识和能力；以现象学、解释学和生存论思想为基础，超越了主客对立的认识论，主张以主体内部体验或外在参与的方法，来理解和解释世界万物的价值。师范生的自我评价是师范生作为未来教师意识觉醒的体现之一，师范生通过对自我的描述、觉知和诠释，面对真实的自我，向"真"敞开，能够发挥自己的智慧，反思自己，以做出自由的、负

---

① 胡芳. 走向个性解放的课程评价——20 世纪西方课程评价理论的转变及其启示. 云梦学刊，2003（4）：86-88.

② 哈蒙. 有力的教师教育——来自杰出项目的经验. 鞠玉翠等，译. 上海：华东师范大学出版社，2009：145-146.

责任的选择，寻找到真实的自我发展空间，获得真实的自我实现。罗杰斯认为，伴随着学习者主体性、自主性与创造性的发展与进步，学习者会更多地将自我评价和自我批判作为主要依据。[①]师范生能够在不断的自我总结和剖析中重新规划自己的发展路径，对自我的未来发展做出新的判断和憧憬。师范生的自我评价包括自我简介、成长日记、心灵日记、自我评价表等，教师教育者也能够通过关照师范生个性化、多元性、翔实性的自我评价进行及时的反馈与调整，更为重要的是，师范生的自我评价在某种层面上讲是对自身的赋权。通过自我评价，师范生更能够意识到自身是学习活动中或教育教学活动中的责任人，从而激发自我反思的意识以及责任感。

---

① 转引自：安桂清. 论人本主义学习观与创造观对研究性学习的启示. 外国中小学教育，2005（3）：22-26.

结　　语

教师教育作为教育事业的"工作母体"，是整个教育改革的"始源地"和"逻辑起点"。通过教师教育的嬗变与反思，创建一种理想的教师教育形态，实现社会给予教育生活的种种美好愿景是每一位教师教育研究者和实践者义不容辞的历史使命与责任。在一定意义上，教师的质量就是教育的质量，有一流的教师才有一流的教育，有一流的教育才有一流的人才。[①]当下的教育，正在呼吁教师成为有思想和创造力的卓越教师，然而长期以来，技术理性和工具主义主宰着教师专业化，使其着眼于追求控制和效率。传统的教师教育观将教师视为"教书匠"或"技术员"，摒弃了教师作为人的内在层面的觉醒与解放。由此，职前教师教育课程旨在帮助师范生实现对科学知识和操作技能的"占有"，师范生的主体性与价值意义世界遭受到知识和技术训练的"压迫"和"奴役"。本书围绕如何将师范生从确定性知识和普适性技能的束缚中解放出来这一论题展开，从职前教师教育课程层面进行"概念重建""文化重塑"，将哈贝马斯关于认识旨趣的分析框架作为暗线，对职前教师教育课程中的工具主义与技术理性展开了批判和反思，提出将"解放旨趣"作为职前教师教育课程重构的价值关怀。概而言之，职前教师教育课程不仅要关注师范生外在层面的确定性知识与普适性方法的获得，还要在此基础上关注师范生潜层的意识觉醒、价值认同、专业自主等，从而激发、唤醒和发掘师范生生命内在的创造潜能，使未来教师在专业发展中获得价值认同与意义共享。就具体的职前教师教育课程建构而言，有以下几个方面。

基于解放旨趣的职前教师教育课程目标由"预成性"的僭越转向强调一种"可能性"。在工具理性下，职前教师教育课程目标充斥着"被动""适应""执行"等，更多地强调师范生对既有知识和技能的"占有"，偏重于对普适性方法的依赖，指向于培养"教书匠"或"技术员"。在解放旨趣下，职前教师教育课程目标更倾向于"可能性"，充分尊重师范生作为独立个体的主体性、独特性和自觉性。由此，职前教师教育课程目标更

[①]《习近平总书记教育重要论述讲义》编写组. 习近平总书记教育重要论述讲义. 北京：高等教育出版社，2020：203.

多地指向于将未来教师作为"诗意的栖居者"、"返乡的陌生人"和"转化性知识分子"等。

基于解放旨趣的职前教师教育课程内容由"实体性"的弥漫转向强调"生成性"。在工具理性下，职前教师教育课程更多地强调一种"普遍秩序"的情境隔离式、价值无涉式的学科化知识或是强调"行之有效"的程序化操作技能。解放旨趣下的职前教师教育课程强调要打破"科学世界"这一单极格局，让课程从"科学世界"的藩篱中解放出来，从"生活世界"中提取养料。那么，在形而上层面，职前教师教育课程内容的思维范式则从实体性思维走向生成性思维，从学科化逻辑走向教师生活逻辑；在形而中层面，职前教师教育课程内容的组织与选择要求回归与师范生的意义、理解、主体间性相关的教师生活世界，进行一种生成性的课程资源统合；在形而下层面，职前教师教育课程的核心内容也将在原有内容的基础上展开一种新的价值关怀和澄清。

基于解放旨趣的职前教师教育课程的实施由"传递性"的桎梏转向强调"创生性"。在工具理性下，职前教师教育课程的实施往往陷入灌输与记忆、传递与模仿等泥潭之中，师范生成为被动的接受者、消费者和执行者。师范生的个体经验、认知等受到"压迫"，无法体认到真实自我的存在，其主体性也遭遇了迷失。在解放旨趣下，职前教师教育课程的实施摒弃了"灌输"与"压迫"，取而代之的是激活师范生主体性自觉的赋权与赋责，通过师范生主体间视域融合的对话与交往，实现师范生个体知识的创生与转化。

基于解放旨趣的职前教师教育课程评价由"标准性"的束缚转向强调"多元化"。在工具理性下，职前教师教育课程评价的旨趣倾向于对师范生知识或技能的预测控制、科学量化，往往采用自上而下的、单一化的量化考试。职前教师教育课程评价被局限于考核、甄选、筛检等功能。在解放旨趣下，职前教师教育课程评价更多地倾向于一种"鉴赏"、"解释"和"存在"，是一个理性与非理性统一的审美性和意义诠释过程，具体表现为职前教师教育课程评价标准的多元化、职前教师教育课程评价方法的质性化以及职前教师教育课程评价方式的主体性等。

值得注意的是，基于解放旨趣的职前教师教育课程的重构意味着职前教师教育课程范式的转型，这更多的是一种治疗式、诊断式和完善式的，而并不是决裂意义上的革命或全盘否定，更不是另起炉灶。每一种范式或者视角都有其偏颇之处，应通过重构、变革、链接或是统筹使各种范式之间互补共生。职前教师教育课程从工具理性向解放旨趣范式的转换至少可以厘清两种最为基本的学术立场，即对职前教师教育课程批判性的质疑与重构性的超越。其一，基于解放旨趣的职前教师教育课程对基于工具理性的职前教师教育课程的内在旨趣及外在表征进行了深刻的质疑与反思；其二，基于解放旨趣的职前教师教育课程对基于工具理性的职前教师教育课程的目标、内容、实施与评价进行了内在合理性的重构，旨在消解与超越工具理性所引发的诸多危机。因此，基于解放旨趣的职前教师教育课程的重构既不是排斥技术旨趣或实践旨趣，也不是对传统职前教师教育课程的全盘否定或彻底抛弃，也迥异于反技术旨趣或实践旨趣，即不是拒斥一切传统职前教师教育课程的内在合理性；基于解放旨趣的职前教师教育课程重构的立场更倾向于一种后技术旨趣或实践旨趣，即将以往的职前教师教育课程视为"未完成的设计与亟待改进的蓝图"，意味着突破以往的职前教师教育课程的内在局限。也正如哈贝马斯在探讨三种认识旨趣的关系时所认为的那样，解放旨趣并非完全否定技术旨趣与实践旨趣，而是在接受其合理性的基础上强调更为深刻的价值追求。因此，本书也并非要将解放旨趣奉为圭臬，而是在借鉴解放旨趣的解构、批判、质疑的维度的基础上，也注入了解放旨趣中建构、肯定与赞扬的气质，即"有破有立"，以此来探索性地消除职前教师教育课程中所固有的顽疾。

现实中，职前教师教育课程的重构"是一个过程而非一次事件"[①]，特别是在职前教师教育一体化发展的背景下，涉及诸多复杂因素的影响，包括具体的师资队伍建设、体制机制运行、课程开发等。本书更多的是一种在理念层面或价值层面的探索，提出了笔者的一些分析和思考，许多美好的设想仅限于大致的勾勒，遗憾的是，受制于自身以往的教育经历和知识结构，笔者在写作过程中始终无法彻底走出技术主义和工具理性的"怪圈"，某些地方仍然带有技术主义和工具理性的痕迹。另外，由于笔者的时间和精力有限，书中难免存在不足，这也正是笔者今后继续前进的动力。职前教师教育课程的研究与实践并无止境，这将是笔者今后一直探索、追问和思考的方向。

---

① 吉纳·E. 霍尔，雪莱·M. 霍德. 实施变革：模式、原则与困境. 吴晓玲，译. 杭州：浙江教育出版社，2004：6.